Regensburg privat

Peter Heigl

Regensburg privat

Von Albertus Magnus bis Oskar Schindler

– Ein Gang durch die Stadt –

Verlag Friedrich Pustet
Regensburg

Die Deutsche Bibliothek – CIP-Einheitsaufnahme

Heigl, Peter:
Regensburg privat : Von Albertus Magnus bis Oskar Schindler ;
ein Gang durch die Stadt / Peter Heigl. – Regensburg : Pustet, 1997
    ISBN 3-7917-1544-5

ISBN 3-7917-1544-5

© 1997 by Verlag Friedrich Pustet, Regensburg
Umschlag: Sog. Sphinx-Denkmal für Frhr. v. Gleichen
in der Fürst-Anselm-Allee (Foto: Hanno Meier, Regensburg)
Umschlaggestaltung: 2 design, Regensburg
Gesamtherstellung: Friedrich Pustet, Regensburg
Printed in Germany 1997

INHALT

Vorwort

Angenommen, Ihre Freunde oder Verwandten, gerade auf Besuch in Regensburg, möchten von Ihnen wissen, welche Persönlichkeiten diese Stadt hervorbrachte oder beheimatete, wen würden Sie nennen? Denken Sie eher an Heilige oder Selige wie den hl. Albertus Magnus oder die sel. Karolina Gerhardinger, an engagierte Frauen wie Toni Pfülf oder Elly Maldaque, an Gelehrte wie Jakob Christian Schäffer oder Joseph Placidus Heinrich, die das geistig-kulturelle Flair der Freien Reichsstadt genossen, oder an Namen unserer Zeit, wie den Nationaltorhüter Hans Jakob oder Oskar Schindler, berühmt geworden durch den Film »Schindlers Liste«?

Bevor Sie allzu lange überlegen: Einfacher und vor allem anschaulicher wäre es doch, wenn Sie Ihren Gast zu einem Gang durch die Stadt einladen und ihm sozusagen an Ort und Stelle zeigen, wo welche Persönlichkeit gelebt und gewirkt hat. Denn: Vielen dieser herausragenden Männer und Frauen sind Gedenktafeln an Häusern oder Monumente in Parks und Alleen gewidmet.

Dies war auch eines der Auswahlkriterien für die 50 Kurzbiografien des vorliegenden Buches, die Ihnen erzählen von außerordentlichen Leistungen und abenteuerlichen Schicksalen, vom aufregenden Leben in der Fremde wie vom privaten Leben daheim in Regensburg. Allen aufgeführten Persönlichkeiten ist gemeinsam, daß sie in Regensburg lebten. Sie wohnten im Schulinternat, im Kloster, im Bürgerhaus, in der Mietwohnung oder im Schloß. Sie waren Gelehrte und Geistliche, Künstler und Erfinder, Dichter und Komponisten, sozial oder politisch engagierte Persönlichkeiten. Einige trugen den Ruf Regensburgs in die Welt hinaus, andere verbrachten nach der Rückkehr aus der fremden Welt hier ihren Lebensabend.

Möge dieser etwas andere Gang durch die Stadtgeschichte Regensburgs Ihnen ebenso viel Spaß bereiten wie er mir bereitet hat.

Mein Dank gilt den Damen und Herren der Staatlichen Bibliothek, der Thurn und Taxisschen Hofbibliothek und der Regensburger Universitätsbibliothek für die Unterstützung bei meiner Suche nach Quellenmaterial; den Leihgebern der Fotos; Frau Susi Nagel und Herrn Elmar Tannert für Anregungen und Hilfen und dem Verlag Friedrich Pustet für die gute Zusammenarbeit.

Rabbi Jehuda

Standort: Neupfarrplatz

Um 1140/50 in Speyer geboren, 1217 verstorben. Hauptfigur des mittelalterlichen Chassidismus, Verfasser der jüdischen Ethik des Mittelalters, um 1195
Lehrer an der Talmudschule in Regensburg, 21 Jahre lang deren Leiter, Aufstieg
der Schule zum europäischen Zentrum jüdischer Gelehrsamkeit.

Das »Buch der Frommen«

»Wenn du zwei Leute siehst sich leise unterhalten, so frage sie nicht
nach dem Inhalt ihres Gesprächs, denn du könntest sie zum Lügen
veranlassen. Wollten sie, daß du erfährest, worüber sie gesprochen, so
hätten sie es dir schon mitgeteilt, da sie aber nicht wollen, daß du es
erfährst, so könnten sie, um nicht unhöflich gegen dich zu sein, dich
mit einer Unwahrheit abfertigen.« Freiherr von Knigge hätte es sicher
nicht anders formuliert, wenngleich er sein Buch über den »Umgang
mit Menschen« aus anderen Gründen geschrieben hat als Rabbi
Jehuda den »Sefer Chasidim«, das »Buch der Frommen«.
Rabbi Jehuda ben Samuel Hachassid, Mitbegründer des jüdisch-deut-
schen Pietismus, gilt manchen als der »größte ethisch-religiöse Den-
ker des Mittelalters und der Menschheit überhaupt«. Fest steht, daß
sich die Regensburger Talmudschule Anfang des 13. Jahrhunderts
unter seiner Leitung zu einem »europäischen Zentrum jüdischer
Gelehrsamkeit entwickelte«, wo namhafte jüdische Gelehrte studier-
ten. Bereits vor Jehudas Wirken in Regensburg, dessen Beginn etwa in
das Jahr 1195 fällt, existierte, nicht zuletzt bedingt durch die geographische Lage Regensburgs als »Tor zum Osten«, von dem aus die
jüdischen Kaufleute Verbindungen zu den Ländern Ost- und Südost-
europas aufnahmen, eine blühende jüdische Gemeinde.
Rabbi Jehuda selbst legte wenig Wert darauf, in den Augen anderer
etwas zu gelten. Seine Schriften ließ er anonym erscheinen, »damit
seine Kinder und Enkel nicht durch die Verdienste ihres Vaters stolz
würden«. Vielleicht hat es mit dieser persönlichen Zurückhaltung zu
tun, daß sich zahllose Legenden von Wundertaten um ihn ranken. So
soll er den »grausamen Statthalter von Salzburg« zur »inneren
Umkehr« bewogen haben: als dieser auf die Bitte Jehudas hin zum
Fenster hinausschaute, zog es sich zu einem kleinen Spalt zusammen

und hielt seinen Kopf fest. Ebenso wird dem Rabbi die Heilung eines stummen Kindes zugeschrieben, das später sein Schüler war und ein »berühmter Gelehrter« wurde.

Jehudas Hauptwerk, der »Sefer hak-kabod« (Buch der göttlichen Herrlichkeit), ist nur in Zitaten seiner Schüler überliefert.

Das »Buch der Frommen« stellt ein Kompendium dar, das sowohl für die Lebenspraxis eines pietistischen Gelehrten Anleitung gibt (man darf beispielsweise auch »unter Prostituierten und Würfelspielern leben«, wenn es dazu dient, sie »vor Sünde zu bewahren«) als auch mit seinen Idealen einer aus dem Gefühl kommenden Frömmigkeit und der Nächstenliebe an die Verständnisbereitschaft »Ungebildeter« gerichtet ist. Ferner behandelt es Dinge, die jenseits der Grenzen des täglich Erfahrbaren liegen: Jehuda »glaubt an Vorahnungen, Todesprophetien, Traumanfragen, den bösen Blick, Dämonen und Hexen, Drachen, Vampire (…), Werwölfe (…), an die Macht von Amuletten und Beschwörungen«.

Frömmigkeit definiert Rabbi Jehuda gleich zu Beginn des Buches als ein tägliches Sichüben im Enthalten von dem, »zu dem Leidenschaft und böser Trieb den Menschen leiten, wie Verleumden, leeres Geschwätz, Lügen, Angaffen der Frauen, Neuigkeiten umhertragen, Flanieren«. Fromm ist jemand, der sich gegen Beleidigungen und Schmähungen taub und stumm stellt und nicht seinerseits »mit Beleidigungen antwortet«. Doch warnt Jehuda auch ausdrücklich davor, »überfromm« zu sein, und weist an anderer Stelle darauf hin, daß man sich vor »haltlosen Spitzfindigkeiten« hüten solle, denn solches Gebaren sei nichts anderes als »wichtigtuende Eitelkeit«.

Immer wieder stößt man im »Buch der Frommen« auf Stellen, die einen ausgeprägten Sinn des Rabbi für Gerechtigkeit und Fürsorge bezeugen. So darf der Besitzer einer leerstehenden Wohnung, »auf deren Vermietung er nicht angewiesen ist«, von einem »braven Armen«, dem er gestattet, sie zu beziehen, keinen Mietzins verlangen, da dieser »einen Vorteil hat, der ihm keinen Schaden bringt«. Den Satz »Höher steht derjenige, der Andere zu wohltätigen Leistungen veranlaßt, als derjenige, der nur selbst Wohltaten übt«, kommentiert er damit, daß dieser nur für Reiche gelte; wer wohltätige Leistungen von Menschen verlange, die genug Sorge haben, ihren eigenen Lebensunterhalt aufzubringen, begehe »fast einen Diebstahl«.

Das Verhältnis zwischen Eltern und Kindern bedarf ebenfalls umfangreicher Regelungen. Muß beispielsweise der Vater durch schwere körperliche Arbeit die Familie ernähren, so soll der Sohn das

Thorastudium lassen und anstelle des Vaters, auch wenn dieser »ein unwissender Mensch ist« und seine freie Zeit nicht mit dem Thorastudium verbringen kann, die Arbeit übernehmen. Weiß der Sohn aber schon im voraus, daß der Vater seine freiwerdende Zeit nicht mit dem Thorastudium verbringen, sondern nur »den Dirnen nachlaufen« oder »Klatschereien verbreiten« würde, so soll er ihn weiter die harte Arbeit tun lassen, »damit er nicht auf sündige Gedanken komme«, und seinerseits mit dem Thorastudium fortfahren.

Den Eltern ist man Ehrung und Gehorsam schuldig; und »wer seine Eltern nicht gekannt hat«, sollte statt dessen den Großeltern, den älteren Geschwistern oder anderen Verwandten die Ehrung erweisen und überhaupt »alle seine Pflichten« mit »besonderem Eifer« erfüllen. Doch hat der Gehorsam durchaus seine Grenzen: Der Sohn muß sich von einer braven und unbescholtenen Frau nicht scheiden lassen, nur weil der Vater es befiehlt. Und wenn die Eltern, »vom Golde geblendet«, ihren Sohn mit einer Tochter aus reicher Familie verheiraten wollen, dieser jedoch ein armes, aber tugendhaftes Mädchen vorzieht, so braucht ihn in diesem Fall, mag auch das Handeln gegen den Willen der Eltern grundsätzlich Sünde sein, »das Zürnen seiner Eltern nicht zu bekümmern«. Im übrigen vergesse man nicht, daß man die Eltern auch nach dem Tode kränken kann: »die Seele lebt ja weiter, und die Seele weiß, was auf Erden vorgeht.«

Streng ist die Abgrenzung zum christlichen Umfeld, entstand die jüdisch-pietistische Bewegung und aus ihr das »Buch der Frommen« nicht zuletzt auch deshalb, weil sich, leider, »an den meisten Orten die Lebensweise der Juden nach der Lebensweise der Nichtjuden« richtet, »die in deren Umgebung leben«. Kirchen und ihre Innenhöfe sind nach Rabbi Jehuda zu meiden, man soll keine christlichen Bücher in seinem Bücherschrank aufbewahren und keine christlichen Musikinstrumente oder Melodien in der Liturgie benützen, und es ist verboten, Christen die Thorarollen zu zeigen. Weiter versäumt Jehuda nicht, ein Kapitel dem »Verhalten in den Zeiten der Verfolgung« zu widmen, worin Frauen und Mädchen ausdrücklich untersagt wird, sich aus Angst vor Schändung als Nonnen einkleiden zu lassen und im Kloster zu leben: der Zwang zum unjüdischen Leben mit dem Genuß verbotener Speisen und der Entweihung der Sabbate sei schlimmer, als sich dem Risiko der Vergewaltigung auszusetzen.

Bemerkenswert sind Jehudas Äußerungen im Kapitel »Tierquälerei«. Fast ist man geneigt, ihm die Qualitäten eines Sehers zuzuschreiben, der sowohl die Tierversuche der Pharmaindustrie als auch die Experimente der Gentechniker in unserem Jahrhundert vorausgeahnt hat, wenn man liest: »An den Tieren etwas künstlich zu ändern, ist ein Unrecht. Alles ist an ihnen zweckmäßig gestaltet, und darum begeht der eine Sünde, der hier sich einen Eingriff erlaubt und das vom Schöpfer planmäßig Gestaltete stört.« Freilich bezieht er sich dabei auf Praktiken, die man zu seiner Zeit kannte, das Kupieren von Hundeschwänzen etwa oder das Halten von Ziervögeln in Käfigen. Und er stellt ausdrücklich fest, daß »von Gott gestraft wird«, wer einem Tier »unnötig Schmerzen bereitet«.

Kurz vor seinem Tod soll der sterbende Jehuda noch versucht haben, den Termin des Weltendes aufzuschreiben, was der Todesengel jedoch verhinderte. Die pietistische Gruppe um Rabbi Jehuda löste sich nach seinem Tod im Jahr 1217 auf; seine Schriften jedoch wirkten noch viele Jahrhunderte weiter.

Freilegung des jüdischen Viertels auf dem Neupfarrplatz, 1996, wo sich einst auch die Talmudschule befand.

Albertus Magnus

Standort: Albertus-Magnus-Platz

Philosoph, Naturforscher, katholischer Theologe, Bischof von Regensburg, geboren wahrscheinlich 1193 in Lauingen bei Dillingen, 1223–1229 Studium in Bologna und Padua, 1223 Eintritt in den Dominikanerorden, 1229 Theologiestudium in Köln, 1237–1240 Theologielehrer in Regensburg, 1243 Magister der Theologie in Paris, 1249 Aufbau einer Ordenshochschule in Köln, 1253–1258 Ordensprovinzial, 1258–1260 Lehrtätigkeit in Köln, 1260–1262 Bischof von Regensburg, 1262–1264 päpstlicher Legat und Kreuzzugprediger, 1264–1268 Aufenthalt in Würzburg und Straßburg, 1270–1280 Aufenthalt in Köln, 1280 dort verstorben.

»Der Bundschuh«

Albertus Magnus, Albert der Große, später auch als »seines Zeitalters Staunen und Weltwunder« verehrt, vom einfachen Volk wegen seiner ärmlichen Kleidung respektlos »Bundschuh« genannt, wurde gegen Ende des 12. Jahrhunderts in Lauingen, im Kreis Dillingen, geboren.

Wohl bereits als Knabe trat er in den Orden der Dominikaner ein. 1229 schickte der Orden Albert nach Köln, der damals volkreichsten Stadt Deutschlands, die mit ihren 54 Kirchen und Klöstern als das »deutsche Rom« galt, damit er dort Theologie studiere, was er auch erfolgreich tat. Nach vier Jahren erhielt er die Priesterweihe.

Nun begannen seine Wanderjahre. Als Lehrer und Lektor besuchte er verschiedene Ordensschulen und war für die Ausbildung des Nachwuchses zuständig. Von 1234 bis 1243 lehrte er in Freiburg, Straßburg, Hildesheim und auch in Regensburg. Seine Reisen unternahm er, dem Gebot seines Ordens folgend, das den Gebrauch von Pferd und Wagen verbot, stets zu Fuß. Dabei bot sich ihm reichlich Gelegenheit, die Tier- und Pflanzenwelt zu beobachten, über die er in späteren Jahren Bücher verfaßte, die von den damaligen, aber auch von späteren Gelehrten sehr hoch geschätzt wurden.

1243 kam er nach Paris, dem geistigen Zentrum des Abendlandes, wo sein Orden nach langem Streit mit der Universität das Recht erlangt hatte, einige Lehrstühle zu besetzen. Albert war der erste Nichtfranzose, dem die Ehre zuteil wurde, dozieren zu dürfen. Wie sich zeigte, hatte man eine gute Wahl getroffen: Alberts Vorlesungen über die Philosophie des Aristoteles hatten solch regen Zulauf, daß er sie, in

Ermangelung größerer Räume, im Freien abhielt. Zum einen lag das sicher daran, daß Albert als ein Redner galt, der zu begeistern verstand; zum anderen war Aristoteles zur damaligen Zeit ein heikles Thema, denn 1241 hatte Papst Gregor das Studium seiner Schriften verbieten lassen, was ihren Reiz natürlich ungemein erhöhte. Unwillkürlich muß man den wissensdurstigen Mönch für seinen Mut bewundern, sich über die päpstliche Doktrin hinwegzusetzen, was ihm auch etliche Feinde in den eigenen Reihen einbrachte.

Interessant zu wissen ist auch, daß das in unserem heutigen Sprachgebrauch immer noch gängige Wort »Lehrstuhl« damals tatsächlich einen Stuhl bezeichnete, den man sich als eine Art Sitzmöbel mit integriertem Pult vorstellen muß, dessen Äußeres entfernt an einen Schlitten ohne Kufen erinnert. Im hinteren Teil ist der Katheder, an dem der Dozent lesen oder schreiben kann; im vorderen Teil ist die Sitzgelegenheit, ein Armlehnstuhl mit reichlich Beinfreiheit.

Aber zurück zu Albertus Magnus. 1254 wurde er zum »Provinzialprior der Teutonia« berufen, das hieß, er war von nun an verantwortlich für die Einhaltung der Ordensvorschriften aller 40 Dominikanerklöster nördlich der Alpen, von Brügge über Stralsund bis nach Riga. Schon sechzigjährig machte er sich erneut auf, um auf Schusters Rappen quer durchs Land zu reisen, und seine Inspektionen in den Klöstern wurden bald zu gefürchteten Besuchen. Vor allem das »Gelübde der Armut« wollte Albert strengstens befolgt wissen; einen Laienbruder, bei dem nach dessen Ableben Münzen und Kleider gefunden wurden, ließ er exhumieren und wie einen Verbrecher in ungeweihter Erde bestatten. Vom Prior von Reims heißt es, er habe eine volle Woche bei Wasser und Brot büßen müssen, und sei dazu noch gegeißelt worden, weil er das schon erwähnte Verbot von Pferd und Wagen nicht einhalten wollte.

Trotzdem wird Albert nie als ungerecht oder hartherzig dargestellt. Es heißt, daß er ebenso gern und uneingeschränkt lobte, wenn er dafür einen Anlaß sah, wie er schonungslos die strenge Erfüllung der Glaubensvorschriften forderte, worin er selbst zeit seines Lebens beispielgebend war.

1260 erhielt Albert den Bischofsstuhl von Regensburg, ein Amt, das er nur solange auszuüben gedachte, bis die Mißstände, die sein Vorgänger, Albert I., Graf von Bietengau, hinterlassen hatte, wieder beseitigt wären und ein würdiger Nachfolger gefunden sei. Er verbat sich jeglichen Pomp einer feierlichen Einholung und reiste, wie gewöhnlich, zu Fuß, begleitet von einem seiner Schüler nach Regensburg.

Blick von Osten auf die Dominikanerkirche des gleichnamigen Klosters, in dem sich Albertus Magnus von 1237–1240 als Lektor aufhielt.

Dort schritt er auch gleich energisch zur Tat und schaffte es tatsächlich, innerhalb der zwei Jahre seiner Amtsperiode die Gesamtschuld des Bistums von »486 Pfund Pfenningen« zu begleichen. Er selbst, obwohl ihm ein Fürstentum verliehen worden war, lebte in dieser Zeit weiterhin in mönchischer Askese, trug kein bischöfliches Ornat, sondern weiterhin die einfache weiße Tracht der Wanderprediger und die Fußbekleidung der armen Leute: die Bundschuhe. Von Alberts Zeit als Regensburger Bischof kündet noch heute die Albertus-Kapelle im ehemaligen Dominikanerkloster St. Blasius, in der sich ein Renaissance-Altar befindet, auf dessen Flügeln Alberts Leben dargestellt ist.

Während seiner Regensburger Zeit bewohnte Albert das Schloß Donaustauf, das er sehr liebte und das er in seinem siebten Buch »De animalibus« erwähnt. Dort konnte er in aller Ruhe seine naturwissenschaftlichen Studien fortführen, was die Dorfbewohner zu den wildesten Vermutungen veranlaßte. So wurde ihm nachgesagt, er sei mit dem Teufel im Bunde, ein »Hexenmeister und Schwarzkünstler«, der in der »Geheimstube« des Schlosses Höllengeister herbeiziehe, denen er sein Allwissen verdanke; ein Dr. Faustus also, der mit dem Teufel die Welt durchzogen und diesen um einen Aufenthalt im Fegefeuer gebeten haben sollte, da er auf Erden alles erforscht habe und nun das Fegefeuer erforschen wolle. Es heißt auch, daß Albertus Magnus eine Maschine verfertigte, in Gestalt eines Menschen, die reden und sich bewegen konnte, die aber von Thomas von Aquin, einem Schüler Alberts, zerstört wurde, da er sie für ein Gespenst hielt. Ob Albertus Magnus bereits im 13. Jahrhundert zu solch feinmechanischer Meisterleistung fähig war, ist fraglich. Sicher ist jedoch, daß er einer der größten Gelehrten seiner Zeit war, dessen Werk insgesamt ungefähr fünfzig Bände umfaßte, wovon einige als Drucke aus dem 17. Jahrhundert, andere sogar als Handschriften erhalten geblieben sind. Vor allem in der Naturwissenschaft hat Albertus Magnus Großes geleistet, ja, man kann ihn zurecht auch als den ersten Biologen des Mittelalters bezeichnen. Seine Forschungen betrieb er empirisch und sagte selbst dazu: »Es genügt nicht, die Beobachtung nur auf bestimmte Weise anzustellen. Man muß sie vielmehr unter den verschiedensten Umständen wiederholen, damit die wahre Ursache der Erscheinung mit Sicherheit ermittelt werden kann.« In seinen Büchern schrieb er über die Tier- und Pflanzenwelt, und er war der erste, der die Gestaltung der Blüten auf geometrische Formen zurückführte.

Albertus Magnus starb am 15. November 1280 in Köln. Bis ins hohe Alter war er geistig rege; als 80jähriger reiste er sogar noch einmal nach Paris, um seinen Schüler Thomas von Aquin, der sich in seiner Lehre ebenfalls auf Aristoteles berief und deshalb sehr umstritten war, zu verteidigen. Zwei Jahre vor seinem Tod verlor Albert jedoch sein Gedächtnis, was später die Legende hervorbrachte, er habe seine geistigen Fähigkeiten einer Marienerscheinung in jungen Jahren verdankt, die ihm jedoch auch prophezeit hatte, ihm seine Wissenschaft im Alter wieder zu nehmen, »damit der Tod ihn wieder im kindlichen Glauben finde«. Diese Legende kommt auf den Außenflügeln des schon erwähnten Altars in der Albertus-Kapelle zur Darstellung.

Albertus Magnus, Albert der Große, erhielt seinen Namen aufgrund seiner Verdienste und nicht etwa wegen seiner Körpergröße, denn von Wuchs war er so klein, daß eine Anekdote berichtet, der Papst habe ihn aufgefordert, sich zu erheben, worauf Albert erwidert habe, er stehe ja schon.

Seit 1622 wird er als selig verehrt; 1931 wurde er heiliggesprochen, und 1941 ernannte ihn Pius XII. zum Patron der Naturwissenschaften.

In Regensburg sind ein Gymnasium, ein Platz und eine Straße auf dem Universitätsgelände nach ihm benannt.

Albertus Magnus mit zwei Schülern.
Holzschnitt aus dem 15. Jahrhundert.

Konrad von Megenberg

Standort: Schwarze-Bären-Straße 2

1309 wahrscheinlich in Mäbenberg bei Schwabach geboren, 1374 in Regensburg verstorben. 1316 Ausbildung in Erfurt, 1334–1342 Studium und Lehrtätigkeit in Paris, Magister der Theologie und Philosophie, 1342 Rektor der Domschule in Wien, von 1348 an ständig in Regensburg, Kanonikat und Präbende, 1359–1363 Dompfarrer von St. Ulrich, Domherr. Verfasser der ersten Naturgeschichte in deutscher Sprache und Schriften staatstheoretischer Art.

Aus dem Leben der Regenwürmer

Im Jahr 1348 läßt sich der neununddreißigjährige Konrad von Megenberg angeblich von einem Traum nach Regensburg führen. Der Traum verheißt ihm, dem von einer gichtartigen Lähmung an Händen und Füßen Befallenen, Heilung am Grab des heiligen Erhard zu Regensburg. Und als Konrad unter dem Gesang von Marienhymnen an das Grab getragen wird, geschieht es, wie er es im Traum gesehen hat: er kniet vor dem Erhardigrab nieder und wird auf wundersame Weise geheilt. Aus Dankbarkeit für die Fürbitte des heiligen Erhard verlegt Konrad seinen Wohnsitz nach Regensburg und bleibt dort wohnen bis zu seinem Tod am 14. April 1374.

Wie groß die Kluft zwischen uns heutigen Menschen und denen des Mittelalters ist, zeigt sich nicht nur daran, daß man damals das Leid und die Heilung als gottgegeben ansah, während man im zwanzigsten Jahrhundert Krankheit kaum anders als einen technischen Defekt am Auto begreift und behandelt. Allein das Heraufbeschwören der Atmosphäre, in welcher der 1309 als erster Sohn einer niederen fränkischen Adelsfamilie geborene Konrad von Megenberg heranwächst, kündet uns von einer anderen, für immer versunkenen Welt, in der man auf andere Weise gedacht, empfunden und wahrgenommen hat. »Immer wieder findet sich Konrads Erinnerung auf dem Wege zur Heimat, ins Elternhaus: wie er als Junge Beeren sucht in Wald und Hag, Honigtau ißt und mit den gezähmten Vögeln der Geschwister spielt. (...) Vergegenwärtigen wir uns ein noch weithin unberührtes Land mit Baummeeren, mit Bächen, Wiesen und Feldern, mit Burgen und Siedlungen im Rund hoher Wälder, mit einsamen Weihern in Tiefen des verdämmernden Hains, abendernst, wie elfenumdunkelt (...); den sagendurchwobenen Frühlingswald, die

Sommerhelle über Wiesen und Weiten (...), die sattblauen Spätsommertage, wenn der Specht sich noch einmal hören ließ vom Waldrand her, die Wiesen voll Herbstzeitlosen, die Tiefwintertage, in denen der Strom unter grünem Eise floß«, wie Michael Dirrigl schreibt.

Als Siebenjähriger siedelt Konrad zum Schulbesuch nach Erfurt über, das er als Fünfzehnjähriger, möglicherweise bereits früher, nach dem Studium der Arithmetik, Geometrie, Musik und Astronomie sowie der Grammatik, Dialektik und Rhetorik (der sogenannten sieben »artes liberales« oder »freien Künste«) mit dem Ziel Paris verläßt, dem damaligen Zentrum der Geistes- und Naturwissenschaften. Er lernt und lehrt acht Jahre lang an der Sorbonne, erwirbt den Titel des Magister Artium und hält Vorlesungen über Philosophie und Theologie.

Von 1342 bis zu seiner 1348 beginnenden Regensburger Zeit lebt und wirkt er als Rektor der Stephansschule in Wien. Dort widmet er sich der Übersetzung zweier lateinisch abgefaßter naturkundlicher Bücher, nämlich des »Liber de natura rerum« und der »Sphaera mundi«, letzteres von ihm betitelt mit »daz kurtz puch von der gestalt der welt«. Sein Ziel ist, denjenigen, die des Lateinischen nicht mächtig sind, einen Zugang zur Allgemeinbildung zu verschaffen. In der Aufklärung des Volkes sieht Konrad eine wichtige Waffe gegen den Aberglauben und für die Wahrheit.

Die Regensburger Jahre schließlich, die Konrad von Megenberg erst als Dompfarrer, dann als Domherr zubringt, sind seine fruchtbarste Zeit. In Regensburg verfaßt er die bedeutendsten seiner Schriften, unter anderem den »Pesttraktat«, und vollendet das in Wien begonnene »Buch der Natur«. Auch schreibt er einen historischen Abriß der Stadt Regensburg. Der »Pesttraktat« mag auch als Dokument für Konrads Gerechtigkeitssinn stehen, versucht er doch, obwohl er selbst die Juden ablehnt, die Verdächtigung, diese seien als Brunnenvergifter die Pestmacher, zu widerlegen und erklärt die Pest als Naturgeschehen infolge vergifteter Luft. Am bemerkenswertesten bleibt jedoch das »Buch der Natur«, das nach seinem Erscheinen zweihundert Jahre lang als Schulbuch verwendet wird und sich selbst dann, als es wissenschaftlich überholt ist, noch großer Beliebtheit erfreut. Konrad von Megenberg fungiert hier als Herausgeber, Übersetzer und Autor zugleich, fußt das Buch doch sowohl auf »der geschrift der hôhen maister, die haizent Aristoteles, Plinius, Solînus, Ambrosius (...)« als auch auf seinen eigenen Forschungen und Beobachtungen.

*Eingangstor des sog. Ehrenfelser Hofes in der Schwarzen-Bären-Straße 2,
in dem Konrad von Megenberg lebte und starb.*

Das »Buch der Natur« ist vom mittelalterlich-christlichen Ordo-gedanken geprägt, nach dem Gottes Wille die ganze Welt durch-waltet. Es beschreibt die verschiedenen Seinsbereiche gemäß ihrer Gottesnähe, angefangen von Gott, Engel, Seele über die Physiologie des Menschen, Astronomie und Meteorologie, Tierwelt und Pflan-zenwelt bis hin zur unbelebten Welt der Metalle und Gesteine. Ein Kapitel über Wundermenschen, gemeint sind dabei Mißgeburten, beendet das »Buch der Natur«.

Auch heute noch kann uns das »Buch der Natur« die Welt erschließen: Die Welt, wie man sie damals sah und verstand. Es wurde gesagt, daß Konrad von Megenberg ein Wahrheitssucher und Gegner des Aberglaubens war; ein Mensch des zwanzigsten Jahrhun-derts jedoch würde nur weniges im »Buch der Natur« als Wahrheit und vieles als Aberglauben bewerten. So legt Konrad von Megenberg beispielsweise dar, wie sich menschliche Wesenszüge im Tierreich wiederfinden lassen: die »poesen prêlâten, pischölf, proepst (...) und all poes rihter, die gelt nement von den schuldigen« vergleicht er mit den »raubgierigen Falken«; die »gedankenlosen Kirchenläufer«, die Gottes Wort bald wieder vergessen, mit »unersättlich gefräßigen Tie-ren, die das Essen sogleich wieder von sich geben, mit dem Wolf, dem Pelikan und der Tauchente, mit Wesen, die an guten Werken mager sind«. Und »eine Frau, die einen charakterfesten Mann überwältigt«, gleicht »dem schwarzen Raben, der größere Tiere oft dadurch besiegt, daß er ihnen die Augen aushackt«.

Seltsam mutet sein Schwanken zwischen Zweifel und Glauben an. Daß der Luchs so scharfe Augen habe, daß er durch dicke Mauern sehen könne – »des gelaub ich niht«. Doch zweifelt er nicht an der Existenz von Fabeltieren wie Phönix – dessen Lebensdauer übrigens »dreihundertvierzig Jahre« beträgt –, Einhorn und Drache, zählt »Nixen und Sirenen zu den natürlichen Wesen« und beschreibt gewissenhaft »Minotauren, Riesen, Däumlinge, bellende, hunds-häuptige Menschen, einäugige Zyklopen, völlig behaarte, vollbärtige Weiber, Geschöpfe, die nur einen Fuß, ihre Augen an den Achseln und an Stelle der Nase zwei Löcher in der Brust haben, sechs Hände besitzen oder auf rückwärts gerichteten Füßen gehen«. Die Ursache solcher Mißgeburten sieht er darin, daß eine schwangere Frau »niht ungestalten ding« soll ansehen. – Zu anderen Aussagen alter Über-lieferungen merkt er wieder an: »Des han ich aber niht gesehen.«

Seine Sprache ist voll Poesie. Die Lerche, schreibt er, ist »vil gespro-chen als ain lobvogel«, weil sie »gar froeleich in den lüften singet in der froeleichen zeit, sam der lenz ist in dem maien«. Und wie sehr er bestrebt ist, verständlich zu sein und sich an möglichst viele Leser zu wenden, zeigt sein Bemühen um die Eindeutschung schwieriger Begriffe: »So übersetzt er Vene mit ›Blutträgerin‹, Nerv mit ›Bandader‹, Melancholie mit ›Schwarzgalligkeit‹, Epilepsie mit ›Fallsucht, fallendes Leid‹ ... usw.« Auch versucht er, unter Einbeziehung der Mundarten, »möglichst viele und reichhaltige Bezeichnungen zu verwenden«, verweist darauf, welche Namen im »andern däutsch« existieren: »Von dem storchen. Ciconia haizt ain storch und haizt in ander däutsch ain ödbär.«

Konrad von Megenberg, resümiert der Dialektforscher Andreas Schmeller 1833, »hat das Verdienst, über naturhistorische Dinge als erster für das Volk und methodisch in deutscher Sprache geschrieben zu haben«, und beurteilt das Buch als ein »ergötzliches Gemisch von gesundem Verstande und frommer Gläubigkeit, wie sie noch damals in den ausgezeichnetsten Köpfen vereint waren«.

Das wenige, was wir über Konrad von Megenbergs Leben und Charakter wissen oder schlußfolgern können, stammt größtenteils aus seinen eigenen Werken. Denn zu seiner Zeit zählte, im Gegensatz zu der unseren, das Werk mehr als der Mensch, der es hervorbrachte. Und wenngleich Konrad durchaus manche Kindheits- und Jugenderinnerungen, manches Selbstgesehene und -erlebte in sein »Buch der Natur« einfließen läßt, so wäre es ihm doch fern gelegen, eine Autobiographie zu verfassen. Vielleicht kann folgende Selbstaussage als sein Lebensmotto gelten: »Daz zaichen der wârhait« habe er mehr als ein Mal »gedruckt in mein sêl, und darumb leid ich.«

Matthäus Runtinger

Standort: Keplerstraße 1

1340 die Handelsfamilie Runtinger in Regensburg. 1390 Matthäus Runtinger im Innernen Rat, 1394 Leiter des Hansgrafenamtes, 1402–1407 Stadtbaumeister. 1407 in Regensburg verstorben.

Die »Pfeffersäcke«

Wer, nahe der Donau, durch die Keplerstraße schlendert, dessen Blick fällt fast unweigerlich auf die prächtige Fassade des Runtingerhauses, das im 12. Jahrhundert, zunächst als Turm mit nahezu rechteckiger Grundfläche, seinen Ursprung hat. Nachdem es wechselnden Besitzern zur eindrucksvollen Demonstration ihrer Macht und ihres Reichtums gedient hatte, erlebte es im 16. Jahrhundert eine neuerliche Blüte als renommiertes Gasthaus »Zur Goldenen Krone«, bevor es zusehends zerfiel. Anfang der sechziger Jahre unseres Jahrhunderts erfolgte eine umfangreiche Sanierung, wobei die Denkmalpfleger sich bemühten, zu erhalten, was möglich war, Wandmalereien zum Beispiel oder die zum Teil noch originalen Böden; gleichzeitig legte man aber auch Wert auf eine zeitgemäße Nutzbarkeit. Seinen heutigen Namen erhielt das Gebäude erst mit der umfassenden Beschilderung der Regensburger historischen Gebäude.
Die Runtinger gehörten im Mittelalter zu den wichtigsten Handelsfamilien Süddeutschlands. Den Grundstein legte Wilhelm Runtinger in den vierziger Jahren des 14. Jahrhunderts, nachdem er gemeinsam mit seinem Bruder Albrecht von Cham nach Regensburg gezogen war. Der Stadt, die sich nach langem Ringen die Reichsfreiheit erkämpft hatte, war sehr an einem Ausbau ihrer wirtschaftlichen Macht gelegen, um ihre Position gegenüber dem Herzog von Bayern zu untermauern und zu stabilisieren. Dies wiederum kam dem geschäftstüchtigen Chamer sehr entgegen. Er stieg in den Weinhandel ein, besorgte sich eine Lizenz zum Ausschank und gelangte schnell zu beachtlichem Wohlstand und Ansehen. Der Einheirat in das Patriziat folgte bereits 1361 sein erster öffentlicher Posten, die Führung des städtischen Ungeldamtes.
1367 kaufte er von den Pröpsten auf Thunau deren Patrizierburg in Regensburg, die er gemeinsam mit seinem Sohn Matthäus, der fortan

den Namen der Familie zu großem Glanz führen sollte, bewohnte. Da eine räumliche Erweiterung des Gebäudes zunächst nicht möglich war (erst später kauften sie das Nachbarhaus dazu), schufen sie zunächst den repräsentativen Festsaal, der bis heute nichts von seiner Imposanz verloren hat. Die Lage nahe des früheren Donauhafens war für den Weingroßhandel äußerst günstig, und in einem Rückgebäude waren Lagermöglichkeiten vorhanden.

Was den Geschäftssinn betraf, stand der Jüngere seinem Vater nicht nach und wurde folglich, wie ein Handelsbucheintrag aus dem Jahre 1383 belegt, zum Gesellschafter gemacht: »Item es hat mein sun Mathews der Runttinger pey mir in der gesellschaft 2800 guldein an wereitsschaft.« Im Gegenteil übernahm Matthäus aufgrund seiner größeren Gewandtheit zusehends die Führung und betrieb energisch die Expansion des Familienunternehmens. Mit Geschick und Beredsamkeit flocht er die ersten Kontakte nach Venedig. Dort kaufte er in großem Stil ein, vor allem Pfeffer und orientalische Luxusartikel, wie Samt, Brokat, Seide, ferner auch Safran und andere exotische Gewürze. Die Sehnsucht der Menschen nach dem Fremdländischen war damals nicht geringer als heute; außer schönen Stoffen waren hierzulande auch Rosinen, Feigen und Mandeln höchst begehrenswerte Dinge, und die Händler gaben sich alle Mühe, keine Wünsche offen zu lassen. Dennoch fanden die Waren aus der Lagunenstadt ihre Endabnehmer nur zu einem geringen Teil in Regensburg. Vieles wurde in das damals blühende Böhmen gebracht.

Auf zwei für die »Pfeffersäcke« überaus erfolgreiche Jahre folgte jedoch bald die Ernüchterung. Reisen nach Venedig lohnten wegen der stark angestiegenen Stoffpreise nicht mehr, und die Runtinger mußten sich mit Kleinhandel und den Einnahmen aus der zwischenzeitlich erworbenen Regensburger Salz- und Eisenpfandschaft über Wasser halten, was ihnen allerdings – dank Matthäus' Weitsicht und Risikobereitschaft – ausgesprochen gut gelang. Eilig trieben sie die in Böhmen noch vorhandenen Außenstände ein, um die Prager Filiale 1388, vor Ausbruch des Städtekrieges, schließen zu können. Kurz darauf wurde jede Art von Außenhandel für die Regensburger Händler völlig unmöglich. Die Stadt verbarrikadierte sich vor den bayerischen Rittern, bis sie sich vom Städtebund trennte und einen (aus der Not geborenen) Landfrieden einging, den Wilhelm Runtinger allerdings nur noch kurze Zeit miterlebte. Er starb am 6. Mai 1389. Mit dem geerbten Vermögen (über 10000 Gulden) war Matthäus nunmehr der reichste Bürger Regensburgs. Außer dem, was sich in

Eines der bedeutendsten mittelalterlichen Bürgerhäuser Regensburgs ist das ehemalige Wohn- und Handelshaus der Familie Runtinger in der Keplerstraße 1.

Gestalt diverser Gold- und Silbermünzen in seinen Truhen befand, besaß er mehrere Häuser in Regensburg und verschiedenste Ländereien in der Umgebung. Nicht selten half er sowohl adeligen Personen als auch der Stadt aus Notlagen, und selbstredend bekleidete er – wie sein Vater zuvor – öffentliche Ämter. Als Kämmerer erließ er zum Beispiel eine fortschrittliche Polizeiverordnung und legte das städtische Archiv an, das übrigens vor nicht allzu langer Zeit ins Haus seines Gründers zurückkehrte.

Das beträchtliche Barvermögen kam Matthäus gut zustatten, denn die wirtschaftliche Talsohle war noch nicht durchschritten und Venedig zunächst in weiter Ferne. Runtinger war aber auch jetzt um Einfälle nicht verlegen und eröffnete in Regensburg eine Münzschmiede. Und da Geld zu den wenigen Dingen gehört, die immer und überall gebraucht werden, stanzte Matthäus in den folgenden vierzehn Jahren 4,6 Millionen Regensburger Silberpfennige.

1394 endlich konnte der Handel mit Venedig wieder aufgenommen werden. Runtinger schickte seine Vertreter auch nach Bologna, Lucca, Maastricht, Brüssel und in andere Städte. Sein Geld ließ er in Wien und Frankfurt arbeiten. Von seiner größten Venedigfahrt im Frühjahr 1395 ist eine Begebenheit überliefert, die ihre Bedeutung aus der Tatsache bezieht, daß Regensburg eine klare Vormachtstellung im europäischen Handel besaß, die ihr von Nürnberg und Augsburg natürlich geneidet wurde. An der Tafel des Fondaco dei Tedeschi, der am Canale Grande gelegenen prächtigen Herberge, in der alle deutschen Kaufleute absteigen mußten, gebührte dem Regensburger deshalb der oberste Platz, und alle Anwesenden mußten sich der traditionell strengen Sitzordnung fügen. Eines Tages jedoch fand Runtinger einen Nürnberger, mit dem er sich freilich ohnehin nicht besonders verstand, auf dem Ehrenplatz vor: Johannes Tucher. Auf Runtingers höfliche, aber nachdrückliche Aufforderung, Tucher möge sich erklären, äußerte dieser, Nürnberg hätte das gleiche Recht auf einen der obersten Sitze wie Regensburg. Anstatt diesen zu räumen, schenkte er sich demonstrativ Wein nach und streckte die Beine aus. Als er auch einer weiteren scharfen Aufforderung, sich zu erheben, nicht nachkam, brachte diese Dreistigkeit den Regensburger derart in Rage, daß er Tucher einen Stockhieb versetzte. Dieser sprang auf und begann Runtinger zu beschimpfen, der sich jedoch zur Ruhe zwang und sich, anstatt etwas zu erwidern, auf seinen zurückerkämpften Ehrenplatz niederließ. Tucher erzwang aber immerhin, daß die Sache durch den Dogen verhandelt wurde. In dieser Verhandlung jedoch wußte Runtinger überzeugend darzulegen, das Recht auf seiner Seite zu haben. Er erinnerte daran, daß die Nürnberger schon einmal versucht hatten, ihren Kontrahenten den obersten Sitz streitig zu machen: »Und wie hat Regensburg geantwortet? Es entsandte seine Kaufleute mit so einer großen Summe Geldes, daß diese an einem einzigen Tag so viele venezianische Waren einkaufen konnten wie Nürnberg in einem ganzen Jahr – und sie kauften nicht auf Borg, wie unsere Neider häufig zu tun pflegen, sie kauften und bezahlten in einem.« Solch ein Argument vermochte, wen wundert's, jeden zu überzeugen. Damit war nicht nur Regensburgs Ehre gerettet, sondern seine Vormachtstellung erneut untermauert. Tucher fürchtete den Spott der Venezianer und zog es vor, rasch abzureisen. Runtinger aber wurde zu Hause ein großer Empfang bereitet.

Matthäus Runtingers Bedeutung für die Stadt läßt sich kaum hoch genug einschätzen. Nicht nur, daß er stets für ihren guten Ruf einstand, er nahm sogar mehrmals erhebliche Nachteile für sein eigenes Unternehmen in Kauf, wenn es um Interessen des Gemeinwesens ging. Seine Eloquenz und sein diplomatisches Geschick prädestinierten ihn geradezu dafür, bei Verhandlungen des Schwäbischen Städtebundes die Interessen Regensburgs zu vertreten. Nach seinem Tode im Juli 1407 nahm die wirtschaftliche Stärke der Stadt zusehends ab. Auch seine beiden Schwiegersöhne, denen er das Geschäft vererbte, vermochten nicht an die Glanzzeiten ihres Ziehvaters anzuknüpfen. Heute sind die kaufmännische Berufsschule in Regensburg und eine Straße im Osten der Stadt nach Matthäus Runtinger benannt.

Johannes Aventinus

Standort: Emmeramsplatz

Eigtl. J. Turmair, 1477 in Abensberg (Niederbayern) geboren, 1534 in Regensburg verstorben. Studium an den Universitäten Ingolstadt, Wien, Krakau und Paris, 1509 Erzieher der bayerischen Prinzen, Verfasser von Grammatik- und Musiklehrbüchern, 1517 Bayerischer Landeshistoriker, 1528 Übersiedelung nach Regensburg.

Der Geschichtsschreiber

1492 hielt der bekannte Gelehrte Konrad Celtis in Ingolstadt eine flammende Rede über das neue Bildungsideal des Humanismus, in der er den Studenten drei Ziele als erstrebenswert anempfahl: wahre Erkenntnis der Dinge, Erforschung der Natur und Reinheit der lateinischen Sprache, gewonnen aus dem Studium der Klassiker. Schließlich hielt er sie noch zum Studium der deutschen Geschichte an. Es sei bedauerlich, sagte er, daß es »trotz so vieler ruhmvoller Kriege« noch niemanden gebe, der die Geschichte »für die Ewigkeit« erhielte, und es sei eine Schande, die griechische und römische Geschichte nicht zu kennen, ohnegleichen sei es aber, »von der Lage unseres Landes nichts zu wissen, von seinen Gestirnen, Flüssen und Bergen, seinen Altertümern, seinen Volksstämmen«.

Diese Rede war die erste Gelegenheit, bei der der junge Johannes Turmair, später als Johannes Aventinus berühmt, Bekanntschaft mit dem berühmten Dichter machte. Bis 1497 lehrte Celtis immer wieder an der Universität Ingolstadt, und hier entwickelte sich auch schließlich eine Freundschaft zwischen Lehrer und Schüler, die noch wesentlich vertieft wurde, als Aventinus dem Lehrer an die Universität nach Wien folgte, wohin dieser einen Ruf erhalten hatte, und sogar mit dem Meister zusammenwohnte.

Der Aufenthalt in Wien war für Johannes Aventinus der Beginn seiner Bildungsreisen, die ihn, zum Studium der Mathematik, nach Krakau und, zum Studium der Theologie und Philologie, sogar nach Paris an die Sorbonne führten, wo er 1504 seine Studien mit der Magisterwürde abschloß, was ihn berechtigte, selbst Vorlesungen an einer Hochschule zu halten, ein Anrecht, auf das der zur damaligen Zeit gerade sechsundzwanzigjährige Aventinus aber keinen großen Wert legte. Vielmehr kehrte er erst einmal ins heimatliche Abensberg

*Johannes Aventinus, Porträt auf seinem Grabstein
im Vorhof der Kirche St. Emmeram.*

zurück, verbrachte auch einige Zeit in Straubing. Aber schon nach
wenigen Monaten drängte es ihn, erneut auf Reisen zu gehen. Er
machte sich auf den Weg nach Wien, um Konrad Celtis und dessen
Freunde zu besuchen, wobei man davon ausgehen kann, daß er auch
in die »Gelehrte Donaugesellschaft« aufgenommen wurde, eine Vereinigung gleichgesinnter Dichter und Gelehrter. Es war die letzte
gemeinsame Zeit der Freunde, denn im Frühjahr 1507 kehrte Aventinus nach Abensberg zurück, ein Jahr bevor der erst neunundvier-
zigjährige Celtis in Wien starb.
Die nächste Zeit war ein wenig schwierig, was den Broterwerb anbelangte. Zwar unterrichtete Aventinus an der Universität Ingolstadt,
jedoch ohne Lehrauftrag, also in privaten Vorlesungen, was nicht
sonderlich ertragreich gewesen sein kann. Seine Hoffnungen richteten
sich deshalb auf einen Gönner, in diesem Fall Herzog Albrecht IV.,

dessen plötzlicher Tod der Aussicht auf einen gesicherten Posten jedoch im wahrsten Sinne des Wortes den Garaus machte.

Doch Albrecht hatte den Gelehrten, von dem er immerhin ein handgeschriebenes Bändchen mit lateinischen Gedichten erhalten hatte, weiterempfohlen, und so kam es, daß Aventinus zwar nicht an den Hof Albrechts, dagegen aber an einen Münchner Hof, nämlich den des Bruders des Verstorbenen, gerufen wurde. Dort erhielt er den Auftrag, sich der Erziehung der jüngeren Söhne Albrechts, der Prinzen Ludwig und Ernst, anzunehmen, und diese Tätigkeit war es letztendlich, die ihm erste Gelegenheit zu seinen ausführlichen geschichtlichen Studien gab. Er sollte den Knaben vor allem die deutsche und bayerische Geschichte nahebringen, ein Umstand, der Aventinus zu geschichtlichen Forschungsreisen veranlaßte, die er bis nach Regensburg ausdehnte, das er schon von einem Besuch im Jahr 1502, zusammen mit Celtis, kannte.

1517, nachdem die Erziehung der beiden Prinzen abgeschlossen war, erhielt Aventinus nun endlich die Aufgabe, die er bis an sein Lebensende beibehalten und durch die er als der »Vater der bayerischen Geschichtsschreibung« in die Annalen derselben eingehen sollte: Er wurde zum herzoglichen Geschichtsschreiber ernannt, mit dem Auftrag, eine Geschichte der bayerischen Fürsten und damit auch Bayerns zu schreiben.

Um diese bestmöglichst verfassen zu können, wurde ihm ein Empfehlungsschreiben mitgegeben, dessen fürstliches Siegel und Unterschrift ihm die Archive und Bibliotheken aller bayerischen Klöster öffnete: wohl der Wunschtraum eines jeden Gelehrten.

Von seiner Heimatstadt Abensberg aus begann er Rundreisen zu machen. Insgesamt besuchte er über 90 verschiedene Dörfer, Klöster oder Schlösser, um sich von Geschichtsquellen aller Art Abschriften anzufertigen, wobei er auch wieder in Regensburg fündig wurde, wie er in seinem Tagebuch erwähnt, und zwar in der Buchkammer des Doms und in der Bibliothek von St. Emmeram, wo schon Freund Celtis »Verschwundenes« entdeckt hatte.

1519, nach zweijähriger Recherche, begann er seine Geschichte Bayerns, um sie 1522, nach deren Vollendung, vom Lateinischen in die Volkssprache zu übertragen, damit sie nicht nur einem kleinen gelehrten Teil der Bevölkerung zugänglich sei, sondern wirklich Gemeingut des Volkes werde. Wie Luther, von dessen reformatorischen Gedanken Aventinus sehr angetan war, die Bibel ins Deutsche übersetzte und so zum allerersten Mal in der Geschichte das Volk in

DER BAYR GESCHICHTSSCHREIBER
JOHANNES AVENTINUS
(TURMAIR)
WAR VOM 20 FEBR. 1531–7 JAN 1533
EIGENTÜMER DIESES HAUSES
WO ER VERMUTLICH AUCH STARB
DEN 9 JANUAR 1534
M · C · M · X · X · V · I

Aventins Wohnhaus in der Engelburgergasse 14
mit Inschrifttafel.

den Stand setzte, selbst daraus lesen zu können und nicht länger auf die Auslegungen der Latein beherrschenden Geistlichen angewiesen zu sein, gab Aventinus durch sein Werk dem Volk seine eigene Geschichte zu lesen, oder zumindest denen, die lesen konnten.

Seine reformatorischen Neigungen waren es auch, weswegen Aventinus 1528 in Abensberg verhaftet wurde. Zwar wurde er durch fürstliche Fürsprache zwei Tage später wieder aus der Haft entlassen, doch veranlaßte ihn dieses Erlebnis, Abensberg den Rücken zu kehren und in die Reichsstadt Regensburg zu ziehen, wo er sich ein liberaleres Klima erhoffte. Wie man sagt, soll ihn die Verhaftung schwer getroffen haben; in Quellen wird er beschrieben als ein »von Stund an (…) anderer Mensch, voll Sorge und Ängstlichkeit und oft schwermüthig«. Aventinus wohnte zunächst Am Spielhof, 1531 erwarb er ein Haus in der Engelburgergasse.

Anders als sein Freund Celtis hatte sich Aventinus nie für die Frauen interessiert, jetzt aber, da er mittlerweile 52 Jahre alt geworden war, hatte er das Gefühl, er bedürfe der Pflege. Also wandte er sich an eine Zubringerin, die ihm ein Mädchen aus Schwaben, eine »ganz arme, grämliche und unholde Person«, wie es heißt, empfahl, im Glauben, Aventinus suche eine Magd. Dennoch gingen aus dieser Ehe mit Barbara Fröschmann drei Kinder hervor, von denen jedoch zwei früh starben.

Aventinus selbst sollte ihnen bald nachfolgen. Nachdem er sein Haus 1533 aus finanziellen Gründen hatte verkaufen müssen und keine Anstellung in Regensburg gefunden hatte, ging er wieder nach Ingolstadt, um dort als Erzieher der Söhne von Kanzler Leonhard von Eck zu wirken. Weihnachten 1533 reiste er nach Regensburg, um seine Frau und sein Kind zu besuchen, die nach Aventinus' Weggang weiter in der Engelburgergasse zur Miete wohnten, und zog sich dabei die Krankheit zu, die zugleich sein Ende war. Am 9. Januar 1534 starb Johannes Aventinus in seinem einstigen Haus, nur sieben Jahre älter als sein Freund Conradus Celtis bei dessen Tod.

Im Vorhof der St.-Emmerams-Abtei erinnert ein Gedenkstein an Johannes Turmair, genannt nach seiner Heimatstadt Abensberg, Aventinus. Auf ihm sind, neben dem Bild des Gelehrten, auch seine beiden Wahlsprüche zu lesen: »Der Mensch ist eine Seifenblase« und »Kaum geboren, beginnen wir zu sterben«.

Joseph (»Boiorarius«) Grünbeck

Standort: Gesandtenstraße 13

Um 1473 in Burghausen geboren, um 1532 wahrscheinlich in Steyr (Oberöster-
reich) verstorben. 1487 Studium in Ingolstadt, 1496 Professor für Rhetorik,
Reisen durch Italien, Ungarn und Polen, Privatlehrer in Augsburg, kaiserlicher
Gerichtsschreiber, 1500 Kanoniker in Altötting, 1503 Gründung einer Poetenschule in Regensburg, 1507 Aufenthalt in Konstanz, 1508 nochmals in Regensburg, 1514 in der Schweiz, 1515 in Landshut und zwischenzeitlich in Steyr.

Astrologe und Syphilisexperte

Joseph Grünbeck oder Grünpeck, wie er selbst sich schrieb, war der
Mann, der 1503 in Regensburg das Gymnasium poeticum gründete.
Nach seinem etwa einjährigen Aufenthalt in Regensburg als Dozie-
render an der Poetenschule kehrt Grünbeck 1508 nur noch einmal für
kurze Zeit nach Regensburg zurück.
Er geißelt die »Mißwirtschaft der römischen Kirche« und prophezeit
ihr »die schwersten Stürme« – vermutlich die einzige seiner Pro-
phezeiungen, die je eingetroffen ist. Anlaß genug für die späteren
Protestanten, Grünbeck als »unbestechlichen Verkünder der Wahrheit«, im nachhinein gar als Vorläufer Luthers anzusehen. Der von
ihm für die Zeit um 1540 prognostizierte Weltuntergang allerdings
blieb aus, wie man spätestens seit jenem Jahr weiß; doch zu dieser
Zeit hatte sich Grünbecks Spur bereits im Dunkeln verloren. Schon ab
dem Jahr 1532 gilt er den Historikern als verschollen; man nimmt an,
daß er in jenem Jahr in Steyr, wo er seit 1518 lebte, gestorben ist.
Manche beschreiben ihn heute gern als »schillernde Persönlichkeit«,
wohinter sich verbirgt, daß er ein vagabundierender Pseudogelehrter
war, der auf drei Gebieten dilettierte, der Literatur, der Astrologie
und der Medizin, und daß man nicht recht weiß, was man von ihm
halten soll. Doch wer sich eindeutig äußert, nennt ihn einen »humanistischen Herumtreiber« oder gar einen »eitlen Windbeutel«.
Daß Grünbeck zu seiner Zeit aber durchaus Beachtung und Anerkennung findet, dürfte an seiner Fähigkeit liegen, sich bei einflußreichen
Personen, allen voran Kaiser Maximilian I., einzuschmeicheln. Aus
welchem Grund ihm die Stadt Regensburg 1503 die Errichtung einer
Poetenschule – zunächst untergebracht im Kastenmayerhaus in der
Wahlenstraße, ab 1524 im Augustinerkloster am Neupfarrplatz und

ab 1537 in der Gesandtenstraße – gewährt und ihn dafür mit zunächst zehn, dann fünfzehn Gulden pro Quartal besoldet, ist nicht mehr bekannt; doch kann es weder an der Qualität noch an der Quantität seines literarischen Werks gelegen haben. Als Druckwerk überliefert sind zwei Komödien aus dem Jahr 1497; beide kreisen um das beliebte Thema Sünde und Tugend, Weltlust und Frömmigkeit. Eines der Stücke, »Streit zwischen Virtus und Fallacicaptrix vor Maximilians Richterstuhl«, wurde im November 1497 zu Ehren des Königs Maximilian I. aufgeführt: die Tugend muß, immerfort von ihrer Gegenspielerin, der Weltlust, vertrieben, durch die Welt wandern, bis sie den Weg nach Augsburg zum Herrscher Maximilian findet, der sie am glücklichen Ende zur »Lenkerin aller seiner Schritte« erklärt. Die Nachwelt urteilt vernichtend: weder Handlung noch »spannende Verwicklung«, noch »Geist und Witz« könne man in den Theaterstücken entdecken, und »geradezu unbegreiflich« sei es, wie »derartig geistloses Zeug und so gemeine Späße vor den Senatoren einer der ersten Städte des Reiches und vor Patrizierssöhnen aufgeführt werden konnten« (Czerny, Albin). Maximilian indes läßt Grünbeck bald darauf mit Lorbeerkrone und Dichterefeu schmücken und berechtigt ihn, den Titel »Magister der freien Künste« zu führen. Ferner wird Grünbeck als Schreiber Begleiter des Kaisers, wofür ihm auf Lebenszeit 20 Gulden jährlich zustehen; Leibarzt, Hofkaplan oder gar »Beichtvater« des Kaisers, wie hie und da behauptet wird, ist er jedoch nicht.

Zum ersten Mal schriftlich verewigt hat sich Grünbeck im Jahr 1496; über die Zeit vorher ist wenig bekannt. Geboren ist er vermutlich um 1473 in Burghausen, studiert hat er wahrscheinlich in Ingolstadt, wo er von 1495 bis 1496 Lateinlehrer gewesen sein soll. Die Schriften, mit denen er 1496 hervortritt, sind »Ein hübscher Tractat von dem Ursprung des bösen Franzos, das man nennet die wilden wartzen« – gemeint ist die Syphilis – sowie ein astrologisches Prognostikon. Daß er 1501, infolge einer »Orgie«, bei der »nicht nur dem Bacchus und der Ceres, sondern auch der Venus« geopfert wird, selbst an der Lustseuche erkrankt und am eigenen Leib das von ihm Geschilderte erfährt – »inwendig Eiter«, »faul Blut«, »das brennt, zwickt und sticht, martert und juckt mit allen Schmerzen« –, wird in manchen Kreisen nicht ohne Schadenfreude zur Kenntnis genommen; hinzu kommt, daß Grünbecks Versuche, sich »nach seinem eigenen Recept zu heilen«, fehlschlagen. »Auf einem anderen Wege« erlangt er 1503 seine Gesundheit wieder; doch findet er am Hof des Kaisers, obwohl

In der Gesandtenstraße 13 befand sich ab 1537
die von Joseph Grünbeck gegründete Poetenschule.

er sowohl den Titel eines Schreibers der kaiserlichen Kanzlei als auch sein Gehalt behält, keine dauernde Verwendung mehr. Das Verhältnis zu Maximilian I. bleibt ab der Erkrankung Grünbecks für einige Jahre kühl; erst 1508 gelingt es Grünbeck, sich mit einer Biographie Maximilians, tatsächlich eher eine Art Anekdotensammlung, wieder in das Herrscherherz zu schmeicheln.

Bis 1518 führt Grünbeck ein unruhiges Wanderleben, hält sich in Nürnberg, Konstanz, Altötting, Landshut, Salzburg und Regensburg auf und macht eine Reise durch die Schweiz, nimmt jeweils nur für kurze Zeit Anstellungen und Ämter an und verdient sich ein Zubrot mit dem Abfassen astrologisch-prophetischer Schriften; eine davon, erschienen 1511, ist der Stadt Regensburg gewidmet. In diesem »Astrologischen Judicium über die Stadt Regensburg« ist allerdings weniger von der Zukunft als vielmehr von bereits gewesenen Ereignissen die Rede – Hochwasser, Bürgeraufruhr, Judenvertreibung –, die von Grünbeck erst im nachhinein mit dem Lauf der Gestirne in Beziehung gebracht werden. Seine Beschäftigung mit Astrologie ist weder Wahrheitssuche noch Wahrheitsverkündung: je nach Zielgruppe deutet er die Zukunft schwarz oder rosig. In Schriften für das Volk schürt er bereits bestehende Ängste vor Seuchen, Sintflut und

Weltuntergang, prangert die Genußsucht und Geldgier der höheren Stände an und prophezeit ihnen große Strafgerichte.

Das Horoskop für den 1527 geborenen späteren Kaiser Maximilian II. hingegen deutet Grünbeck äußerst schmeichelhaft: in »Glori und Magnificenz« wird der Prinz »über alle Könige und Fürsten schweben« und »ein gut Alter erreichen«. Durch die übergroße »Lindigkeit« seines Wesens wird er zwar »viel betrogen werden« und »mit falschen Ratschlägen umgeben sein«, doch wird ihn seine »Geschicklichkeit (…) aus allen seinen Anfechtungen erledigen«. In dem Traktat geht es nicht ohne stilistische Entgleisungen ab: wer durch die »Astronomey erleuchtet ist«, schreibt Grünbeck, »vermag die Zügel seines Lebens durch alles Ungestüm widerwärtiger Wetter an das sichere Gestade zu führen«.

Im Jahr 1518 ergreift Grünbeck die Gelegenheit, in Steyr seßhaft zu werden: Kaiser Maximilian I., zu diesem Zeitpunkt offenbar wieder völlig mit Grünbeck ausgesöhnt, verleiht ihm die »Mühldienstzinse und Gülten« der kaiserlichen Hofmühle zum »Leibgeding«. Die Steyrer sind offenbar nicht sehr angetan von ihrem neuen Mitbürger, der sogleich ein »Horoskop der Stadt Steyr« erstellt, aus dem er den Charakter und die körperlichen Merkmale ihrer Bewohner deutet; mehrmals führt Grünbeck Beschwerde darüber, daß er den ihm zustehenden Zins stets verspätet, Honorare für seine ärztliche Tätigkeit überhaupt nicht erhalte.

»Grünbeck war sicherlich ein Mann seiner Zeit mit den Fehlern und Schwächen, aber auch den Vorzügen«, resümierte der Regensburger Almanach im Jahr 1972. Man ist versucht hinzuzufügen, daß es Grünbeck leider nicht vergönnt war, in unserem Jahrhundert zu wirken und seine Vorzüge als Redakteur einer ganz bestimmten Boulevardpresse zur Geltung zu bringen. Doch ist nicht ganz auszuschließen, daß er wiedergeboren wurde.

Eine Straße im inneren Westen der Stadt erinnert an Grünbeck.

40

Albrecht Altdorfer

Standort: Obere Bachgasse 7

Um 1480/85 geboren, 1538 in Regensburg verstorben. Maler, Graphiker, Baumeister und Kommunalpolitiker. 1505 Erwerb des Regensburger Bürgerrechtes, 1510 Italienreise, ab 1512 Kunstaufträge für Kaiser Maximilian, 1517 Wahl in den Äußeren Rat der Stadt Regensburg, 1520–1525 Hansherr, 1526 Wahl in den Inneren Rat und Baumeister, 1535 Gesandter Regensburgs am Kaiserlichen Hof in Wien.

Ein »Wendehals«?

Ob Albrecht Altdorfer in Regensburg geboren wurde, ist ungewiß. Ungewiß ist auch, ob er tatsächlich der Sohn des verarmten Malers Ulrich Altdorfer war, der die freie Reichsstadt Regensburg 1491 verschuldet und seiner bürgerlichen Ehren verlustig verlassen mußte. Sollte Albrecht jedoch sein Sohn gewesen sein, dann hatte er dem Vater in jedem Fall eines voraus: Er war einer der wenigen Künstler, die sich auf dem sonst eher als schlüpfrig empfundenen Parkett der Wirtschaft und des gesellschaftlichen Umgangs als ebenso souverän zeigten wie im Umgang mit Pinsel und Farbe.

Die kunsthistorische Forschung gibt das Geburtsdatum Albrecht Altdorfers mit »um 1480« an, da es keinerlei Quellen gibt, aus denen es genauer herauszulesen wäre; auch die Jahre seiner Jugend liegen im Dunkeln. Die erste überlieferte Quelle, die von Albrecht berichtet, ist eine Eintragung im Regensburger Bürgerbuch vom 13. März 1505, in der es heißt, daß »Albrecht alltarffer maler von Amberg ist burger worden«. 1506 fertigte Altdorfer seine ersten signierten Zeichnungen und Kupferstiche an, ein Jahr darauf die ersten Gemälde im Kleinformat. 1509 wird eine von seiner Hand stammende Gemäldetafel in der Kirche Weih St. Peter aufgestellt, und wahrscheinlich noch im selben Jahr erhält er den Auftrag für den Sebastiansaltar im Augustiner-Chorherrenstift St. Florian bei Linz, was deutlich zeigt, daß Altdorfers Kunst bereits sehr früh auch über die Grenzen von Regensburg hinaus bekannt und begehrt war.

Der Geschäftsmann Altdorfer erscheint bei genauerer Betrachtung bei weitem nicht als die integre Persönlichkeit, die er als Maler darzustellen scheint, wenn auch einige Quellen sein Geschäftsgebaren als die »normale, der unseligen Zeit entsprechende Form des Lebens oder besser des Überlebens« bezeichnen.

Albrecht Altdorfer

Gehen wir einmal davon aus, daß Albrecht tatsächlich der Sohn des verarmten Malers Ulrich Altdorfer war, so hat der aus derart beschränkten Verhältnissen stammende Sprößling nicht nur überlebt, sondern es sogar zu einem der wohlhabendsten und wohlangesehendsten Bürger der Stadt Regensburg gebracht. 1513 erwirbt er sein erstes Haus am St.-Veits-Bach »samt Turm und Hofstatt«, ein Jahr vor dem »Regensburger Aufstand« übrigens, den Altdorfer unbeschadet übersteht. Ob, und wenn ja, was für eine Rolle er dabei gespielt hat, ist leider unbekannt. Lediglich die genau zu jener Zeit entstandene, aus 40 Blättern bestehende Holzschnittfolge »Sündenfall und Erlösung des Menschengeschlechts« läßt Vermutungen über

Altdorfers Standpunkt hinsichtlich der Massenhinrichtungen zu. Wie viele seiner Zeitgenossen scheint Altdorfer sein Unrechtsbewußtsein ausgeschaltet, und sich statt dessen ein absonderliches, aber sehr zeitgemäßes Gottesbild angeeignet zu haben, mit dem sich viele Greueltaten sakral verklären ließen. Von einem anderen Beispiel wird später noch die Rede sein.

1517 wird Altdorfer Mitglied des Äußeren Rates der Stadt Regensburg, und noch im selben Jahr erwirbt er ein zweites Haus. Der Hauskauf scheint jedoch nicht mit rechten Dingen zugegangen zu sein, denn ein gutes Jahr später wird Altdorfer zu einem Prozeß vor das Schultheißengericht gerufen, den er, nicht weiter verwunderlich, gewinnt; immerhin ist er Mitglied des zweithöchsten politischen Ausschusses der Stadt. In den Akten ist von einer »kaum leserlichen, verwischten Schrift« im Kaufvertrag die Rede.

Das Jahr 1519 bringt, unter anderem, die ersten Wellen der Reformation nach Regensburg. Altdorfer steht dem neuen Glauben abwartend gegenüber. Zwischen den an das Zunftsystem gebundenen christlichen Handwerkern und den jüdischen Kaufleuten entsteht eine Konkurrenzsituation. Den verärgerten Handwerkern zu Hilfe kommt Doktor Balthasar Hubmaier, Prediger, Wiedertäufer und fanatischer Judenhasser, seit 1516 Domprediger in Regensburg, der bei vielen Bürgern mit seinen flammenden Reden sozusagen offene Türen einrennt. Noch aber stehen die Juden unter dem Schutz von Kaiser Maximilian.

Als Maximilian am 12. Januar 1519 unerwartet stirbt, sieht der Regensburger Rat, und mit ihm Balthasar Hubmaier, die lang ersehnte günstige Gelegenheit. Ein Handwerkeraufstand wird organisiert, der später als Vorwand dienen soll, die Vertreibung der Juden sei nur zu ihrem eigenen Schutz geschehen, da man, wegen der aufgebrachten Menge, nicht mehr für ihre Sicherheit habe garantieren können. Der Rat beschließt die Ausweisung, und eine Ratskommission erscheint in der Judenstadt, um deren Bewohnern mitzuteilen, daß sie innerhalb von fünf Tagen die Stadt zu verlassen hätten. Ihre Habe könnten sie mitnehmen, nicht jedoch ihre Pfänder. Die Synagoge (am heutigen Neupfarrplatz) schließlich müsse innerhalb von zwei Stunden geräumt werden, da sie als erstes Gebäude abgerissen werde.

All das geschieht unter, wie es heißt, frenetischem Jubel der Bevölkerung. In der Kommission befindet sich auch Altdorfer, wie aus zwei Radierungen der Innenansicht der Synagoge ersichtlich ist.

Die Überschrift der Bilder lautet: »Nach Gottes gerechtem Rat-
schluß ist die Synagoge in Regensburg von Grund auf zerstört
worden.«
Bei den Abbrucharbeiten geschieht nun etwas, das den Regensburgern endlich ein »Wunder« liefert und die fast bankrotte Stadt zum
anziehungskräftigen Wallfahrtsort macht. Der Steinmetzmeister Kern
wird von herabfallenden Steinen getroffen und, schon für tot gehalten, vom Platz getragen. Anderntags aber erscheint er wieder am Ort
des Geschehens, wundersam von den Toten erweckt durch die Jungfrau Maria, der seine Frau angeblich ein Kerzenopfer versprochen
hatte. Zwar steht schon vorher der von Hubmaier erdachte Plan fest,
anstelle der Synagoge eine Marienkapelle zu errichten, da es, wie der
schlaue Prediger spekulierte, wohl keine Instanz wagen würde, dieselbe wieder abreißen zu lassen; mit Hilfe des Mirakels jedoch läßt
sich die Sache noch viel besser verkaufen.
Schon einen Monat nach dem Abriß der Synagoge wird mit dem Bau
der Kapelle begonnen, die eine Woche später bereits ihr Dach trägt.
Den Auftrag für die Inneneinrichtung erhält Altdorfer. Von ihm
stammt auch das Gnadenbild der »Schönen Maria« mit dem Fransen-
umhang, das heute noch als Kopie in der Stiftskirche St. Johann neben
dem Dom zu sehen ist. Weitere Einnahmequellen für Altdorfer sind
die Illuminierung einer Ablaßurkunde und Entwürfe für Wallfahrts-
medaillen, wahlweise aus Blei oder Silber, mit oder ohne Vergoldung,
je nach Kaufkraft des Pilgers oder Größe des erwünschten Mirakels.
Kaplan der Kapelle wird übrigens – o Wunder – kein anderer als
Hubmaier.
Kein Wunder ist, daß die Regensburger mit ihrer illegalen Judenvertreibung straflos davonkommen. Hubmaiers Plan der Errichtung der
Marienkapelle tut die erwünschte Wirkung; den Rest besorgt ein
Zwanzigfaches des Schutzgeldes, bezahlt an den neuen Herrscher
Karl V., der Regensburg damit für alle Zeiten von der jährlichen
Schutzgeld-Zahlung befreit. Und jeder ist zufrieden. Jeder? Altdorfer
sicherlich, denn seine Karriere macht weiterhin gute Fortschritte.
1526 erfolgt die Wahl zum Inneren Rat der Stadt. 1528 muß er die
Wahl zum Bürgermeister der Stadt ablehnen, da er seine gesamte Zeit
der von Herzog Wilhelm in Auftrag gegebenen Alexanderschlacht
widmet; ohne Zweifel ein Meisterwerk, wie auch Napoleon erkannte,
der das Gemälde, das als Kriegsbeute nach Frankreich kam, in seinem
Badezimmer in St. Cloud aufhängen ließ, um es stets vor Augen zu
haben.

WOHN UND STERBEHAUS
DES GROSSEN
REGENSBURGER MALERS
ALBRECHT ALTDORFER
+ 12/FEBRUAR 1538

ZUM 400JÄHRIGEN GEDENKEN 1938

Albrecht Altdorfers Wohn- und
Sterbehaus mit Gedenktafel in
der Oberen Bachgasse 7.

Am 12. Februar 1538 stirbt Albrecht Altdorfer, meisterhafter Maler und zwielichtiger Zeitgenosse, nicht ohne vorher ein zwanzigseitiges Testament diktiert zu haben, damit nach seinem Tod »seines verlassenen Guts halben zwischen seinen Freunden und Erben Irrung, Zwietracht und Widerwillen nicht erwache«. Von seinem beträchtlichen Vermögen erhalten auch die Bedürftigen der Stadt einen Teil; ihnen vererbt er einen goldverzierten Pokal.

Albrecht Altdorfer war für die Kunstwissenschaft einer der bedeutendsten Maler und Graphiker seiner Zeit. Er war der Meister der »Donauschule«, eines einheitlichen Stils, der sich im ersten Drittel des sechzehnten Jahrhunderts entlang der Donau und im altbayerischen Raum als richtungsweisend erwies, und er war der erste, der die Landschaft als eigenes Bildthema ernst nahm.

Ein Platz und ein Gymnasium in der Innenstadt sind nach Albrecht Altdorfer benannt.

Konrad, Matthäus und Wolfgang Roritzer

Standort: Domplatz

Konrad: Geburtsjahr unbekannt, 1477 in Regensburg verstorben. 1456-1477 Dombaumeister in Regensburg.

Matthäus: Geburtsjahr unbekannt, 1495 in Regensburg verstorben. 1477-1495 Dombaumeister in Regensburg. Verfasser der ersten deutschsprachigen Architekturlehre.

Wolfgang: Geburtsjahr unbekannt, 1514 in Regensburg hingerichtet, ab 1495 Dombaumeister in Regensburg.

Die Familie Roritzer und die »klerikale Großbaustelle«

Wenn Berlin heute die größte Baustelle Deutschlands ist, so kann Regensburg von sich sagen, daß es eine der größten kirchlichen Baustellen des Mittelalters gewesen ist, vor allem, wenn man die Zeitspanne betrachtet, in welcher hier ein Zeitmonument geplant und errichtet wurde. Der Grundstein wurde am 25. April 1275 gelegt; fertiggestellt wurde der Bau erst im 16. Jahrhundert, also nach fast 400 Jahren Bauzeit; ein Ding der Undenkbarkeit in unserer Hochgeschwindigkeitsgesellschaft, in der nichts mehr für die Ewigkeit Bestand haben soll und der der Sinn für Ornamentik und Symbolik weitestgehend verlorengegangen ist.

Ganz anders im späten Mittelalter und bei dem Bauwerk, von dem hier die Rede sein soll. Es handelt sich um den Regensburger Dom und um eine Familie, die durch ihre Tätigkeit als Dombaumeister aufs engste mit der Entstehung des gotischen Prachtbaus verbunden war: die Familie Roritzer.

Drei Generationen von Roritzers waren am Bau des Domes beteiligt. Wenzel Roritzer, von 1415-1419, sein Sohn Konrad und wiederum dessen Söhne Matthäus und Wolfgang.

Konrad Roritzer war ab 1446 als Werkführer beim Regensburger Dombau tätig, der zur damaligen Zeit von seinem Stiefvater Andreas Engel geleitet wurde; zehn Jahre später, nachdem er inzwischen als Baumeister für den Chorbau der St.-Lorenz-Kirche in Nürnberg zuständig war, wurde Konrad Engels Nachfolger und leitete die »Dom-Fabrica«. Konrad Roritzer war es, der als erster den weicheren

Sandstein des Abbacher und Kapfelberger Bruches zum Dombau verwandte, da er gegenüber dem üblichen Kalkstein den Vorteil der besseren Bearbeitung bot und sich somit vorzüglich eignete, den gotischen Formenreichtum noch besser in Erscheinung treten zu lassen. Unter Konrads Leitung wurde der Nordturm des Doms nach einem neuen Entwurf des Meisters weitergebaut; der Gewölbeausbau des linken Seitenschiffes wurde vorangetrieben und der südliche Turm soweit fertiggestellt, daß er bereits die Glocken aufnehmen konnte.

Aber nicht nur in Regensburg wirkte Konrad Roritzer. Sein handwerkliches Geschick und sein künstlerisches Talent ließen ihn zum gefragten Mann werden. So beriet und plante er auch beim Bau der St.-Lorenz-Kirche in Nürnberg und beim Stephansdom in Wien. 1474 unterbreitete er auf einem Baumeisterkongreß in München den Vorschlag für die Einsetzung des Gewölbes der Liebfrauenkirche.

Wie diese Tatsachen schon zeigen, waren die Dombaumeister des Mittelalters vielseitig ausgebildete Leute. Jeder von ihnen war Architekt, Steinmetz, Baumeister und Bildhauer in einer Person. Auch in der Theologie und Philosophie waren sie beschlagen. Wie hätten sie sonst ihre meisterlichen Allegorien in Stein hauen können? Stellen wir uns vor, wir wären im 15. Jahrhundert, wären zudem begabte Jünglinge und hätten das unverschämte Glück, unter Konrad Roritzer Lehrlinge der Dombauhütte zu werden. Unser Alltag hätte folgendermaßen ausgesehen:

Fünf Jahre lang hätten wir als »Kunstdiener« sechs Tage die Woche die Grundbegriffe des Handwerks sowie ein gut Teil der Geisteswissenschaften der damaligen Zeit erlernt. Auch die geheimen Erkennungszeichen – »Zeichen, Griff, Wort« – hätte unser Lehrer uns beigebracht und den Ablauf der Vorstellung in einer fremden Hütte, damit man uns dort als Wissende erkannt und Zutritt gewährt hätte, denn die Dombauhütten durfte nur betreten, wer sich durch die, in ganz Europa gültigen, geheimen Zeichen als zum Bund der freien Mauerer zugehörig ausweisen konnte.

Die Dombauhütte wäre für diese fünfjährige Lehrzeit unsere Heimat geworden, Konrad Roritzer unser Lehrer und väterlicher Freund, und sein Wort unser Gesetz. Fast wie eine klösterliche Vereinigung muß man sich so eine Dombauhütte vorstellen. Der »Dienst an der Kunst« wurde im Sommer teilweise von drei Uhr morgens bis sieben Uhr abends betrieben. Tatsächlich war die Domhütte auch exterritoriales Gebiet, das heißt, wer sich in ihren Schutz begab, konnte ohne die Erlaubnis des Baumeisters nicht von dort entfernt werden. Er hatte die richterliche Gewalt über die circa vierzehn Arbeiter in seinem Gebiet, die im Durchschnitt sechs Jahre lang unter seiner Führung dienten, und genoß eine Sonderstellung, die von der ganzen Gesellschaft akzeptiert wurde.

Nach Ablauf unserer Lehre wären wir drei Jahre lang auf Wanderschaft gegangen, um zu erfahren, was in den anderen Bauhütten Europas Neues zu lernen war, und hätten dann, entsprechend unserer Fähigkeiten, Parlier, das heißt Sprecher der Werkleute und Stellvertreter des Baumeisters – es ist anzunehmen, daß unser »Polier« von dem mittelalterlichen Handwerker abstammt – oder selbst Baumeister werden können.

Doch zurück zu den Roritzers und dem nächsten der Familie: Matthäus, Dombaumeister und Regensburger Buchdrucker. Er hatte unter dem Vater gelernt und wurde 1476, nach seinen Wanderjahren, Bürger von Regensburg. 1477 übernahm er dann die Regensburger Dombauhütte. Von seiner Hand stammen u.a. das Netzrippengewölbe der Sakristei, Laufgänge und die steinerne Domkanzel.

Doch auch als Buchdrucker trat Matthäus in Erscheinung. Er gab 1486 das »Puechlein von der fialen gerechtigkeit« heraus und ein Jahr später die »Geometria Deutsch«, die ersten deutschsprachigen Werke über Architekturtheorie, und brach damit, wie bereits erwähnt, das Gesetz der mündlichen Überlieferung. Warum er das tat, ob er bewußt die geheime Wissenschaft, die Geometrie, auch an Außenstehende vermitteln wollte, oder ob er, im Bewußtsein seiner Verantwortung als Baumeister, den Schlüssel zum Prinzip für alle Zeiten sichern wollte, das sind Fragen, auf die bis heute keine Antwort besteht.

Der vierte der Roritzers, Wolfgang, übernahm die Leitung der Bauhütte 1495, nach dem Tod seines Bruders. Sein Steinmetzzeichen tragen u.a. der Ziehbrunnen im südlichen Seitenschiff, eine Reihe von Figuren am nördlichen Turm und das Domkapitelhaus.

Doch nicht nur als Baumeister ist Wolfgang Roritzer in die Annalen der Stadt eingegangen, sondern auch als ein Kämpfer für deren Freiheit; ein Kampf, den er mit dem Leben bezahlen mußte. Dazu muß man wissen, daß Regensburg zur damaligen Zeit stark verschuldet war. Seine kulturelle Blütezeit und die wichtige Rolle, die es einst im Handel gespielt hatte, waren vorbei. Andere süddeutsche Städte hatten ihm den Rang abgelaufen. Es mag auch sein, daß der Dombau die Verhältnisse der Regensburger denn doch überstiegen hat oder daß

Porträt des Dombaumeisters Matthäus Roritzer.
Silberstiftzeichnung von Hans Holbein d. Ä., um 1490.

des öfteren unfähige Männer in einflußreichen Positionen saßen. Wie dem auch sei, Regensburg stand kurz vor dem Bankrott, und daher kam den Regensburgern das Angebot des bayerischen Herzogs Albrecht IV., ihnen finanziell unter die Arme zu greifen, natürlich sehr gelegen. Bedingung war jedoch, daß Regensburg sich dem Herzog unterstellte, das hieß, daß es mit der reichsstädtischen Freiheit, die am heftigsten durch die Vertreter der Zünfte gefordert wurde, dann endgültig vorbei war.

Wolfgang Roritzer, der als Dombaumeister ja außerhalb der Zünfte stand, sah in dem Handel möglicherweise einen Ausweg, denn der Dombau war wegen der finanziellen Notsituation nahezu zum Erliegen gekommen. Jedenfalls gehörte er den Bürgern an, die durch einen Aufstand im Juli 1486 Regensburg dazu zwangen, Albrecht IV. als Herrn der Stadt anzuerkennen.

Schon zuvor hatte Kaiser Friedrich III. die Regensburger Bürger scharf ermahnt, und nun forderte er die sofortige Rücknahme dieses Schrittes. Da ihm nicht Folge geleistet wurde, überzog er die Stadt sechs Jahre lang mit Krieg, bis er 1492 endlich die Rückgabe ans Reich erzwingen konnte. Wer jedoch dachte, daß jetzt wieder die früheren Zustände der freien Reichsstadt einkehren würden, hatte sich getäuscht. Die Stadt ging lediglich vom Besitz des einen in den eines anderen über, und zusätzlich mußte man auch noch einen kaiserlichen Reichshauptmann in ihren Mauern erdulden, der die Aufgabe hatte, einen erneuten Abfall vom Reich zu verhindern, was in der Praxis so ausgesehen haben wird, daß in seinen Händen die gesamte Gerichtsbarkeit lag. Als der Reichshauptmann Rohrbach im Jahr 1512 starb und der neue Kaiser Maximilian I. an seiner Statt einen neuen Oberen, den Ritter Fuchs zum Schneeberg, einsetzte, kam es in der

Dombauhütte, einst die Steinmetzwerkstatt der Roritzer.

Stadt zu gewaltigen Unruhen, die als »Regensburger Aufstand« in die Geschichte eingegangen sind. Der Rat der Stadt wurde von den aufgebrachten Bürgern gefangengenommen, und einer der Ratsherrn, wegen seiner Unbarmherzigkeit bekannt, wurde zu Tode gefoltert. Wolfgang Roritzer wurde von den herbeigesandten kaiserlichen Kommissaren als einer der Rädelsführer des Aufstandes angesehen, da er es gewesen war, der Auszüge aus den Rechnungsbüchern der Stadtämter hatte erstellen lassen, die er dann unters Volk verteilt hatte. Was er dabei entdeckt hatte, war sozusagen eine mittelalterliche Amigo-Affäre, und die Wut der Bevölkerung war dementsprechend groß.

Die Kommissare ergriffen ihn 1514 in seiner Dombauhütte, im »freien Bezirk«, zu dem sie eigentlich keinen Zutritt hatten, nachdem der Bischof eine Auslieferung verweigert hatte; anschließend wurde kurzer Prozeß gemacht. Vor dem Rathaus wurde eine Holztribüne errichtet, auf der Wolfgang Roritzer sowie einige andere, ebenfalls als Rädelsführer beschuldigte Bürger, am Morgen des 30. Mai 1514 mit dem Schwert enthauptet wurden. Sie blieben nicht die einzigen. Als die kaiserlichen Kommissare ihre blutige Arbeit beendet hatten, zählte Regensburg ein Drittel weniger Einwohner als zuvor.

Wolfgang Roritzer, der letzte Regensburger Dombaumeister, wurde, wie auch sein Vater und sein Bruder Matthäus und all die anderen Baumeister vor ihnen, auf dem Domfriedhof bestattet. Eine Straße im inneren Osten der Stadt ist nach der Roritzer-Familie benannt.

Ulrich Schmidl

Standort: Tändlergasse 24 / Wahlenstraße 23

Um 1500 in Straubing geboren, 1581 in Regensburg verstorben. 1535 Teilnahme an einer Expedition nach Südamerika, 1553 Rückkehr nach Europa, 1563 Übersiedlung aus religiös-politischen Gründen nach Regensburg.

Die Schiffahrt Ulrici Schmidls von Straubingen

Ein Mann sitzt in seinem neuerbauten Haus in Regensburg und schreibt:
»Nun befahl der Obrist, Don Pedro Mendoza, daß man das Volk zu Schiff wiederum bringen soll und auf die ander Seiten des Wassers Parana führen, allda es nit breiter denn 8 Meil Wegs. Da haben wir ein Stadt gebaut, hat geheißen Buenos Aires, das ist auf deutsch: gueter Wind. Wir haben auch 72 Pferd und Stuten aus Hispanien auf den 14 Schiffen gebracht.«
An seinem Haus in der Tändlergasse 24 hat er ein Wappenschild anbringen lassen mit der Aufschrift »1563 VLRICH SCHMIDL VON STRAVBING«. Darunter ist ein schwarzer, halber, aufsteigender Stier im weißen Feld mit einer Krone um die Hörner abgebildet. Heute kann man ferner auf der Rückseite des Hauses, die sich in der Wahlenstraße befindet, die Inschrift lesen: »Dieses Haus war das Wohnhaus des Ulrich Schmidl von Straubing, des Mitentdeckers von Brasilien und Miterbauers von Buenos Aires.« Und in Buenos Aires existiert im Lezamapark ein Denkmal mit seiner Büste, und eine Schule ist nach dem Stadtgründer benannt. 1961 ehrte ihn die Republik Argentinien als ihren ersten Geschichtsschreiber mit einer Gedenktafel im Straubinger Rathaus. Doch ist zu bedenken, daß Schmidl keiner ist, der in seiner »wahrhafftigen Beschreibung« geschichtliche Zusammenhänge und Hintergründe darstellt. Ihm geht es um das Selbsterlebte und -gesehene, um die einzelne Begebenheit, um ethnographische und Natur-Beobachtungen.
Ulrich Schmidl schreibt:
»Auf diesem Land haben wir einen Flecken gefunden mit indianischem Volk, heißen Querandis, ungefähr bei 2000 Mann samit ihren Weib und Kinden; sind auch bekleidet wie die der Charruas vom Nabel bis zu den Knien. Haben uns zu essen gebracht Fisch und

Fleisch. Die Querandis haben kein eigene Wohnung, ziehen im Land um gleich wie bei uns die Zigeuner, und wann sie Summers Zeiten reisen, ziehens manchmal 30 Meil auf trocknem Land, daß sie kein Tropfen Wassers zu trinken finden. Und so sie etwan Hirschen oder andere Gewild überkummen, so trinken sie dessen Blut.«

Der dies schreibt, hat selbst zwanzig Jahre als Reisender zugebracht. Aus Abenteuerlust und Forscherdrang schließt sich Schmidl 1534 einer Expedition nach Südamerika unter der Führung von Don Pedro de Mendoza an. Von Antwerpen gelangt er nach zweiwöchiger Schiffsreise nach Cadiz; von dort aus bringen 14 Schiffe das aus

2500 Spaniern sowie 150 Deutschen und Niederländern bestehende Expeditionskorps an die Küste Südamerikas. Ziel der Expedition ist die Eroberung des La-Plata-Gebietes für die spanische Krone.

»Und Pedro Mendoza (...) befahl uns, wir sollten gemeldte diese Querandis alle zu Tod schlagen und ihren Flecken einnehmen. Und wie wir zu ihnen kamen, waren ihr 4000 Mann, denn sie hätten ihr Freund zusammengerufen. Und da wir sie wollten angreifen, stellten sie sich dermaßen zur Wehr, daß wir denselbigen Tag genug mit ihnen zu schaffen hätten, brachten auch unseren Hauptmann, Don Diego Mendoza, um, samt 6 Edelleuten zu Roß und Fußknecht; seind ungefähr auf unserm Teil in die 20 zu Tod geschlagen worden und auf ihrer Seiten bei 1000 ungefähr umkummen; haben sich also tapfer gegen uns gewehrt, daß wirs wohl empfunden haben.«

Die Abenteuerlust des Ulrich Schmidl mag eine ihrer Wurzeln in der Familienkonstellation haben. Während ältere Söhne häufig dem Weg des Vaters folgen, neigen jüngere Söhne dazu, die Rolle des »Ausbrechers« zu übernehmen – die Rebellion gegen den als Vorbild gepriesenen großen Bruder mag dabei eine Rolle spielen. Ulrich Schmidl ist der aus zweiter Ehe stammende zweite Sohn des Straubinger Patriziers Wolfgang Schmidl, welcher in Ingolstadt studiert und in Straubing von 1504 bis 1511 die Ämter des Stadtkämmerers und des Bürgermeisters bekleidet hatte. Der erste Sohn, Thomas, wird 1524 ebenfalls Bürgermeister von Straubing.

1552 wird Ulrich von seinem kranken Bruder Thomas ins Vaterhaus zurückgerufen, wo er im Frühjahr 1554, mithin zwanzig Jahre nach seinem Aufbruch, eintrifft.

Zurück in Straubing, bindet Ulrich Schmidl sich durch Fortführung des Stipendienwerkes seines Bruders Thomas, der im Herbst 1554 stirbt, sowie durch Eheschließung mit einer Juliana Hueberin an die Heimat. Eingedenk der beschwerlichen und gefährlichen Rückreise wird der Söldner Schmidl sich gern in die neue Seßhaftigkeit gefügt haben.

»Diese Nation Tupis« – deren Gebiet er durchqueren mußte – »essen die Menschen als ihre Feind, tun nichts anderst, denn daß sie immerdar Krieg führen, und wenn sie ihren Feind überwinden, so begleiten sie's gefangen in ihre Flecken, wie man hierzuland ein Hochzeit einbeleitet. Und wann sie alsdann den Gefangenen wollen umbringen oder schlachten, richten sie dazu ein großen Triumph; dieweil er aber gefangen liegt, gibt man ihm alles, was er begehrt oder zu wem er Lust hat, bis die Stund kommt, daß er dran muß. Item sie essen und

*Schmidls einstiges Wohnhaus an der Ecke Tändlergasse/Neupfarrplatz,
heute Apotheke Zum Goldenen Engel. Auf der Rückseite des Hauses
(Wahlenstraße 23) befindet sich eine Gedenktafel.*

trinken und sind Tag und Nacht voll; auch tanzen sie gern und führen dermaßen ein solch ehebrüchiges Leben, davon nit zu sagen ist. Ist ein stolz hoffärtigs und übermuetigs Volk.«

In seiner Heimatstadt Straubing seßhaft zu werden, ist Ulrich Schmidl jedoch nicht vergönnt. Sein evangelischer Glaube ist nicht der Glaube seines bayerischen Herzogs. Nach dem Augsburger Religionsfrieden, der das Bekenntnis der Untertanen an das ihrer Fürsten bindet, muß Schmidl Straubing verlassen. Im Jahr 1563 wird er Bürger von Regensburg, erbaut sich das Haus, das seit 1637 die Apotheke »Zum Goldenen Engel« beherbergt.

Seine Reiseaufzeichnungen macht Ulrich zu einem Buch und gibt ihm den Titel: »Wahrhafftige und liebliche Beschreibung etlicher fürnemen Indianischen Landschafften und Insulen, die vormals in keiner Chronicken gedacht und erstlich in der Schiffahrt Ulrici Schmidls von Straubingen mit großer Gefahr erkündigt und von ihm selber auffs fleissigst beschrieben und dargethan.« Das Buch erscheint 1567 in Frankfurt. Hätte Schmidl es nicht geschrieben, so wäre er längst vergessen.

»Darum sag ich Gott, meinem Erlöser und Seligmacher durch Christum Jesum ewig Lob, Ehr, Preis und Dank, daß er mich (…) so gnädiglich geleitet, beschützet und beschirmet hat (…).« Mit diesen Worten beschließt er die Schilderung eines Schiffbruches bei Cadiz im Jahr 1553, dem er nur knapp entgeht. Worte, die für sein ganzes Leben Gültigkeit hatten.

Barbara Blomberg

Standort: Kramgasse 3

Wohl 1527 in Regensburg geboren, 1597 in Ambrosero verstorben. 1546 Liebesverhältnis mit Kaiser Karl V., 1547 Geburt des späteren Don Juan d'Austria, 1551 Ankunft mit ihrem Ehemann Hieronymus Kegel in Brüssel, 1570 in Gent, 1577 Übersiedlung nach Spanien.

Die »Heldenmutter«

Wenn zeitgenössische Staatsführer, immer von mindestens einem Kameraauge beobachtet, durch Parks joggen, mit großem Gefolge durch die Lande wandern, Golf spielen oder sich, an einem idyllischen Gebirgssee, der Diät ergeben, zweifelt niemand von uns an der Leistungsfähigkeit derer, die unsere Geschicke lenken. Stehvermögen bis ins hohe Alter wird uns demonstriert, jugendliche Frische als Voraussetzung für die Bewältigung umfassender geistiger Aufgaben. Wir glauben es ihnen und uns und schicken uns an, das Rentenalter wieder heraufzusetzen. Die Holzkur, der sich Kaiser Karl V. während des Reichstages zu Regensburg im Jahre 1546 unterzog, um die Gicht zu bekämpfen, machte ihn nicht jünger. Während man heute, im Zeitalter von Frischzellenkur und Facelifting, als Sechsundvierzigjähriger noch »in den besten Jahren« ist, zumindest wenn man der Werbung glauben schenkt, galt ein Mann dieses Alters damals fast schon als Greis. Dessenungeachtet machte der Kaiser noch immer Jagd, nicht nur auf das Hoch- und Niederwild rund um Straubing, sondern auch auf junge Frauen, deren es, so wird uns berichtet, in Regensburg genug gab, die dem Kaiser gefallen wollten. Bei seinem Einzug in die Stadt sollen Regensburgs »Professionelle« dem Zug vorangelaufen sein und ihre »Pracht« hergezeigt haben. Ein Zeuge vermerkte: »Wenn man auf einen Reichstag kommt, sind das überköstlich prachtiren und banketiren, das Zusaufen schier die größten Geschäfte, denen man zum emsigsten obliegt.«
Beim »Zusaufen« bleibt's ja bekanntlich auch beim Kaiser nicht, und eine etwa achtzehnjährige Frau gefiel dem Herrscher wohl besser als die anderen, oder sie hatte die größere Fähigkeit, seine Aufmerksamkeit auf sich zu lenken. Was sich wirklich zwischen beiden abgespielt hat, muß Spekulation bleiben. Um so bekannter ist das Ergebnis. Es

heißt Don Juan d'Austria und wird später etwas tun, was seinem Vater nie gelungen ist: die Türken besiegen. Zweifel gibt es jedoch nicht über Barbaras Herkunft. Sie war das erste von sechs Kindern des angesehenen Regensburger Gürtlers Wolfgang Plumberger, der in der Kramgasse lebte und arbeitete.

Zum Zeitpunkt der Niederkunft ist Barbara bereits – und auch da hat der Kaiser, der mit seinen Truppen gerade in der Oberpfalz zugange ist, seine Hand im Spiel – verheiratet, und zwar mit dem Offizier Hieronymus Kegel. Der am 24. Februar 1547 geborene Bub wird auf den gleichen Namen getauft, den er bis zu seinem zwölften Lebensjahr tragen wird. Dem Offizier wird eine Beförderung und dem Alibi-Paar ein Hochzeitsgeschenk von 5000 Gulden versprochen. Aber aus der Beförderung wurde nichts, und von dem Geld sah das Paar nur einen lächerlich kleinen Teil.

1551 zieht Barbara mit ihrem Mann nach Brüssel. Aus der Ehe gehen drei Kinder hervor. Ihr erstes, nichteheliches Kind aber wird ihr weggenommen und nach Spanien gebracht. Dort wird Jeronimo unter Geheimhaltung seiner Herkunft vom Hofmarschall Don Luis Mendez de Quijada aufgenommen und erzogen.

1556 überläßt Karl V. seinem Bruder Ferdinand die Krone. Zwei Jahre später, kurz vor seinem Tod, erwachen plötzlich seine Vatergefühle, und es kommt in seinem Landhaus in San Yuste zur einzigen Begegnung mit Jeronimo. Seine einstige Geliebte bedenkt er mit einem Almosen, wie aus einem Brief Quijadas an Philipp II., König von Spanien, hervorgeht:

»Am Tage vor seinem Tode befahl mir der Kaiser, dem Kammerdiener Agier Bodarte 600 Goldthaler auszuzahlen, mit welcher Summe derselbe zum Besten einer Person, die er Ew. Majestät namhaft machen werde, in Brüssel eine Leibrente von 200 Gulden kaufen solle. Ich bitte, solches genehmigen zu wollen, weil es ein Werk der Barmherzigkeit ist, und zwar ein Almosen für die Mutter eines Wesens, von dem Ew. Majestät weiß.«

Zwischen diesem »Wesen« und Philipp II. kommt es am 28. September 1559 zu einem gut inszenierten Treffen während der Jagd, bei welchem Jeronimo über seine Herkunft aufgeklärt wird. Wie im Märchen. Jeronimo erhält den Namen Don Juan de Austria und wird von nun an mit dem Infanten Don Carlos und Alexander Farnese, dem Sohn von Margarethe von Parma, einer unehelichen Tochter Karls V. erzogen. Seine Mutter dagegen wird in Spanien teils totgeschwiegen, teils mit einer würdigen Biographie versehen.

Blombergs Wohnhaus in der Kramgasse 3 mit Gedenktafel.

1569, als Don Juan bereits die ersten Lorbeeren erntet, stirbt Hieronymus Kegel und hinterläßt Barbara eine Menge Schulden. Herzog von Alba, der Statthalter der Niederlande, wird deshalb beauftragt, für die Witwe zu sorgen, um ihr ein standesgemäßes Leben zu ermöglichen. Man sähe sie überdies gern in einem kleinen niederländischen Dorf oder in einem Kloster, aber sie hat anderes im Sinn. Sie erklärt sich zwar bereit, Brüssel zu verlassen, erwirkt aber einen Kompromiß und zieht 1570 zunächst nach Gent. Doch Philipp II. hätte sie viel lieber in Spanien und damit unter Aufsicht. Die Blomberg hält davon überhaupt nichts. Sie wisse, in welches Gefängnis man sie stecken wolle, und lieber würde sie sich in Stücke hauen lassen, als nach Spanien zu gehen. Sie kehrt 1571 vielmehr wieder nach Brüssel zurück. Inzwischen erwägt Alba sogar eine Entführung. Nach einigem Zögern stimmen Philipp II. und Don Juan zu, aber der Plan scheitert.

1576 wird Don Juan Generalstatthalter der Niederlande. In Luxemburg kommt es zum einzigen Treffen mit seiner Mutter. Dabei fordert er sie erneut auf, nach Spanien zu gehen. Mehr oder weniger freiwillig kommt sie seiner Forderung nach und begibt sich in ein Dominikanerkloster bei Valladolid. 1580 dann zieht sie sich in das kleine Dorf

Porträt Don Juans de Austria, des »Heldensohnes« von Barbara Blomberg, an der ehemaligen Kaiserherberge »Goldenes Kreuz«.

Colindres zurück und schließlich vier Jahre später auf einen Gutshof in Ambrosero. Immerhin überlebt sie dort ihren Sohn, der im Jahr 1578 (offiziell durch die Pest, inoffiziell durch einen vom Stiefbruder angeheuerten »Profikiller«) stirbt und in der Gruft des Vaters beerdigt wird.

Abhängig von der königlichen Rente verbringt die schwer unter Arthrose leidende Madame Barbara de Blombergh ihre letzten Lebensjahre. Am 18. Dezember 1597 stirbt sie. Beigesetzt wird sie in der Klosterkirche Montehano. In Regensburg ist Barbaras Geschichte an der Fassade jenes Gasthofes am Haidplatz, in dem sie Kaiser Karl V. traf, in aller Kürze verewigt.

Johannes Kepler

Standort: Keplerstraße 2

1571 in Weil (Württemberg) geboren, 1630 in Regensburg verstorben. 1589 Theo-
logie- und Mathematikstudium in Tübingen, 1591 Magister der Philosophie,
1594 Lehrer der Stiftsschule in Graz, 1596 astronomische Konzeption der Har-
monie des Planetensystems, 1600 als Gehilfe des dänischen Astronomes Tycho
Brahes nach Prag, 1601–1612 kaiserlicher Mathematiker und Hofastronom, 1609
Entdeckung der ersten beiden Gesetze der Planetenbewegung, 1612–1626 Professor in Linz, 1626 Übersiedlung nach Ulm, 1628 zu Wallensteins Diensten in
Sagan, 1630 auf dem Reichstag in Regensburg.

Sternkundiger und Himmelsmesser

Als Kepler im Jahre 1627 zum wiederholten Male um die Abfassung
des eigenen Lebenslaufes gebeten wurde, sprach Bitterkeit und Resi-
gnation aus seiner Antwort: »Verlange von mir nicht, daß ich mich
selbst verhöhne.« Tatsächlich stand das Leben des Astronomen unter
keinem guten Stern. Er war – bevor er schließlich nach Regensburg
kam, um zu sterben – geprägt von Rastlosigkeit, Leid und vielfältigen
Bedrängnissen. Aber trotz des unfreundlichen Schicksals war Kepler
im Besitz eines guten Humors: »Es gibt Leute, die ihre Wissenschaft
mit todernster Miene vortragen, um dadurch ihren Behauptungen
Gewicht zu geben; dabei machen sie sich aber oft genug nur lächerlich, ohne es zu wollen. Mir scheint, daß ich von Natur dazu geschaffen bin, die schwere Mühe wissenschaftlicher Arbeit durch auf-
gelockerte Darstellung zu mildern.«
Mangel an »todernsten Gesichtern« gab es wohl auch nicht in der
Familie, in die Johannes Kepler am 27. Dezember 1571 hineingeboren
wurde. Sein Vater, ein »händelsüchtiger, lasterhafter Hitzkopf«, und
seine Mutter, »schwatzhaft, streitsüchtig, mit ungutem Gemüt«,
flüchteten vier Jahre nach der Geburt des Kindes vor der Verwandt-
schaft, die, Keplers Aussagen nach zu urteilen, unerträglich gewesen
sein muß. Seinen Großvater zum Beispiel, seines Zeichens Bürgermeister und Gastwirt, beschreibt er folgendermaßen:»Anmaßend im
Auftreten, hochgetragen in der Kleidung, jähzornig, hartnäckig, be-
redt, mehr bei andern als bei sich selbst auf Befolgung weiser
Lehren bedacht.« Also folgte der Umzug von Weil der Stadt nach
Leonberg.

1589 kam Kepler in das Tübinger Stift. Seine Pläne, in den Kirchendienst einzutreten, wurden vom Herzog durchkreuzt. 1594 ging Kepler, auf dessen Anordnung, der sich zu widersetzen unmöglich war,
widerwillig nach Graz und trat eine Stelle als Mathematiklehrer an
der dortigen Stiftsschule an. Schon bald spürte er das erwachende
Interesse an der Astronomie, an den »drei Dingen (...), für die ich
unablässig nach den Ursachen suchte, warum sie so und nicht anders
seien, nämlich Zahl, Größe und Bewegung der Planetenbahnen«.
Diese Überlegungen legte er 1596 in der Schrift »Mysterium cosmo-
graphicum« dar, wobei er sich auf die Erkenntnisse des Kopernikus
stützte.
Als der Astronom Tycho Brahe 1600 nach Mitarbeitern suchte, holte
er Kepler nach Prag. Nach dem Tode Brahes wurde Kepler sein Nachfolger als kaiserlicher Mathematiker und Hofastronom. Dieses Amt
sollte er bis 1612 ausüben. Wiewohl er jetzt freien Zugang zu den
Unterlagen seines Vorgängers hatte (die jener eifersüchtig gehütet
und nur bröckchenweise aus dem »Tresor« hervorgeholt hatte),
kämpfte er in dieser Zeit mit Schwierigkeiten verschiedener Art. Kurz
nacheinander starben seine Frau und sein Sohn, er selbst war lange
krank. Hinzu kamen finanzielle Probleme, denn Kepler bekam sein
Gehalt unregelmäßig und nur zu einem kleinen Teil ausgezahlt. Dennoch entstand in dieser Zeit eines seiner Hauptwerke, die »Astro-
nomia Nova«, in dem er die ersten beiden Gesetze der Planetenbewegung beschrieb. Im ersten Gesetz führt er den Beweis, »daß die
Bahn eines Planeten elliptisch ist und daß die Sonne, die Quelle der
Bewegung, in dem einen Brennpunkt dieser Ellipse steht«. Dem zweiten Gesetz zufolge überstreicht der Leitstrahl von der Sonne zum
Planeten während gleicher Zeiten gleich große Flächenstücke.
Außerdem erschien 1611 das Buch »Dioptrice«, das die Grundlagen
des astronomischen Fernrohrs darlegt. Aufgrund seiner empirischen
Arbeitsweise kann Kepler zu den Begründern der modernen Wissen-
schaft gezählt werden. 1612 ging Kepler als Landschaftsmathemati-
ker und Lehrer nach Linz, wo er sich mehr Ruhe für seine Arbeit
erhoffte als im brodelnden Prag. Von September 1620 an hielt er sich
lange Zeit in Württemberg auf, wo seiner Mutter wegen Hexerei der
Prozeß gemacht werden sollte. Für ihre Verteidigung kam außer dem
Sohn niemand in Frage. Er findet die vierundsiebzigjährige Mutter in
Güglingen in Ketten, ständig von zwei Mann bewacht. Ein halbes
Jahr nach der im Oktober 1621 erfolgten Freisprechung, die in erster
Linie der Anwesenheit Keplers zu verdanken war, starb seine Mutter.

Kepler-Denkmal in der Fürst-Carl-Anselm-Allee (Ecke Albert-/Maximilian-straße), 1806 errichtet nach einem Entwurf von Emanuel d'Herigoyen.

Der lange andauernde Prozeß hatte ihn viele Nerven und nicht zuletzt auch viel Geld gekostet.

In der Linzer Zeit entstanden die »Rudolphinischen Tafeln« und vor allem die »Harmonices Mundi«, die Darlegung des dritten Keplerschen Gesetzes, das wohl vom Meister selbst am besten erklärt werden kann: »Am 8. März gegenwärtigen Jahres 1618, falls genaue Daten gefordert werden, kam mir die Lösung in den Kopf. Sie stimmte derart genau mit den Daten überein, welche meine siebzehn Jahre Arbeit an Tychos Beobachtungen ergeben hatten, daß ich zuerst glaubte, zu träumen oder eine Beweisunterschiebung begangen zu haben. Allein es ist ganz sicher und stimmt vollkommen, daß die Proportion, die zwischen den Umlaufszeiten zweier Planeten besteht, genau das Anderthalbfache der Proportion der mittleren Abstände ist.«

Unterdessen breitete sich der Dreißigjährige Krieg über Deutschland aus. In Linz kam es zur Belagerung durch die protestantischen Bauern des Landes. Den Ausweg, nach dem Kepler sich umsah, bot ihm Wallenstein. Dieser versprach ihm ein gutes Gehalt (das er, im Gegensatz zum Kaiser, auch wirklich zahlen konnte) und holte ihn 1628 nach Sagan in Böhmen. Dort arbeitete er mit Dr. Jakob Bartsch, seinem späteren Schwiegersohn, zusammen. Aber auch in Sagan wurde er nicht glücklich, fühlte sich fremd. 1630 wurde Wallenstein durch die in Regensburg versammelten Kurfürsten abgesetzt. Da fühlte Kepler wohl, daß es an der Zeit sei, seine Angelegenheiten zu ordnen. Zu diesem Zweck begab er sich nach Regensburg, wo er einen Teil seines Hausrates verwahrt hatte, und nach Linz. Am 8. Oktober 1630 trat er seine letzte irdische Reise an, von Sagan über Leipzig und Nürnberg nach Regensburg, wo er im Hause des wohlhabenden Bürgers Hildebrand Billy aufgenommen wurde. Seine Ankunft am 2. November schildert ein Augenzeuge: »Beim Reichstag neulich kam unser Kepler auf einem mageren Pferdchen – nachher verkaufte er es um zwei Gulden – in unsere Stadt. Nachdem er kaum drei Tage hier verbracht hatte, begann eine hitzige Krankheit ihn zu verzehren. Er selbst war anfangs fest überzeugt gewesen, es brenne nur das heilige Feuer in ihm (…) als er schon im Sterben lag und seinen Geist Gott zurückgab.«

Und über das Begräbnis auf dem Friedhof St. Peter berichtet der Chronist: »Um halb sechs Uhr am Abend des Begräbnistages hat sich der Himmel auffgethan, und ist Feuer als Kugeln herabgefallen, so man nit allein hie, sondern an anderen Orthen gesehen.«

Keplers Wohnhaus in der Keplerstraße 2.

Das Grab ist heute nicht mehr zu finden. Seit dem Einmarsch der Schweden ist es, samt Grabplatte, verschollen. Erhalten hat sich nur die von Kepler selbst verfaßte Grabinschrift, die er 1622 seinem Freund Dr. Johannes Oberndorffer in einem Brief mitteilte: »Habe die Himmel erforscht, jetzt irdische Schatten erforsch ich / Himmelsgeschenk war der Geist, schattenhaft liegt nun der Leib.«
In seinem Sterbehaus, in der Keplerstraße 5, hat man eine Gedächtnisstätte eingerichtet, in der, neben vielen von Kepler benutzten Instrumenten, eine Darstellung der Keplerschen Gesetze zu sehen ist.

Johann Georg Gichtel

Standort: Nordende Gichtlgasse

1638 in Regensburg geboren, 1710 in Amsterdam verstorben. Theologie- und Jurastudium in Straßburg, Advokatentätigkeit in Speyer, Rechtsanwalt in Regensburg, 1655 Verbannung wegen kirchenkritischer Äußerungen aus Regensburg, 1668 durch Visionen zum Mystiker und Spiritualisten.

Der »seltsame Heilige«

Die Worte, die Wilhelm Busch in der Knopp-Trilogie dem Eremiten Krökel in den Mund legt, könnten durchaus von Johann Georg Gichtel sein:

> *O ihr Mädchen, o ihr Weiber,*
> *Arme, Beine, Köpfe, Leiber,*
> *Augen mit den Feuerblicken,*
> *Finger, welche zärtlich zwicken*
> *Und was sonst für dummes Zeug -*
> *Krökel, der verachtet euch. (...)*
> *Nur die eine, himmlisch Reine,*
> *Mit dem goldnen Heilgenscheine,*
> *Ehre, liebe, bet ich an;*
> *Dich, die keiner kriegen kann,*
> *Dich, du süße, ei, ja, ja,*
> *Heil'ge Emmerenzia.*

Gichtels Emmerenzia ist die himmlische Jungfrau Sophia, und die geistliche Ehe mit ihr genügt ihm. Anträge von jungen, reichen, leider aber irdischen Witwen lehnt der gutaussehende Gichtel, der »unschwer durch reiche Heirathen in die günstigsten Umstände« hätte kommen können, zeit seines Lebens ab. Oder, anders ausgedrückt: »Jedem Anlaß zum Heirathen entfloh er als einer satanischen Versuchung«, denn man kann, so denkt er, nicht Jesus lieben, wenn man eine Frau liebt. Und da seiner Ansicht nach auch der Broterwerb eine Ablenkung von der Liebe zu Gott ist, enthält er sich sowohl der Fleischeslust als auch der Arbeit, sucht sein Heil in Meditation und Gebet und vertraut darauf, daß Gott für seinen Lebensunterhalt sorgen werde. Er hatte »die Gewohnheit – eigentlich Verwegenheit –

(...), stets in den besten Herbergen abzusteigen, darauf rechnend, daß Gott wol für die Bezahlung sorgen werde: doch der Ton hochherziger Demuth, in dem er über seine Schicksale spricht, räth zu großer Vorsicht in der Beurtheilung der letzteren.«

Der bestimmt tief gläubige, aber auch äußerst verschrobene Gichtel macht es der Nach- und Mitwelt nicht leicht. Einer seiner Biographen, Johann Kanne, gesteht ihm zwar zu, daß er ein Heiliger sei, nennt ihn jedoch ausdrücklich einen »seltsamen Heiligen«.

Die Neigung zu Verzicht auf alles Materielle wird Gichtel gewissermaßen in die Wiege gelegt. Sein Vater, der Regensburger Steueramtsassessor Johann Peter Gichtel, leiht der vom Dreißigjährigen Krieg, von Pest und Hungersnot ausgezehrten Stadt Regensburg sein gesamtes Vermögen, das sich auf achtzehntausend Taler beläuft, und bekommt es nie wieder zurück. Johann Georg Gichtel wächst in Armut heran und wendet sich schon in jungen Jahren der Religion zu. In Straßburg studiert er, seiner Neigung folgend, Theologie. Gründliche Kenntnisse in den alten und neuen Sprachen hat er sich bereits in der lateinischen Schule in Regensburg angeeignet. Griechisch pflegt er als seine Muttersprache zu bezeichnen, Hebräisch, Arabisch und Syrisch als seine »Schwestersprachen«. Des weiteren befaßt er sich mit Mathematik, Astronomie, Geschichte und Musik. In Musik, befindet er in späteren Jahren, würde er etwas geleistet haben, wenn er in seiner Jugend nicht immer ungeschickten Lehrern in die Hände gefallen wäre. Zu dieser Zeit aber hat er ihrer bereits entsagt, gestattet er sich doch nicht einmal mehr »den Genuß eines mit Musik begleiteten Liedes«.

Nach dem Tod des Vaters beginnt er mit dem Studium der Rechtswissenschaft, arbeitet nach dem Studium bei einem Advokaten in Speyer und kehrt nach dessen Ableben nach Regensburg zurück, wo er »nicht anders konnte, als sein voriges Geschäft ergreifen«. Einen Heiratsantrag der Advokatenwitwe hat er abgelehnt. In Regensburg nun bekommt sein Leben eine neue Richtung: In einem Buchladen trifft er »einen Ungarischen Baron, Namens Justinian Ernst von Weltz; sie kamen ins Gespräch, und bald waren ihre Herzen einander aufgeschlossen. Beide Eiferer für die Sache des Herrn, fiengen sie an, feurige Liebe zu einander zu fassen (...). Nemlich der Baron gieng in dieser Zeit, wo überhaupt so viel Rede vom Verfall des Christentums war, mit dem Vorhaben um, eine Verbesserung der protestantischen Kirche zu bewirken. Dazu brauchte er nun eben einen Mann, wie Gichtel, der seinen Plan in einem in der gehörigen äußern Form abgefaßten Aufsatze dem Körper der evangelischen Kirche darzulegen im Stande war.«

In jenem Aufsatz, eingereicht 1664 bei den Gesandten der protestantischen Reichsglieder in Regensburg, äußert Gichtel unter anderem, daß man, um dem Christentum wieder aufzuhelfen, bei der Erwählung geistlicher Lehrer weniger auf deren Gelehrsamkeit als vielmehr auf deren Erleuchtung achten solle, und merkt an, daß ein ungebildeter Handwerker ein Erleuchteter sein könne. Daß daraufhin der Regensburger Superintendent Ursinus in einer »anonymen Schmähschrift« die Ideen Gichtels und des Barons von Weltz als »leere Träumerey« bezeichnet, ist noch die harmloseste Reaktion auf deren Werk. Gichtel, der sich zwischenzeitlich in Nürnberg aufhält, wird von Regensburger Theologen der Ketzerei bezichtigt. »Die Regensburger Herren begehrten, vermöge des zwischen ihnen und den Nürnbergern bestehenden Vertrages, von dem Rath zu Nürnberg, den angeklagten Gichtel gefangen zu setzen.« Nach zwei Wochen Haft in einem Turm der Nürnberger Burg, wo man noch »ganz höflich und freundlich« mit ihm umgeht, wird Gichtel von den Regensburgern abgeholt.

»Angekommen in Regensburg, wurde er nun mit aller Schmach und Schande überhäuft; von Bütteln durch das zusammengelaufene Volk geschleppt, verhöhnt und verspottet, und in einen stinkenden Kerker geworfen, in welchem er 13 Wochen zubringen mußte.« Gichtels Beteuerungen, daß er weder Streit suche noch eine Sekte stiften wolle, helfen ihm nichts. Er habe, sagt die Geistlichkeit, »einen Teufel in sich, der mit der Schrift umzugehen wisse, daß Niemand ihm widerstehen könne«.

In der Regensburger Haft begeht Gichtel, völlig verzweifelt, einen Selbstmordversuch. Doch schließlich geht der Prozeß gegen ihn, nicht zuletzt wegen Uneinigkeit des Rates in Sachen Gichtel, glimpflich aus. Dennoch ist die Strafe hart: »Denn Gichtel wurde nicht nur seiner Advokatur und seines Bürgerrechts, sondern auch aller seiner Habe beraubt, und sollte für immer und ewig seine Vaterstadt verlassen. So mußte er denn ohne einen Heller Geld, mit einem einzigen Kleide und vier zerrissenen Hemden, in der strengsten Winterkälte in die Verbannung gehen.«

Nach mehreren Wanderjahren, in deren Verlauf er ein weiteres Mal ins Gefängnis und »sogar an den Pranger gebracht« wird, findet er 1668 Zuflucht in Amsterdam, wo er die Bekanntschaft gleichgesinnter Geistlicher macht. Gichtel bleibt bis zu seinem Tod im Jahr 1710 in

Am nördlichen Ende der Gichtlgasse (benannt nach dem Bürgergeschlecht der Gichtl) befand sich das ehemalige Ketzergefängnis, in dem Gichtel gefangengehalten wurde.

Amsterdam und kann sich dort in Ruhe der Herausgabe der Werke von Jakob Böhme, des von ihm sehr verehrten und geschätzten Görlitzer Mystikers und Schuhmachermeisters, widmen. Freilich ist Gichtel auch in Amsterdam nicht unumstritten; der Geistliche Galenus Abrahams de Haan warnt in seinen Predigten vor ihm; doch die Behörden lassen ihn unbehelligt, und sowohl die von ihm herausgegebenen Schriften Böhmes als auch seine eigenen Schriften, etwa »Erbauliche theologische Sendschreiben eines in Gott getreuen Mitgliedes an der Gemeinschaft Jesu Christi«, werden gekauft und gelesen. Nach seinem Tod allerdings rückt man mehr und mehr von ihm ab, stimmt nur noch »in der hohen Würdigung der Böhme'schen Schriften« mit ihm überein.

Ein Scheinheiliger, ein Scharlatan, ein Heuchler war Gichtel bestimmt nicht. Eher ein Mißverstandener, der zum eigenen Mißverstandenwerden nicht wenig beigetragen hat, so ehrlich und gut er es auch gemeint haben mag. Er lebte sein Leben nach Grundsätzen, die für ihn gut, aber in ihrer Konsequenz nicht auf andere Menschen übertragbar waren und daher für sein eigenes Leben mehr Bedeutung hatten als für das Leben anderer. Seine Schriften mögen in ihrer von Gichtel gewählten literarischen Form, der Briefform, das Problem widerspiegeln: sie wenden sich »an den Einzelnen«; Gichtel kann und will kein systematisches weltanschauliches Gebäude errichten.

> *Knopp, der denkt sich: dieser Krökel*
> *Ist ja doch ein rechter Ekel;*
> *Und die Liebe per Distanz,*
> *Kurz gesagt, mißfällt mir ganz.*

Johann Wilhelm Weinmann

Standort: Alter Kornmarkt 5a

1683 in Gardelegen (Brandenburg) geboren, 1741 in Regensburg verstorben. 1710 Gehilfe in der Elephanten-Apotheke in Regensburg, 1712 Erwerb der Mohren-Apotheke und des Bürgerrechts, 1713 Lazarett-Apotheker, 1722 Mitglied des Äußeren Rats, 1725–1733 Hansgerichtsassessor, 1733–1740 Stadtgerichtsassessor. Berühmt wegen seiner umfassenden Pflanzensammlungen und Publikationen zur Botanik.

Wie die »Weinmannia« zu ihrem Namen kam

Im Jahr 1712 kaufte der Apotheker Johann Wilhelm Weinmann die damals »totaliter ruinierte« Mohrenapotheke in Regensburg. Er war schon zuvor als Apothekergehilfe tätig gewesen, unter anderem in der Elefanten-Apotheke, und zwar, wie es scheint, recht erfolgreich, denn er selbst sagt von sich: »Ich habe an viel und großen Orthen, die Herren Apotheker und Medici recht thun können, seint allemal wohl zu frieden gewesen, daß ich mit die Rühmlichste Testimonia von Hamburg, Franckfurth am Mayn, Straßburg, Nürnberg, Rothenburg und Halle auch Regensburg selbsten, erweisen kann.«
Unter seiner tatkräftigen Leitung gelangte die Mohren-Apotheke bald wieder zu einem guten Ruf, so daß bei einer Visitation, die, wie es damals üblich war, ein halbes Jahr nach Übernahme stattfand, »ihr daß Lob beygelegt, daß sie in solchen guten stande seye befunden worden, daß sie allen Lobes Meritirte, weßhalben die Visitatoren kein bedencken mehr Trügen ihre Recepta ohne unterschied auch dahin ein lauffen zu lassen«.
Trotzdem und obwohl Weinmann 1713 verordneter Lazarett-Apotheker wurde, gingen seine Geschäfte nicht allzu gut; er hatte anscheinend zu wenig Stammkundschaft, an der es den übrigen Kollegen nicht zu mangeln schien. Deswegen ärgerte es ihn besonders, als diese versuchten, ihm seine Monopolstellung als Belieferer der Pestkranken im Lazarett streitig zu machen. Ende 1713 wandte er sich erbost an den Regensburger »Stadtkammerer und Rath« mit folgender Eingabe:
»Weilen aber in erfahrung gebracht, daß meine Herren Collegen auß gewinnsüchtigkeit, ümb daß Lazareth zu bedienen, wollen anhalten, üm dar durch, neben ihrer ohne dem von Gott reichlich zugewor-

fenen Kundtschafft, mich auch noch ümb daß wenige zu bringen suchen, der ich ohne dem keine beständige Leüthe habe, außer was etwann ümb der nähe willen, von ein und andern etwas wenigs gefordert wird (...) ümb mich noch fernerhin wie bißher ... verordneter Lazareth Apotheker verbleiben zu lassen, zu mahlen die Herren Medici bißher ein gutes Contentement an der bedienung gefunden, geruhen demnach auff dieße meine bitte ein gnädiges placet.«

Seiner Eingabe wurde zwar entsprochen, Weinmanns Geschäfte liefen deswegen aber auch nicht besser. Vielmehr zog er sich noch die persönliche Feindschaft des Stadtphysikus Dr. Georg Andreas Agricola zu, der, bei einer weiteren Visitation im Herbst 1714, vielleicht aus schlechter Laune heraus, in seinem Bericht vermerkte, in der Apotheke seien »alte Medicamenta und stinckende Wasser« vorhanden gewesen, die zweifelsohne noch von dem früheren Besitzer hergestellt wären.

Weinmann ließ sich diese Rufschädigung nicht gefallen – er scheint ohnehin ein Mensch mit großem, manchmal auch übertriebenem Gerechtigkeitsempfinden gewesen zu sein –, und so kam es zur Konfrontation der beiden Streithähne. Weinmann beschuldigte Agricola, »ein Schelm, Ehr und Nahrungs Dieb« zu sein, und wies auf seine, bereits oben angeführten »Rühmlichsten Testimonia« hin. Agricola hingegen erwiderte, Weinmanns Reisen interessierten ihn nicht im mindesten, dieser müsse erst »hin schmecken, wo er hin geschissen habe«. Der Apotheker, nicht um eine Antwort verlegen, riet dem Medicus: »Kann er waß gutes Scheissen, so fresse er es selber.« Weinmann hatte Glück; nur mit knapper Not entging er einem Beleidigungsprozeß.

In der folgenden Zeit gelang es Weinmann dann doch, endlich zu einigem Ansehen zu kommen. Er erhielt eine Reihe von kommunalen Ämtern durch die Stadt zugesprochen. Daneben trat er mit kleinen wissenschaftlichen Abhandlungen, seinen »Observationes und Anmerkungen«, an die Öffentlichkeit.

Die Botanik war, naheliegend für die Apotheker seiner Zeit, von jeher das Hauptinteresse Weinmanns gewesen. Er korrespondierte mit angesehenen Fachleuten, legte einen botanischen Garten an und ließ sich von den Regensburger Kräuterweibern Pflanzen aus der Umgebung heranschaffen. Auch die bereits bestehende botanische Literatur studierte er sorgfältig, so daß er »von seiner Käntniß in Botanicis (...) ohne Selbst-Ruhm« versicherte, er werde »für jedes Gewächse, das ihm gewiesen werde, und er nicht kenne, eine Kanne Wein zahlen«.

*Porträt Johann Wilhelm Weinmanns, das heute
noch in der Mohrenapotheke zu besichtigen ist.*

Sein Hauptwerk wurde die »Phytanthoza iconographia«, als eine Art bebilderter Blumenatlas gedacht, dem jedoch, unmittelbar nach Erscheinen der ersten Lieferung, auf allgemeinen Wunsch hin ein begleitender zweisprachiger Text, deutsch und lateinisch, beigegeben wurde.

Schon 1722 hatte Weinmann in seinem »Herbario vivo« 9000 Pflanzenarten vorgestellt und sie in vier Bänden, teilweise mit Abbildungen, besprochen. Die »Phytanthoza iconographia« jedoch beinhaltete noch einige Pflanzen mehr und wurde zum interessantesten Druckwerk des 18. Jahrhunderts. Vor allem die Illustrationen fanden rückhaltlose Anerkennung. Zum ersten Mal wurde der sogenannte englische Farbdruck verwendet; bei den meisten Bildtafeln überrascht die durch zeichnerische und farbliche Gestaltung erreichte Naturnähe. Nicht alle der 1025 Bildtafeln jedoch sind von gleicher Qualität. Auf einigen sind seltsame Monstrositäten abgebildet, und manche Blätter sind nachträglich retuschiert oder koloriert. Das erklärt sich zum einen aus dem großen Umfang und der langjährigen Arbeit an dem Werk; zum anderen waren es die unterschiedlichsten Maler, die für Weinmann arbeiteten. Der berühmteste und mit Sicherheit auch der beste war Georg Dyonisos Ehret, der es später in seiner Wahlheimat London sogar zum »Fellow of the Royal Society of London« und somit zum vollkommen akzeptierten Mitglied der englischen höheren Gesellschaft brachte, ein unglaublicher Aufstieg für einen ehemaligen Gärtnerlehrling. Ehret malte wahrscheinlich über die Hälfte der Pflanzen in Weinmanns Kräuterbuch, dann jedoch gerieten sie in Streit wegen der Bezahlung. Weinmann hielt Ehret vor, er habe in der dafür vorhergesehenen Zeit nur die Hälfte der abgemachten Arbeit geleistet, Ehret dagegen machte Weinmann den Vorwurf, ihm nicht die abgesprochene Summe ausbezahlt zu haben. Schließlich verließ Ehret Weinmann, malte für andere Herren und illustrierte später das einzige Werk des schwedischen Naturforschers Karl von Linné, der als Urvater der heutigen botanischen Fachsprache gilt. Nach Ehrets Tod wurde eine Pflanzengattung ihm zu Ehren »Ehretia« benannt. Von den übrigen Malern ist so gut wie nichts bekannt; lediglich von der einzigen Frau, der »Jungfer N. Asamin« heißt es, daß sie »gar künstlich und zart mahlte«.

Der Kommentar zu den Bildern wurde verfaßt von den Regensburger Ärzten Johann Georg Nicolaus Dietrichs, Ludwig Michael Dietrichs und Ambrosius Carl Bieler und sollte, neben der Morphologie und Anleitung zur Kultivierung, dem Leser auch »usus medicus«, »usus

domesticus« und »usus technicus«, also die Verwendung zu Heils-,
Zier- und Nutzungszwecken, der beschriebenen Gattungen vermit-
teln.
Den Abschluß seines Werkes im Jahr 1745 hat Johann Wilhelm
Weinmann nicht mehr erlebt. Er starb am 12. August 1741. Sein Name
aber wurde unsterblich: Ihm zu Ehren wurde eine Pflanzengattung
»Weinmannia« genannt.
Im Stadtwesten trägt eine Stichstraße seinen Namen.

*Blick vom Alten Kornmarkt auf die Mohrenapotheke, die im Besitz von Johann
Wilhelm Weinmann war. Zeichnung aus dem 19. Jahrhundert.*

Die Kuchenreuter

Standort: Seifensiedergasse 14

Büchsenmachertradition der Familie Kuchenreuter (17.–20. Jh.), mit 28 Büchsenmachermeistern im Stammbaum. Stellten Waffen von Weltruf her.

Die Büchsenmacher

Münchhausen berichtet von jenem Mann, der einen Spatz vom Turm des Straßburger Münsters herunterschoß, er hätte dabei selbstverständlich ein Gewehr aus Regensburg benutzt. Vorausgesetzt, es hätte diesen exzellenten Scharfschützen wirklich gegeben, könnten wir dem Lügenbaron ausnahmsweise getrost Glauben schenken. Die Waffen aus Oberpfälzer Produktion waren wegen ihrer besonderen Präzision und Zielgenauigkeit weithin berühmt, und Ende des 18. Jahrhunderts vermochten unter den deutschen Büchsenmachern nur noch die Kuchenreuter mit der internationalen Konkurrenz, vor allem mit den Engländern, Schritt zu halten. Über zweihundertfünfzig Jahre stellte die verzweigte Handwerkerfamilie jene meist prächtig geschmückten Waffen her, die heute begehrte Sammlerobjekte sind. Dabei unterscheidet man insgesamt vier Linien: Die Steinweger, die Regensburger, die Stadtamhofer und schließlich noch die Chamer Linie.

Alles begann gegen Ende des 17. Jahrhunderts. Man vermutet, daß der erste Büchsenmacher dieses Namens aus dem Weiler Kuchenreuth bei Kemnath stammte und sich in Steinweg niederließ. Besagter Kuchenreuter geriet übrigens eher zufällig unter die Waffenhersteller. Er heiratete die Witwe des Steinweger Büchsenmachers Thomas Wilfing. Wahrscheinlich eine Zweckehe, um an den nachgelassenen Betrieb und vor allem an das Meisterrecht zu kommen, denn eine Neugründung war damals schwierig. Genauso wahrscheinlich ist, daß er schon vor dem Ableben seines Vorgängers in dessen Werkstatt gearbeitet und sich die entsprechenden Kenntnisse angeeignet hatte. Und richtig heißt es auch in dem rasch geschlossenen Ehevertrag, daß »Hanns Christoph Kuchelreitter sein erlerntes Handwerck angeheuratete« und sich somit zur Versorgung der hinterbliebenen Frau verpflichtet hatte. Selbige starb übrigens kurze Zeit später, was ihn nicht davon abhielt, erneut zu heiraten und drei Söhne zu zeugen.

Der erste dieser drei Söhne, der 1709 geborene Johann Jacob, wurde der Begründer der Stadtamhofer Linie und gilt heute als der berühmteste unter den Kuchenreutern, was damit zusammenhängen mag, daß über ihn mehr Aufzeichnungen vorhanden sind als über andere Familienmitglieder. Mit seinem Vater hatte er gemeinsam, daß auch seine Frau, die Tochter eines Krämers, das Anwesen mit in die Ehe gebracht hatte. In der Manggasse (der heutigen Seifensiedergasse) richtete er Wohnung und Werkstatt ein. In seinem Handwerk muß er geschickt gewesen sein, denn recht schnell erwarb er sich ein gewisses Ansehen. Bereits 1757 erhielt er den Titel eines fürstlichen Hofbüchsenmachers, verliehen durch Fürst Alexander Ferdinand von Thurn und Taxis. 1746 wurde ihm ein Sohn geboren, Andreas Jacob, der in die Fußstapfen des Vaters trat. Nachdem er 1776 den Meisterbrief erhalten hatte, wofür er übrigens zehn Gulden bezahlen mußte, erhielt er die gleiche fürstliche Auszeichnung. Jetzt waren sie zwar gemachte Leute, aber gänzlich ohne Probleme waren auch sie nicht: Sie trafen detaillierte schriftliche Vereinbarungen, um gewisse Querelen, die sich aus der Arbeit in der gemeinsamen Werkstatt ergaben, auszuräumen. Um einander möglichst wenig ins Gehege zu kommen, wurde sogar genau festgelegt, wer wann welches Werkzeug benutzen darf. Und als der Sohn flügge wurde, schrieb Johann Jacob: »So witter Verhoffen mein Sohn nicht mehr verbleyben würde, da er sich umb eine eigene Behausung versehete, so soll er dem benetigsten Werkzeug, was auf seinem Fenster oder Werkstad, zu sich nehmen; was aber mein blaß Amboß, das große Horn, Bohr- und Ziehbank, Schleifwerk anbelangt, dies Stuckh bleiben meines Lebens lang bey mir. Doch aber gebe ich ihm zwey Schraufsteckh, denen, darin er arbeit, und noch eine große auch. So oft er meiner Werkzeug betürftig, so kann er oder sein Helfer bey mir verfertigen.« Im übrigen legte er großen Wert darauf, daß »ich alß Meister bin und beleybe, das Werk fihre, wie allzeit wars«.

Die geschäftliche drängte also die Vater-Sohn-Beziehung ein wenig in den Hintergrund. Und auch nach dem Tod des Johann Jacob hatte der Streit kein Ende. Gegen seine Mutter und seine Schwester zog Andreas Jacob wegen der Instandhaltungskosten für das Anwesen vor Gericht. Jenes nahm ihm die Verpflichtung ab, seinen Pulvervorrat aus dem Dachboden zu räumen.

Als Andreas Jacob dies erledigt hatte, machte er sich ans Heiraten. Ein Indiz für die gewachsene Reputation der Kuchenreuter ist, daß er die Tochter eines angesehenen Stadtamhofer Bierbrauers zur Frau

Blick in die Seifensiedergasse, in der ein Familienteil der Kuchenreuter ihre Werkstatt hatte.

bekam. Aus dieser Ehe ging ein Sohn hervor, der wiederum bei seinem Vater lernte. So wurde die Tradition fortgeführt bis zur Mitte unseres Jahrhunderts, als mit Georg Max der letzte der Stadtamhofer Kuchenreuter ohne männlichen Erben starb.

Als Begründer der Regensburger Linie gilt der 1712 geborene Joseph Kuchenreuter, der jüngere Bruder des Johann Jacob. Einer seiner Söhne führte das Geschäft weiter. Die Regensburger Kuchenreuter erlangten aber nie den gleichen Ruf wie ihre Verwandten aus der Umgebung und somit auch nicht den gleichen Wohlstand. Dennoch konnten sie ihren Betrieb innerhalb der Stadt ausbauen. Die Regensburger Linie endet 1938 mit dem Tod des Georg Adam Kuchenreuter. Ganz gleich, in welcher der verschiedenen Werkstätten sie gefertigt wurden, die Waffen dieser Familiendynastie waren immer begehrt und hochgeschätzt. Die meisten befinden sich heute in Privatbesitz, einige sind aber auch im Museum der Stadt Regensburg zu bewundern. Neben Jagdgewehren wurden in den Kuchenreuterschen Werkstätten vor allem Pistolen gefertigt, die meist paarweise bestellt wurden. Die Preise richteten sich nach der äußeren Ausstattung, nicht aber nach der technischen Qualität. Denn die Kuchenreuter legten Wert darauf, daß alle Waffen die gleiche Präzision aufwiesen. Ein schlichtes Modell erfüllte seinen Zweck – was immer dieser gewesen sein mochte – also ebenso gut wie eine reich verzierte, aus teuren Materialien hergestellte Pistole. Aus diesem Grunde mußte man bei den Kuchenreutern tiefer in die Tasche greifen als bei anderen Waffenmachern. Die verstellbaren Visiere der Pistolen konnten zumeist auf drei Schußentfernungen eingestellt werden. Bei dem Material der Beschläge konnte man wählen zwischen Tombak, poliertem Stahl und Silber. Während die Standardausführung für ca. 40 Gulden zu haben war, trieben Sonderwünsche oder bestimmte Gravuren die Preise stark in die Höhe. Wer also sicher treffen und gleichzeitig noch auffällig geschmückt sein wollte, durfte sich nicht lumpen lassen. Für ein »Paar mit Silber garnierte Pistolen, durchaus gravirt und den Grund mit Gold ausgeschlagen, samt Anschlagschaft« mußte man immerhin 165 Gulden hinlegen.

Auch die Jäger jener Zeit wußten sehr genau, was sie haben wollten: »Eine doppelte Jagdflinte, ohngefähr 6 Pfund schwer, wovon der eine Lauf gut Kugeln und Schrot, der andere bloß Schrot schießt, mit vergoldeter Garnitur, der Lauf blau angelassen, die Schlösser alles poliert, alles nett und sauber gearbeitet, wie man es von Herrn Jacob Kuchenreuter gewohnt ist.« Eine sehr gute Kundschaft für die fleißigen Büchsenmacher dürften die vielen Gesandten und Diplomaten des Immerwährenden Reichstages gewesen sein, die die begehrten Waffen sowohl für ihre Jagdspiele als auch für Dienstgeschenke benötigten.

Ob Stahl- oder Goldbeschläge, allein schon die kunstvoll eingravierten Signaturen der einzelnen Meister sind für den Betrachter reizvoll. Man muß auch nicht unbedingt ein Waffennarr sein, um die Kuchenreuterschen Erzeugnisse bewundernswert zu finden.

Im Regensburger Stadtteil Steinweg ist eine Straße nach den Kuchenreutern benannt.

Johann Jakob Kuchenreuter

Jakob Christian Schäffer

Standort: Pfarrergasse 5

1718 in Querfurt (Sachsen-Anhalt) geboren, 1790 in Regensburg verstorben. 1736 Theologiestudium in Halle, 1738 Hauslehrer in Regensburg, 1741 Predigerstelle, 1760 Doktor der Philosophie, 1763 Doktor der Theologie, 1779 Pastor und Superintendent der evangelischen Gemeinde Regensburg. Umfangreiches Naturalienkabinett, Veröffentlichung zahlreicher Schriften, zahlreiche Erfindungen, u. a. Papierherstellung aus Pflanzenfasern.

Begründer der Pilzkunde in Deutschland

Die »ultimative Zukunft« der Wissenschaft ist nicht mehr fern, und sie wird sich durch die totale Spezialisierung auszeichnen. Die Etymologen werden nur noch einzelne Wörter erforschen, jeder seins und lebenslänglich, und wenn wir im Wald einem Botaniker begegnen, werden wir feststellen, daß er nur über eine einzige Pflanzenart Auskunft erteilen kann – dafür aber gründlich. Die Gelehrten von einst gibt es nicht mehr.

Daß Jacob Christian Schäffer ein Gelehrter im alten Sinne war, läßt sich schon aus seiner Berufsbezeichnung ableiten: Er gilt als einer der bedeutendsten Naturforscher des 18. Jahrhunderts. Und da Natur schließlich etwas Umfassendes, Ganzheitliches ist, ist es dem solcherart Betitelten von vornherein gänzlich unmöglich, dem Spezialistentum zu verfallen. Schäffer hinterließ außer seiner Naturaliensammlung eine Reihe von Arbeiten zur Botanik, Mykologie, Entomologie und Ornithologie. Er befaßte sich mit Elektrizität, führte Papierversuche durch, erfand Linsen und Brillengläser, schließlich sogar eine Waschmaschine. Und da zur erwähnten Natur auch die Natur des Menschen gehört, kümmerte er sich als Theologe und Prediger auch um diese.

Am 31. Mai 1718 kam Jacob Christian Schäffer in Querfurt zur Welt. Nach dem Tod des Vaters lebte die Witwe mit den sechs Kindern in sehr kargen Verhältnissen. Dennoch ermöglichte sie dem Sohn Jakob Christian das Studium der Theologie: »Im 18. Jahre bezog ich die Universität Halle mit wenigen Groschen, die mir meine Mutter mitgeben konnte. Noch jetzt begreife ich es nicht und denke mit Ängstlichkeit daran, wie ich es wagen konnte, an einem fremden Ort ohne alle Hülfsmittel leben und studieren zu wollen. Ich litt im ersten halben

Jahre zwar nicht einen Tag Hunger; aber mehrmals bestand mein Mittagessen in einem Pfennigbrode und für einen Pfennig frischem oder dürrem Obste.« Man spürt, wie sehr ihn die Armut drückte. Auch schon zuvor, während des Besuches der Latina der Franckeschen Stiftungen, hatten sich die Schüler von den Almosen ernähren müssen, die man ihnen für das Absingen geistlicher Lieder auf der Straße gab. 1738 kam Schäffer nach Regensburg, das zu dieser Zeit eine Hochburg des orthodoxen Luthertums war. Er hatte eine Lehrerstelle inne und predigte von Anfang an gelegentlich in der Stadt, bevor er drei Jahre später eine Pfarrstelle erhielt. Dazu heißt es, »sein gutes Aussehen, sein lebhafter Vortrag, der sich von dem Gewöhnlichen so merklich auszeichnete, und sein guter Charakter« hätten »das meiste zu seiner Wahl« beigetragen. Ein Teil seiner weithin geschätzten Predigten wurde 1765 unter dem Titel »Sammlung einiger Predigten meistens bey Beerdigungen gehalten« in Regensburg herausgegeben.

Neben seiner Arbeit als Pfarrer begann Schäffer, sich mit naturkundlichen Themen zu beschäftigen und sein Naturalienkabinett aufzubauen, das er später in seinem Wohnhaus der Öffentlichkeit zugänglich machte – auch Goethe trug sich (unter falschem Namen) ins Gästebuch ein. 1753 erschien Schäffers erstes Buch. Sein Tag muß mindestens 72 Stunden gehabt haben, denn nur vier Jahre später hatte er bereits 20 Werke veröffentlicht, darunter Titel wie: »Die eingebildeten Würmer in Zähnen nebst dem vermeyntlichen Hülfsmittel wider diselben« oder »Der Afterholzbock in einem Sendschreiben beschrieben nebst einer Nachricht von der Frühlingsfliege mit kurzen Oberflügeln«. In einem anderen Buch interessierte er sich für die »Armpolypen in den süßen Wassern um Regensburg«.

So kurios und poetisch diese Buchtitel anmuten (mancher ist so lang, daß er hier fast eine ganze Seite füllen würde), sie haben freilich alle eine ganz reale Grundlage. Anlaß für die Abhandlung über die Würmer in den Zähnen zum Beispiel war ein fataler Irrtum der Dentisten: Es war üblich, als Mittel gegen Zahnschmerzen die aus einer Mischung aus Wachs und Judenkirsche entstehenden Dämpfe zu verwenden. Ein Zahnarzt nun entdeckte in einem Topf, den er an den Mund des Patienten hielt, um den Speichel aufzufangen, kleine Würmer. Schlußfolgerung: Zahnschmerzen werden von Würmern verursacht. Schäffer untersuchte diese »Würmer« und stellte fest, daß es in Wirklichkeit die Samen der Judenkirsche waren.

1757 fand Schäffer Aufnahme in die Kaiserlich-Carolinische Akade-

Jakob Christian Schäffer

mie der Naturforscher. Mit vielen Gelehrten und Fürsten pflegte er intensive Kontakte. Zu seinen Briefpartnern gehörten Linné und der französische Physiker Réaumur. Durch die Wittenberger Universität wurde ihm die philosophische Doktorwürde verliehen; die Universität Halle machte ihn zum Doktor der Theologie. Daneben nahmen seine technischen Untersuchungen einen immer breiteren Raum ein. In privater Hinsicht ging es ihm indessen nicht so gut. Immer wieder mußte er schwere Schicksalsschläge hinnehmen. 1759 starben seine zweite Frau (bereits die erste Ehepartnerin war nach nur vier Jahren einer Krankheit erlegen) und seine sechsjährige Tochter. Ein Jahr später heiratete er zum dritten Mal.

Auf dem Gebiet der Physik interessierten Schäffer vor allem die Optik und die Elektrizität, die »seit mehreren Jahren zu einem Lieblingskinde der Gelehrten« geworden war. Von jenem »Lieblingskinde« zeigte auch er sich besonders begeistert: »Wie viele Wunder werden wir wohl an der Electricität noch erleben, die wir, vor kurzem, schon ganz durchstudirt zu haben glaubten, und die wir heute von vornen anfangen.« Mit dem von ihm selbst gebauten (und in einem Buch natürlich ausführlich beschriebenen) beständigen Elektrizitätsträger machte er umfangreiche Versuche. Durch die von diesem Gerät erzeugten elektrischen Kräfte brachte er metallene Kugeln und Glocken zum Schwingen.

Schäffer beschäftigte sich aber auch mit fremden Erfindungen. Man muß ihn nicht gleich als Waffennarr bezeichnen, wenn er sich an der elektrischen Pistole von Alexander Volta entzückte und, um sie zu verbreiten, selbst ein Buch darüber verfaßte. Nach Voltas Beschreibungen ließ er sich eine solche Pistole herstellen und muß sie, der folgenden Aussage nach zu urteilen, wohl auch benutzt haben: »Dies ist der ungemein schöne, und ohne es selbst zu sehen, sich kaum prächtig genug vorzustellende, Pistolenschuß.«

Der wichtigste Rohstoff für die Papierherstellung waren damals sogenannte Hadern. Aus Mangel an Hadern (»recycelte Lumpen«) kam es zu einer Papiernot, die den vielseitigen Vollblutforscher Schäffer nicht kalt ließ. Zu Recht war er der Ansicht, es müsse auch einen Ersatz-Rohstoff geben. Bei einem Spaziergang in der Umgebung von Regensburg war der Boden dicht bedeckt von der Samenwolle der Schwarzpappel und des Wollgrases. Durch die große Menge und die Dichte wirkten diese Samen wie Papier. Er nahm sie mit nach Hause und versuchte mit Hilfe einer von ihm erfundenen hölzernen Papiermühle, sie für die Papierherstellung zu verwenden. Später legte er seine Erkenntnisse in dem sechsbändigen Werk »Sämtliche Papierversuche« dar. Etwa zur gleichen Zeit erschienen auch die vier Bände seiner »Abbildungen Bayerischer und Pfälzischer Schwämme, die um Regensburg wachsen«, mit denen der Mykologe zum Begründer der wissenschaftlichen Pilzkunde in Deutschland avancierte.

1779 erfolgte Schäffers Ernennung zum Pastor und Superintendenten. Zu diesem Zeitpunkt war er Mitglied nahezu aller europäischen Akademien und Gelehrten Gesellschaften und hatte etwa siebzig Bücher veröffentlicht. Jetzt, aufgrund neuer Amtspflichten, mußte er andere Prioritäten setzen. Die naturwissenschaftlichen Forschungen traten notgedrungen in den Hintergrund. Städtische und kirchliche Angelegenheiten hatten nun den Vorzug. Die Spende eines reichen Mannes ermöglichte es Schäffer, dem man Wohltätigkeit als einen »Hauptwesenszug seines menschenfreundlichen Charakters« nachsagte, eine Leih- und Vorschußkasse für Arme zu gründen, ein Anliegen, das ihn schon lange beschäftigt hatte. Eine der Aufgaben des Superintendenten war die Schulaufsicht. In dieser Funktion führte er in Regensburg neue, verbesserte Schulbücher ein, mit deren Hilfe Kindern das Lesen und Schreiben innerhalb von sechs Monaten beigebracht werden konnte.

1790 verstarb Schäffer infolge eines Schlaganfalls. Beerdigt wurde er auf dem St.-Lazarus-Friedhof mit einer Grabrede für den »weiland Hochwürdigen, Grosachtbaren und hochgelährten Herrn«.

*Gedenktafel an Schäffers Wohnhaus
in der Pfarrergasse 5.*

Friedrich Melchior Grimm

Standort: Neupfarrplatz 14

1723 in Regensburg geboren, 1807 in Gotha verstorben. Hofmeister mehrerer Adelsfamilien, Literat und Diplomat, 1748 Übersiedelung von Regensburg nach Paris, 1753–1773 Mitherausgeber der »Correspondance«-Zeitung, 1792 Flucht aus Paris.

Medien, die ankommen

Als der Soziologe Max Weber in der Mitte seines Lebens etwa zwei Jahre völlig untätig verbrachte, unansprechbar und wie erstarrt am Schreibtisch sitzend und zum Fenster hinausblickend, was er selbst als »stumpfen« bezeichnete – erinnerte sich damals jemand daran, daß es schon einmal einen von der Erstarrung Befallenen gegeben hatte? Doch während Webers »Stumpfen« eine Folge jahrelanger geistiger Überbeanspruchung war, litt Grimm aus einem anderen Grund: die schöne Opernsängerin Marie Fel hatte ihn abgewiesen. Grimm, so berichtet Rousseau in seinen »Bekenntnissen«, »nahm die Sache tragisch und stellte sich, als ob er daran sterben müsse. Er fiel nämlich mit einem Schlage in die allerseltsamste Krankheit, von der man wohl je gehört hat. Er verbrachte Tage und Nächte in einer beständigen Erstarrung, mit weit geöffneten Augen und regelmäßig schlagendem Puls, doch ohne zu sprechen, ohne zu essen und ohne sich zu regen; manchmal schien er zu hören, aber er antwortete nie, nicht einmal durch Zeichen. Im übrigen jedoch litt er keine Störung, keinen Schmerz, kein Fieber, sondern lag nur wie ein Toter da (…). Eines schönen Morgens stand Grimm auf, kleidete sich an und kehrte zu seiner gewöhnlichen Lebensweise zurück (…)«. Ein Vorfall, der in der Gesellschaft von Paris großes Aufsehen erregt. Man ist hingerissen von dem Mann, der ein so »schönes Bild von Liebe und Empfindsamkeit« geboten hat.

Doch zu jener Zeit war Grimm, wie er selbst von sich sagt, noch ein »dummer Tropf aus Deutschland«, und erst in späteren Jahren wird er den Franzosen auf ganz andere Weise auffallen, wird Voltaire Anlaß zu der Bemerkung geben, was denn diesem »Böhmen« einfalle, geistreicher sein zu wollen als die Franzosen, die doch das alleinige Patent auf *esprit* besitzen.

Grimm, 1723 als fünftes Kind einer Regensburger Pastorenfamilie geboren, zieht es schon früh in die Ferne. Regensburg fehle es an »geistiger Kultur«, klagt er, siebzehnjährig, in einem Brief an den in Leipzig dozierenden Literaturprofessor und Dramatiker Johann Christoph Gottsched. Ein Jahr später, 1742, siedelt Grimm, nachdem er sich durch ausdauernde Korrespondenz eine freundschaftliche Beziehung zu Gottsched aufgebaut hat, nach Leipzig über, in die von ihm in seinen Briefen als »Musenort« gerühmte Stadt, um dort seine Studien fortzusetzen. Er hört Literaturwissenschaft bei Gottsched, Altphilologie bei Ernesti und Staatsrecht bei Johann Jakob Mascov, drei Gelehrte, deren Wirkung weit über die Universität Leipzig hinausging, und verkehrt auch privat im Hause Gottsched, wo man sich intensiv der Musik widmet.

Im Sommer 1745 tritt Grimm in Regensburg die Stelle eines Hauslehrers bei der Familie des sächsischen Grafen Johann Friedrich von Schönberg an, die im Löschenkohlpalais residiert und mit deren ältestem Sohn er seit seiner Schulzeit befreundet ist. Dort knüpft er nicht nur Kontakte zur hohen Gesellschaft, sondern lernt auch durch Baron Hans Adam von Studnitz, der sich als Vertreter des Gothaer Hofes im Regensburger Reichstag aufhält, den in Paris herausgegebenen literarischen Informationsdienst kennen, auf den man in Gotha abonniert ist.

»Literarischer Informationsdienst«? Man muß sich die damalige Zeitungslandschaft etwa so vorstellen: es gibt eine Reihe von – zensierten – Regenbogenblättern, jedoch kein Nachrichtenmagazin wie »Spiegel« oder »Focus« und schon gar kein Satireblatt wie die »Titanic«. In den französischen Aufklärerkreisen wird jedoch zu Grimms Zeiten schon bald die Forderung laut, eine Zeitschrift habe »Bindeglied zwischen den Zentren der Meinungsbildung, wie der Stadt und dem Hof, und der Provinz« zu sein. Es entstehen neben den offiziellen, zensierten Zeitschriften eine Reihe von handschriftlich vervielfältigten Nachrichtenorganen, die zunächst nur innerhalb der literarischen Salons zirkulieren, bald aber sich rasch ausbreiten und an wachsende Abonnentenkreise, zu denen eben auch aufklärungsfreundliche deutsche Fürstenhöfe zählen, versandt werden. Mit ihrer zunehmenden Verbreitung entwickeln sich die Nachrichtenblätter, die in ihren Anfängen aus einer bunten Mischung von Gerüchten und vertraulichen Nachrichten bestehen, zu anspruchsvollen Foren, in denen kulturelle und politische Ereignisse und Entwicklungen berichtet, kommentiert und diskutiert werden.

Im Jahr 1749 begleitet Grimm den jüngsten Sohn der Familie von Schönberg auf einer Bildungsreise nach Frankreich. In Paris lernt er dank seiner in Leipzig und Regensburg geknüpften Beziehungen zahlreiche deutsche und französische Adelige kennen, unter anderen den Erbprinzen Friedrich von Sachsen-Gotha, trifft in dessen Haus mit Rousseau zusammen, schließt über Rousseau wiederum Freundschaft mit den französischen Aufklärern Diderot, d'Alembert, Holbach, Madame d'Épinay (…). Letztere hat übrigens den Eindruck, den Grimm zur damaligen Zeit machte, in ihren 1818 erschienenen »Erinnerungen« festgehalten: »Sein Aussehen wirkt durch eine Mischung von Unbefangenheit und Feinheit angenehm. Er hat einen interessanten Gesichtsausdruck, sein Auftreten ist nachlässig und sorglos. Seine Gesten, sein Benehmen und sein Gang verraten Güte, Bescheidenheit, Langsamkeit und Befangenheit.«

Bereits im Jahr seiner Ankunft auf französischem Boden beginnt Melchior Grimm Berichte über das Pariser Kulturleben zu sammeln und zu verbreiten und verfaßt Artikel für französische Zeitschriften. Im »Mercure de France« stellt er 1750 und 1751 in zwei Folgen die deutsche Literatur vor, um einen Beitrag zum besseren gegenseitigen Kennenlernen der beiden Nationen zu leisten. Im Mai 1753 schließlich erscheint die erste Ausgabe der »Literarischen, philosophischen und kritischen Korrespondenz«; und da Grimm, der bis dahin mehr oder weniger als Gast in Paris gelebt hatte, seine Existenz davon bestreiten will, hat er sich einen auserlesenen Abonnentenkreis gesichert, zu dem nicht nur deutsche Fürsten, sondern auch Christian VII. von Dänemark, Georg III. von England, Katharina II. von Rußland und Stanislaus II. August von Polen zählen. Vervielfältigt wird Grimms »Korrespondenz« nicht im Druck, sondern durch Abschreiben; zugestellt wird sie nicht per Post, sondern durch Gesandtschaftskuriere oder Sekretäre – »um die Kontrollen an den Landesgrenzen zu vermeiden«.

Grimm und seine freien Mitarbeiter klagen nicht nur darüber, daß man »seit einiger Zeit nur noch aus dem Englischen übersetzte Werke zu Gesicht« bekomme, schildern nicht nur Auftritte des siebenjährigen Wunderknaben Wolfgang Amadeus Mozart (»… geradezu unglaublich ist es, ihn eine Stunde lang aus dem Kopfe spielen und sich der Eingebung seines Genies und einer Menge entzückender Einfälle überlassen zu sehen, die er zudem geschmackvoll und geordnet aufeinander folgen zu lassen weiß«), sondern treten auch für Gleichberechtigung der Geschlechter ein (»Es ist üblich geworden,

Löschenkohl-Palais, Neupfarrplatz 14,
wo Grimm als Hauslehrer tätig war.

Friedrich Melchior Grimm

von den Frauen Schlechtes zu sagen. Die Männer haben sich anscheinend von jeher durch üble Nachrede an der Herrschaft rächen wollen, die die Frauen durch den sieghaften Zauber ihrer Schönheit und
den Nimbus ihrer unwiderstehlichen Reize über sie ausüben«) und
wenden sich gegen die Sklaverei (»… und die Europäer, die seit ihrer
Bekehrung zum Christentum die Sklaverei mit Abscheu und als
Widerspruch zu ihrer Religion ansehen, haben in ihren amerikani-

schen Kolonien doch nicht von der härtesten Form der Sklaverei abgelassen«).

Den engsten Kontakt dürfte Grimm zu seiner Abonnentin Katharina II., der Zarin von Rußland, gehabt haben. Sie verschafft ihm die finanziell einträglichen Posten eines russischen Staatsrats und Obersts, Grimm wird Mitglied der Petersburger Akademie der Wissenschaften und wirkt als »vertraulicher politischer Berater« der Zarin – was diese jedoch nicht daran hindert, sich mit den spöttischen Worten, Grimm sei »in jeden Schafskopf von deutscher Prinzessin verliebt«, über seine Neigung zu Titeln und gutbezahlten Ämtern, die auch andere Zeitgenossen ihm ankreiden, lustig zu machen.

Grimms »Korrespondenz« erscheint von 1753 bis 1772 vierzehntägig, voń 1773 bis 1793 monatlich und bleibt so geheim – nichtsdestotrotz sehr wirkungsvoll –, daß oft nicht einmal die freien Autoren wissen, wo ihre Artikel erscheinen; und erst sehr viel später kann man sich öffentlich zu ihrer Lektüre bekennen, wie Goethe im Jahr 1820: »Auch mir war, durch die Gunst hoher Gönner, eine regelmäßige Mitteilung dieser Blätter beschieden, die ich mit großem Bedacht eifrig zu studieren nicht unterließ.«

Im Westen der Stadt ist eine Straße nach ihm benannt.

Karl Heinrich von Gleichen

Standort: Helenenstraße / Fürst-Anselm-Allee

1733 in Nemmersdorf, damals Markgrafschaft Bayreuth geboren, 1807 in Regensburg verstorben. 1750 Studium in Leipzig, dänischer Gesandter in Madrid, Paris und Neapel, Reisen durch Europa, seit 1779 fester Wohnsitz in Regensburg. Bekannt als Philosoph und Literat.

Philosoph, Lebemann und Okkultist

»Wenn ich die Eigensucht der Menschen bedenke, so wundre ich mich, daß sie nicht abgesonderter leben, als Tyger und Wölfe. Diese haben doch wenigstens den guten natürlichen Trieb, sich von einander zu entfernen. Allein die Menschen, blutdürstiger als Wölfe und Tyger, wollen beisammen seyn, um einander gesellschaftlich zu zerreißen. Was sind wir denn für eine widersinnige Gattung von Thieren, die weder einzeln, noch herdenweise glücklich leben können? Antwort: Wir sind wüthige Schaafe, äußerst gutmüthig, oder entsetzlich grimmig.«

Was sich wie ein Auszug aus Schopenhauers »Parerga und Paralipomena« liest, stammt aus der Feder von Karl Heinrich von Gleichen, und zwar aus seinem 1797 erschienenen Buch »Gedanken über verschiedene Gegenstände der Politik und freien Künste«. Von Gleichen hat sich über so manches seine Gedanken gemacht, über Zeit und Raum, über die Entstehung des Bösen, hat Schriften veröffentlicht mit den Titeln »Von den Nerven«, »Der Schlaf«, »Der Instinct«, »Saamenkraft«, »Stufenleiter des Triebs zur Vereinigung«, »Etwas über die Thiere«. Also ein Philosoph. Ja – auch. Aber auch: Lebemann, Schriftsteller, Okkultist.

Begonnen hat der 1733 zu Nemmersdorf in Franken geborene Baron Heinrich Karl von Gleichen seine Laufbahn als Diplomat. Nach einem Studium an der Universität Leipzig, an der er unter anderem Vorlesungen des Dichters Christian Fürchtegott Gellert hört, begibt er sich »zur Vervollständigung seiner Ausbildung« nach Italien und Frankreich, in Frankreich vor allem in die literarischen Salons. 1753 begleitet er die Markgräfin Wilhelmine, die Schwester Friedrichs des Großen, nach Rom. 1758 tritt er durch Vermittlung des französischen Botschafters und späteren Ministers Choiseul in den Dienst des dänischen Königs und wirkt zwischen 1760 und 1771 als dänischer Gesandter in Madrid, Paris und Neapel, »wo er überall ein gern gesehener Gast im Kreise berühmter Literaten war«. Als die Dänen 1771 ihre Botschaft in Neapel aufgeben, nimmt von Gleichen dies zum Anlaß, seine diplomatische Laufbahn abzubrechen. Nun ist er imstande, »sein Leben ganz nach seinem Geschmack einzurichten, wozu ihm außer seinem Ruhegehalt namentlich sein väterliches Vermögen die Grundlage« bietet.

Seinen »kosmopolitischen Neigungen« entspricht es, »sich zunächst ganz dem Wandertrieb zu überlassen«. In den folgenden acht Jahren, von 1772 bis 1779 also, hält er sich in Italien und der Schweiz, in Holland und England und vor allem in Frankreich auf, wo er Kontakte zu Enzyklopädisten, Aufklärern und Philosophen knüpft, darunter Diderot, Rousseau und Voltaire, aber auch alte Beziehungen zu Ministern und »gekrönten Häuptern« pflegt. Und daneben treiben ihn noch ganz besondere Forschungen um: »Er suchte den Geheimnissen der Magie und des Okkultismus auf die Spur zu kommen. Und zwar bemühte er sich durch alle möglichen Mittel, durch geheime Gesellschaften wie durch persönliche Begegnungen mit Abenteurern und Schwindlern seiner Zeit, wie Cagliostro, diesen krankhaften Wissenstrieb zu befriedigen.«

1779 schließlich weicht sein Wandertrieb dem Wunsch nach Seßhaftigkeit. Er wählt Regensburg, die Stadt des Reichstags mit dem diplomatischen Korps, zu seinem Wohnsitz und widmet sein Leben fortan »der Geselligkeit, der Literatur, seinen wissenschaftlichen und okkultistischen Bestrebungen«. Der Bekanntenkreis, den er um sich schart, rühmt »die Feinheit des Hauses, den raffinierten Geschmack der Mahlzeiten und das nie versagende Konversationstalent dieses vollendeten Weltmannes«; ein Besucher, der urteilt, von Gleichen habe sich »nicht prächtig«, aber äußerst »geschmackvoll meublirt«, wundert sich, wie dieser »manche Dinge den Regenspurgischen Werkleuten hat begreiflich machen können«.

In von Gleichens essayistisches Werk – das er übrigens anonym und ohne Druckort erscheinen läßt – fließen sowohl seine persönlichen Erlebnisse und Erinnerungen als auch der Diskussions- und Konversationsstoff seines Regensburger Salons ein. Von Gleichen versteht sich dabei als ein literarischer Nachfahre des französischen Philosophen Michel de Montaigne. Doch den ganz speziellen Charme absichtslosen Assoziierens, der den Reiz von Montaignes Schriften ausmacht, besitzt von Gleichen nicht; eher mischt sich eine Portion

Münchhausen in sein schriftstellerisches Œuvre: »Er weiß von phantastischen und wunderbaren Begebenheiten seiner Zeit zu berichten, die ans Unglaubliche grenzen.« Zu den Stärken seines Schaffens zählen seine »Denkwürdigkeiten«, kleine biographische Skizzen und Charakterbilder von Menschen, denen er im Lauf seines Lebens begegnet ist: Karl III. von Spanien, die Familie Mirabeau, Herzog und Herzogin von Choiseul, die Kaiser Joseph II. und Leopold II. Mit kokettem Understatement bekennt er, sein Stil sei »schlecht, trivial und wegen öfterer Wiederholung nämlicher Worte übellautend«, denn er habe »nie in seiner Muttersprache geschrieben«.

Doch gibt weniger der Stil als vielmehr der Inhalt mancher seiner Ausführungen zu Kritik Anlaß. Der Despotismus, äußert von Gleichen, sei »die dem Menschengeschlechte notwendige Staatsverfassung«. Denn: »Da die Welt unmöglich aus lauter Regenten bestehen kann, so ist das kürzeste und leichteste, wenn die ganze Welt gehorcht.« Und da ferner ein Gebieter ein »notwendiges Übel« darstelle, sei es am besten, nur einen einzigen zu haben. Als einzig denkbare und sinnvolle Einschränkung der Macht des absoluten Monarchen sieht er die Pressefreiheit und beschließt seine Schrift über den Despotismus mit einer Mahnung an die Fürsten: »Leset vorzüglich die Klagen des Volkes, studiert seine Rechte mehr als die eurigen!«

Offenbar gibt es nichts, was von Gleichen nicht interessiert. Er schreibt Abhandlungen »Über die Baukunst«, »Bemerkungen über die Mahlerey«, »Lobsprüche und Bemerkungen über die vornehmsten Meister der italienischen Musik« und, seine Spezialität: »Schöpfung durch Zahlen und Worte: etwas über Magie, Cabala und geheime Gesellschaften«, »Metaphysische Ketzereien oder Versuche über die verborgensten Gegenstände der Weltweisheit und ihre Grundursachen«. Doch kommt er in seinen metaphysischen Schriften auch wieder auf höchst Irdisches zurück. »Cabalisten, Magier und Mystiker haben geträumt«, äußert er im Kapitel »Von den Leidenschaften«, daß »die höchste Vollkommenheit des Geistes (...) durch eine vollkommene Keuschheit könnte erreicht werden.« Er räumt ein, daß »gewiß (...) ein Körper viel länger und gesunder dauern würde, wenn er, ohne die Unordnungen, welche der gebildete Saame, indem er sich übermäßig häuft, anzurichten pflegt, ungeschwächt keusch verbleiben könnte«. Doch ließen sich diese »Unordnungen« nur durch geistige Keuschheit verhindern, die zu erreichen er als unmöglich bezeichnet. Denn geistige Keuschheit hieße, daß »nie eine begierliche Vorstellung durch einen innern Reiz die Kräfte sammlete (…), in klebrichte Säfte einhüllte und auf diese Art den keimenden und gährenden Saamen bereitete«.

Von Gleichen stirbt, hochbetagt, am 5. April 1807 aus Aufregung über den Selbstmord seines Verwalters. Jener hatte ihn nämlich betrogen und nach Auffliegen der Sache Selbstmord begangen. Aber nicht der materielle Verlust, sondern das fehlende Vertrauen seines Verwalters schmerzte von Gleichen. Der schon zu Lebzeiten wegen seiner Wohltätigkeit bei den Armen beliebte »originelle Kauz« verfügt in seinem Testament »für sein Gesinde und die Armen der Stadt beträchtliche Legate«. Auch seine Hunde beschenkt der Tierfreund in seinem Testament. Unmittelbar nach Gleichens Tod setzen die Regensburger ihm ein Denkmal, das erste, das einem Bürger errichtet wird. Von Gleichens Denkmal erhält sogar einen dem Fürst-Carl-Anselm-Monument gleichrangigen Standort im Alleengürtel.

Gleichen-Denkmal an der Ecke Helenenstraße/Fürst-Carl-Anselm-Allee. Von Gleichen verbrachte hier oft seine Freizeit mit Spaziergängen.

Carl Theodor von Dalberg

Standort: Fürst-Anselm-Allee

1744 in Herrnsheim bei Worms geboren, 1817 in Regensburg verstorben. 1772 kurmainzischer Statthalter von Erfurt, 1784–1788 Rektor der Universität Würzburg und Dompropst des Hochstiftes Würzburg, 1800 Fürstbischof von Konstanz, 1802 Erzbischof von Mainz und Bischof von Worms, Regent des Fürstentums Aschaffenburg, der Reichsstädte Wetzlar und Regensburg, 1805 Erzbischof von Regensburg, 1806 Unterzeichner der Rheinbundakte zur Auflösung des alten Reiches.

»Deine Mauern, glückselige Stadt, werden Jahrhunderte fortgrünen«

Dem Fürstprimas Carl von Dalberg verdanken die Regensburger unter anderem die Ausweitung des Alleengürtels im ersten Jahrzehnt des letzten Jahrhunderts. »Carl Dalberg«, so ein Chronist im Jahre 1810, »sorgte nicht allein für den moralischen Zustand seiner Staaten, sondern auch für den physischen (…). Das durch Carl Anselm angefangene Werk vollendete Carl Dalberg durch die Veranstaltung neuer Anlagen von schönen Promenaden und errichteten Monumenten, deren Andenken auch der Nachkommenschaft heilig seyn wird.«

Eines der Monumente, die Dalberg errichten läßt, gilt dem Schöpfer der Allee. »Den 10. Mai 1779 machte der hochherzige menschenfreundliche Fürst«, gemeint ist Carl Anselm von Thurn und Taxis, »der Stadt den Antrag, auf seine Kosten um die Stadt eine Baum-Allee anlegen zu lassen (…). Schon den 17. Mai wurde mit Graben und Applaniren der Wälle und Ravelins der Anfang gemacht, nach diesem die Strecke vom Jakobs- bis zum Petersthore mit 900 Bäumen besetzt und im Winter alles bis zum Ostenthor vorbereitet, so daß des andern Frühjahres dort die Pflanzung geschehen konnte (…). Der großmüthige Fürst widmete gleich anfänglich hiefür 10 000 Gulden.«

Die Initiative des Fürsten geht weit über das hinaus, was zu seiner Zeit üblich ist. Zwar öffnet Josef II. in Wien 1766 den Prater, 1775 den Augarten »für jedermann«, wird 1790 in München der Hofgarten dem Volk zugänglich gemacht und der Englische Garten angelegt, werden 1767 in Kassel, 1799 in Mannheim, 1802 in Bremen, 1806 in

Carl Theodor von Dalberg

Frankfurt am Main die Stadtbefestigungen geschleift und an ihrer Stelle Parks und Baumpflanzungen angelegt, doch entstehen nirgends so früh und so konsequent Baumpflanzungen um eine ganze Stadt wie in Regensburg. Dabei bewegen den Fürsten zweierlei Motive: Die Allee wird angelegt, um »ein dauerndes Denkmal zu hinterlassen«, mithin den eigenen Namen »unsterblich« zu machen, und außerdem »zur Zierde der Stadt und zur Gesundheit der Einwohnerschaft«.

Dies liegt auch Dalberg am Herzen, dessen Wirken in der Stadt die Regensburger dem Reichsdeputationshauptschluß vom 25. Februar 1803 verdanken. Dieser ist Rechtsgrundlage dafür, daß man alle weltliche Gewaltausübung der deutschen geistlichen Fürsten beseitigt. Nur der napoleonfreundliche Carl Theodor von Dalberg, Erzbischof und Kurfürst von Mainz und Reichserzkanzler, behält seine Fürstenwürde. Er erhält einen neuen geistlichen Herrschaftsbereich, das eigens für ihn geschaffene Fürstentum Regensburg-Aschaffenburg; ferner wird der erzbischöfliche Stuhl mit Einverständnis Roms von Mainz nach Regensburg verlegt.

Dalberg reformiert in den sieben Jahren seines Wirkens, von 1803 bis 1810, das noch aus dem Spätmittelalter stammende Bürgerrecht, verbessert das Bildungswesen, fördert die Wissenschaften, gründet eine Feuerversicherung, ergreift Maßnahmen zur Arbeitsbeschaffung, befaßt sich mit Sozialfürsorge und kümmert sich um die Allee. Unter seiner Regie werden die vorhandenen Anlagen erweitert und vergrößert, ferner wird von ihm »jährlich die Summe von zweytausend Gulden aus seiner Privatkasse zu ihrer ferneren Unterhaltung und Verschönerung angewiesen. Dadurch sorgte der gütige Fürst nicht bloß für einen allgemeinen frohen Genuß des Publikums, sondern gab der alten Stadt eine so heitere freundliche Einfassung und Umgebung, die den Einheimischen und Fremden entzücken, und welche wohl wenige deutsche Städte in dieser Mannigfaltigkeit und Schönheit besitzen mögen.«

Ein »Grundriß der Fürstlich Primatischen Residenz-Stadt Regensburg nebst deren neuen Gartenanlagen außer den Thoren« von 1808 gibt Einblick in die unter Dalbergscher Regie vorgenommenen Erweiterungen: Neu bepflanzt sind ein Weg zwischen Linden-Platz (Platz der Einheit) und Allee, die »Landstraße von Augsburg und München über Abach« (Kumpfmühlerstraße), die Straße »von Prül«, die sich um das ehemalige Peterstor zieht (Albertstraße) und noch das Keplermonument an seiner ursprünglichen Stelle (heute Maxstraße) umschloß.

Für die Anlage eines botanischen Gartens zieht Dalberg den Theologen und Naturwissenschaftler Graf Kaspar von Sternberg heran. Dieser, ein gebürtiger Prager, ist seit 1785 als Subdiakon des Domkapitels im »alten Bischofshof« ansässig. 1795 macht Sternberg, ein gern gesehener Gast im Hause Thurn und Taxis, die Bekanntschaft von Graf Bray, dem Präsidenten der Botanischen Gesellschaft. Sternberg wird daraufhin Mitglied der Botanischen Gesellschaft, nimmt Unterricht bei Duval und stellt der Gesellschaft einen Raum seiner Wohnung unter den Schwibbögen für Zusammenkünfte zur Verfügung. Vor dem Peterstor erwirbt Sternberg ein Grundstück, legt dort einen weiteren Garten an und läßt ein Gartenhaus bauen. 1806 schlägt Dalberg die Gründung einer Naturwissenschaftlichen Akademie vor. »Da sich kein schicklicheres Lokal vorfand als mein Gartenhaus, so äußerte er den Wunsch, es anzukaufen, wozu ich mich willig erklärte, jedoch unter der Bedingung, daß mir, solange ich lebe, freie Wohnung vorbehalten blieb.«

Dalbergs Gedanke der Naturwissenschaftlichen Akademie bleibt jedoch unausgeführt. 1808 wird Graf von Sternberg durch den Tod seines Bruders in die böhmische Heimat zurückgerufen und verabschiedet sich 1810 endgültig von Regensburg, um sich auf das väterliche Schloß zurückzuziehen. 1809 muß er noch erleben, daß durchmarschierende österreichische und französische Truppen den Garten und das Gartenhaus verwüsten.

Auch ein beliebtes, bereits seit 1752 bestehendes Lokal an der Allee fällt 1809 der Zerstörung anheim: der nach dem Bierbrauer Jakob Baltasar Prinz benannte »Prinzengarten«, später als »Wirtshaus zur Grünen Allee« bekannt. »Unser Prinz war ein industriöser raffinirter Mann. Da im Sommer die lebenslustigen Bewohner von Regensburg so gerne über das Reichsstädtische kleine Territorium schwärmten, um dem bayerischen Gerstensafte zu der Karthaus, Kumpfmühl, Stadtamhof (…) und andern Orten Visite zu machen (…), so verfiel Prinz auf den herrlichen Gedanken, in seinem Garten sein gutes Sommerbier auszuzapfen, um seinen Mitbürgern, die in Altsanct Nikla, im Schießhause und rothen Roß unter der Linde selten Plätze und Krüge zu erhalten vermochten, wollten sie sich an Sonn- und Feiertagen mit ihren Familien erheitern und erquicken, dadurch manche Unannehmlichkeiten zu ersparen.«

Am 10. Mai 1780 findet im äußerst beliebt gewordenen Prinzengarten das erste Regensburger Volksfest statt. 1804 kann der neue Besitzer des Wirtsgartens, Johann Christoph Schwenold, ein angrenzendes städtisches Grundstück zum günstigen Preis von 15 Gulden erwerben, um sein Lokal zu erweitern, denn Dalberg »lag (…) mehr die Verschönerung seiner liebgewonnenen Allee, als der Gewinn durch Verkäufe von Plätzen am Herzen. Damit reizende Anlagen um die Allee immer mehr befördert wurden, schenkte er öfter Plätze denen, die ihre Gärten verschönern oder vergrößern wollten; die Stadtkämmerei mußte jedoch Sorge tragen, daß diese von ihm beantragte Verschönerung überall durchgeführt wurde.«

Schwenold, »gerade der rechte Mann, kunstsinnig und betriebsam«, säumt nicht, sein Lokal mit »genußreichen Kunstanlagen und Spalie-

*Der ehemalige berühmte »Prinzengarten« in der von Dalberg
geförderten Fürst-Carl-Anselm-Allee.*

ren zu bereichern und zu verschönern«, und es gelangt von Jahr zu Jahr »zu immer höherem Rufe bei in- und auswärtigen Gästen«. Die Verwüstung des Lokals durch die Franzosen im Jahr 1809 ist sowohl für Schwenold als auch seine Gäste ein harter Schlag. »Doch des andern Jahres nach dem Frieden von Wien prangte der Prinzengarten wieder mit den jetzt noch ersichtlichen Spalieren und Anlagen, mit dem Billard und der unentbehrlichen Kegelstätte. Aufs neue füllte sich derselbe mit der lebenslustigen Bevölkerung Regensburgs, und Jung und Alt, Hoch und Nieder freute sich des wiederkehrenden schönen Maies darin.«

Zu diesen Kreisen gehörten ab 1810, als Regensburg eine bayerische Garnison- und Kreishauptstadt wurde, Soldaten des Infanterieregiments und königliche Regierungsbeamte, deren Anzahl »die des früheren Primatischen Personales um's zehnfache überstieg«. Erst 1911 wurde das »Wirtshaus zur Grünen Allee« (heute Albertstraße 1) geschlossen. An dem Alleengürtel aber erfreuen sich bis heute die Regensburger – ganz im Sinne Dalbergs, der sich zu den Großen der Regensburger Parkgeschichte zählen darf.

Nach Dalberg ist eine Straße im inneren Westen benannt, ein Grabdenkmal befindet sich im Nordschiff des Domes.

Joseph Max Freiherr von Lütgendorf

Standort: Emmeramsplatz, Schloß Thurn und Taxis

1750 in Rom geboren, 1829 in Regensburg verstorben. Erziehung in der Kadet-
tenschule München, dann Offizier, 1779–1784 Hofrat bei Thurn und Taxis, 1786
Versuch eines Ballonstartes in Augsburg, 1804–1805 Aufenthalt in England und
1808/09 in Wien zu Vorführzwecken seiner Erfindungen, 1822 Rückkehr nach
Regensburg.

Der Bankrotteur

Joseph Max Freiherr von Lütgendorf war Erfinder und Abenteurer,
Träumer und Genie, aber leider auch ein Unglücksrabe. Von seiner
Familie heißt es, sie sei einstmals wohlhabend gewesen, dann aber
durch ein Darlehen in Höhe von mehreren hunderttausend Gulden,
das sie dem Kurfürsten Max Emanuel gewährte, von diesem jedoch
niemals zurückerhielt, in bedrängte Verhältnisse geraten, aus denen
sie sich nicht mehr zu befreien vermochte. Seine Mutter lebte noch bis
1783, die letzten Jahre jedoch bettlägerig im Juliushospital in Würzburg. Der Sohn unterstützte sie finanziell, so seine Mittel es erlaubten,
was leider nicht oft der Fall war. Sowohl als Offizier »hie in Bayern
mit Ruhm nach Zeugnuß der Attestaten« als auch als Hofkammer-
und Regierungsrat zu Burghausen war er alles andere als flüssig, da,
Pech oder Schicksal, seine Gönner entweder verstarben, bevor sie
ihm ein angemessenes Gehalt gewährt hatten, oder ihm die nötigen
Finanzen fehlten, sich in eine angemessene Stellung einzukaufen.

1779 trat Joseph Max als Thurn und Taxisscher Hofrat in die Dienste
des Erbprinzen Karl Alexander von Thurn und Taxis an den Regensburger Hof zu St. Emmeram. Karl Alexander, Vertreter des Kaisers
beim allgemeinen deutschen Reichstag, ließ sich das Hofhalten zum
damaligen Zeitpunkt noch in wirklich fürstlicher Weise angelegen
sein. Theater, Konzerte und sonstige Vergnügungen dienten den zahlreichen Gesandten zur Zerstreuung; und einige dieser Vergnügungen
waren Lütgendorfs erste aerostatische Versuche.

Die Aerostatik, die Lehre vom Gleichgewicht der Gase, fand ihren
Ursprung bereits bei Leonardo da Vinci, der schon 1513, zu Ehren
der Krönung von Papst Leo X., heißluftgefüllte Heiligenfiguren aus
Papier aufsteigen ließ, und wurde dann über die Jahrhunderte hin-
weg immer wieder von den verschiedensten Menschen aufgegriffen.

Ihren Höhepunkt erlebte sie schließlich 1783 mit den Gebrüdern Montgolfier, die als erste anfänglich unbemannte, später mit Tieren besetzte und zum Schluß Heißluftballons mit menschlichen Passagieren steigen ließen.

Verständlicherweise wurden sofort nach Bekanntwerden dieser Versuche in vielen Ländern ähnliche Experimente unternommen, und Lütgendorf, wie immer knapp bei Kasse, erkannte in der Aerostatik sogleich die Möglichkeit, sowohl zu Ruhm und Ehre als auch zu Reichtum zu gelangen. Er träumte davon, wenn schon nicht der Welt erster, so doch zumindest erster deutscher Luftsegler zu werden, ein Umstand, der ihm in der Familie den Spitznamen »Luftballononkel« eintrug.

Lütgendorfs erste Versuche am 27. Januar und 12. Februar 1784 waren bescheiden, aber dennoch kostspielig. Die beiden Ballons waren circa 64 Zentimeter breit und 128 Zentimeter lang, aus Goldschlaghaut, der Oberhaut des Blinddarms vom Ochsen, gefertigt und mit dem fürstlichen und dem Stadtwappen dekoriert. Obwohl die Versuche großes Aufsehen bei der Bevölkerung und den Reichstagsgesandten erregten, erreicht Lütgendorf sein Ziel nicht. Niemand »subskribierte« für einen größeren Ballon, so daß er am Ende sogar mit weniger Geld als zuvor dastand.

Zusätzlich verscherzte er sich das fürstliche Wohlwollen durch eine unstandesgemäße Heirat, die er ohne die Genehmigung des Fürsten eingegangen war. Man kann davon ausgehen, daß hierbei neidische Intrigenschmiede am Werk waren, die Lütgendorf selbst auch in seinen Briefen immer wieder erwähnt. Ende Februar 1784 wurde er aus fürstlichen Diensten entlassen; bis auf eine Pension von 400 Gulden jährlich wurden ihm alle Nebeneinnahmen gestrichen, jedoch erhielt er das Recht, noch für ein halbes Jahr in Emmeram zu wohnen. Danach verließ er Regensburg.

Den Traum vom Luftsegler hatte Lütgendorf allerdings nicht aufgegeben, und 1786 erhielt er, durch Fürsprache des Prinzen von Pürkenfeld, vom Magistrat der Stadt Augsburg die »Starterlaubnis« für einen bemannten Heißluftballon. Der nun folgende Werbefeldzug, den er in eigener Sache unternahm, ist, für sich betrachtet, schon ein Meisterstück, der heutigen Werbekampagnen in nichts nachsteht, wenngleich er, zu guter Letzt, schlimme Konsequenzen für Lütgendorf hatte.

Die »Augsburger Ordinäre Zeitung« berichtete am 18. April 1786 folgendes: »Der Herr Baron von Lütgendorf, hochf. Thurn und Taxisscher Hofrat, von dessen Aufenthalt in Augsburg und vorkehrenden

Anstalten zu einer Luftfahrt, der ersten, die ein deutscher Aeronaute unternimmt, bereits öffentlich erwähnet worden, ist nun im stande, dem deutschen Publikum seine vorhabende Luftreise, und zwar auf dem 15. instehenden Jun. anzukündigen. Er beschloß wegen der damit verbundenen schweren Unkosten den Weg der Subskription, oder auch Pränumeration mit einer halben Carolin für die Person einzuschlagen. Das Pränumerationsbillet gewähret bey der Auffahrt den freyen Eintritt in den verschlossenen Bezirk, wo der Ballon gefüllt und in die Höhe gelassen werden soll. Zur Subskription wird hier ein Buch circulieren. Von dem vorzüglich schönen, gefahrlosen und einfachen Mechanismus, den H. Baron anwendet, werden wir das Wichtigste dem Publico mitzutheilen seiner Zeit im Stande sein.«

Was nun folgte, war Merchandising vom Feinsten. Eine wahre Flut von Gedichten, Hymnen, Oden und Kupferstichen folgte und wurde, nach kritischer Prüfung des Barons, der sich wohlweislich das Monopol für die »Öffentlichkeitsarbeit« gesichert hatte, auf das Volk losgelassen. Ein Gipsmedaillon und später sogar eine Münze wurden geprägt und fanden reißenden Absatz. All den Texten, Bildern und Amuletten war gemein, daß sie Lütgendorf bereits hoch in den Lüften zeigten, noch bevor überhaupt mit dem Bau der »Luftmaschine« begonnen worden war. Erste kritische Stimmen wurden laut, als der Termin zur Auffahrt immer wieder verschoben wurde. Lütgendorf ließ sich jedoch nicht beirren; er landete vielmehr den krönenden Coup, indem er den damals weitbekannten Professor von Weber für ein Gutachten über den Ballon gewinnen konnte, das dann auch wunschgemäß sehr positiv ausfiel. Erneut begann Geld in die Kassen zu fließen, und Lütgendorf konnte den Bau eines extra für den Ballonstart in Auftrag gegebenen Amphitheaters vor den Toren der Stadt fertigstellen. Das endgültige Datum war nun auf den 24. August 1786 festgesetzt worden, und tatsächlich strömten die Tage zuvor viele tausend Menschen bis aus Prag, Wien und Straßburg nach Augsburg, um dem historischen Spektakel beizuwohnen. Wegen schlechten Wetters wurde die Ballon-Auffahrt dann auf den 26. August verschoben, und endlich war es soweit. Das Amphitheater war mit Schaulustigen dicht besetzt, man war bester Stimmung und erwartete gespannt den Augenblick, in dem der Ballon, wie in den Kupferstichen gezeigt, über der Stadt Augsburg schweben würde, da geschah das Unvermutete: Der Ballon ließ sich nicht füllen, geschweige denn erhob er sich auch nur einen Zentimeter über den Boden, und sackte zu guter Letzt als faltige Stoffmasse in sich zusammen.

Joseph Max Freiherr von Lütgendorf in seiner Luftmaschine.

Der Grund für das Scheitern des Unternehmens lag zum einen in der minderwertigen Qualität des Materials, das Lütgendorf anscheinend nicht sorgsam genug geprüft hatte; zum anderen legte er beim Aufbau nicht selbst Hand an, sondern überließ vielmehr alles seinen Helfern, die, wie sich herausstellte, mehr Schaden als Gutes anrichteten. Auch ein zweiter, dritter, vierter und sogar fünfter Anlauf hatte keinen Erfolg; der Ballon blieb wie angeleimt am Boden, woraufhin ihm die Augsburger den beziehungsreichen Spottnamen »Erdenlieb« gaben und satirische Leichenreden und Grabinschriften auf ihn verfaßten. Was es zuvor Lobpreisungen geregnet hatte, kam jetzt als Spottgedicht wieder zurück. Für Lütgendorf müssen die folgenden Wochen ein wahrer Alptraum gewesen sein, war er doch nicht nur mit Schande überhäuft, sondern auch finanziell in einer übleren Lage als je zuvor, da man ihm, zur Begleichung seiner Schulden, von seiner ohnehin schon mageren jährlichen Pension nun auch noch die Hälfte abzog.

Die folgenden Jahre lebte Lütgendorf wie ein Handwerker, versuchte sich mit Erfindungen über Wasser zu halten. Er erfand zum Beispiel einen Automaten in Gestalt einer hübschen bayerischen Kellnerin in Lebensgröße, welche auf Verlangen aus einer Flasche zehn verschiedene Weine einschenken konnte. Nach seiner Erfindung von »Tauchermaschinen« und »Schwimmrüstungen für männliches und weibliches Geschlecht« reiste er nach England an den Hof des Prinzen von Wales, wo er zu Ansehen und einigem Vermögen gelangte, welches aber – er blieb vom Pech verfolgt – bei einer Schiffskatastrophe vor Boulogne versank. Sein alter Gönner, der ehemalige Erbprinz Karl Alexander, endlich an die Regierung gelangt, holte ihn zurück nach Regensburg, wo ihn 1809 ein neuerlicher Schicksalsschlag traf: Die einmarschierten Franzosen plünderten die Stadt und auch sein Haus, so daß er erneut fast seine gesamten Habseligkeiten verlor.

Seine letzten Jahre verbrachte er in völliger Abhängigkeit erst von Fürst Karl Alexander von Thurn und Taxis, dann, als dieser verstorben war, von dessen Frau Therese, bei der er noch kurz vor seinem Tod ein Bittgesuch einreichte, in welchem er um die Bezahlung seiner Begräbniskosten sowie um eine Pension für seine Frau bat. Beides wurde ihm gewährt, und am 11. August 1829 starb Joseph Max Freiherr von Lütgendorf, 79jährig, letztendlich ausgesöhnt mit der Welt, die ihn verspottet und ihm die Anerkennung verweigert hatte, im festen Vertrauen darauf, daß Gott seine Verdienste schon anerkennen würde.

Joseph Placidus Heinrich

Standort: Niedermünstergasse 6

1758 in Schierling (Niederbayern) geboren, 1825 in Regensburg verstorben. 1776 Eintritt in das Reichsstift St. Emmeram zu Regensburg, 1782 Priesterweihe, 1785–1791 Professor für Physik und Mathematik, 1792 Professor der Naturlehre, Physik, Stern- und Witterungskunde an der Universität Ingolstadt, 1798 Rückkehr nach St. Emmeram als Inspektor des Studienseminars, 1800–1802, 1804–1812 Direktor des Studienseminars, 1812–1821 Professor der Physik und Astronomie am Kgl. Lyzeum, 1821 Domkapitular.

Regenbogen, Kometen und Blutregen

In der zweiten Hälfte des 18. Jahrhunderts wurde Regensburg durch das Interesse des Fürstabtes Frobenius Forster an den Naturwissenschaften (man nennt ihn den »Schöpfer des goldenen Zeitalters von St. Emmeram«) zunehmend zu einer Heimat vor allem der experimentellen Physik und der Meteorologie. Wichtige Protagonisten dieser Ära waren der spätere Nachfolger Forsters, Coelestin Steiglehner, und sein Schüler, der Benediktinerpater Placidus Heinrich.

Das Stift St. Emmeram besaß, dank der Initiative Steiglehners, eine Mineraliensammlung und ein leistungsfähiges physikalisches und astronomisches Kabinett, das Pater Placidus sich zunutze machte. Wie sein Förderer war er der Experimentalphysik und der praktischen Meteorologie zugeneigt und stellte bereits ab 1781 Beobachtungen der Sonnenflecken an. Er wollte darlegen, »daß das Licht eine für sich existierende, wirkliche Substanz sei, welche von der Sonne und andern leuchtenden Körpern ausströmt«. Auf die dabei gewonnenen Erkenntnisse stützten sich andere Wissenschaftler, vor allem bei der Einführung der Sonnenflecken-Relativitätszahlen. Immer wieder betonte Heinrich seine Vorliebe für eine empirische Arbeitsweise, den Vorzug des Experimentes vor der Theorie.

Unter anderem beschäftigten sich Steiglehner und Heinrich auch mit dem Problem, »ob und was für Mittel es gebe, Hochgewitter zu vertreiben und die Gegend von Hagel und anderem Unwetter zu bewahren«. In Regensburg installierten sie zu dieser Zeit die ersten Blitzableiter.

Im Jahre 1789 erschien die erste Abhandlung über die Wirkung von Geschützen auf Gewitterwolken und eine Schrift mit dem schlichten Titel »Kommt das Newtonsche Gesetz oder Eulersche System vom

Licht mit den neuesten Versuchen der Physik mehr überein?«, womit er sich bereits an sein bevorzugtes Thema annäherte. Wie auch andere Veröffentlichungen Heinrichs wurden diese beiden Schriften von der Kurfürstlichen Akademie ausgezeichnet, und er erwarb sich dadurch ein gewisses Ansehen. Im selben Jahr wurde er außerordentliches Mitglied der Bayerischen Akademie der Wissenschaften und trat in der Folge zahlreichen anderen gelehrten Gesellschaften zwischen Heidelberg und St. Petersburg bei.

Wie eng Steiglehner und Heinrich zeitlebens miteinander verbunden waren und wie sie einander alle erdenkliche Unterstützung ange-deihen ließen, zeigte sich unter anderem, als es anno 1791 um die Nachfolge des verstorbenen Fürstabtes Forster ging. Heinrich emp-fahl Steiglehner mit folgenden Worten: »St. Emmeram erwartet nichts als einen Mann, der Geist unter uns bläst, und dann wird alles leben und studieren. Die Materialien sind im Überfluß da, nur einen Bau-meister brauchen wir: und das schönste Gebäude kann in wenigen Jahren dastehen.«

Im Gegenzug ging Heinrich als Nachfolger Steiglehners nach Ingol-stadt, wo er 1792 zum Professor der Naturlehre, der physikalischen Versuche, der Stern- und Witterungskunde berufen wurde. Das Gene-ralstudiendirektorium äußerte die Hoffnung, »daß der Herr Professor in die Fußstapfen des gefürsteten Herrn Vorfahrers eintrete und sich sowohl nach Kuratel- als Direktorialverfügungen zum allgemeinen Besten betragen und seinen Lehrposten ehestens antreten werde«. Genauso wird es sich denn auch zugetragen haben, es ist nichts Gegenteiliges bekannt geworden. Sechs Jahre später aber nahm Hein-rich seinen Abschied. Aus gesundheitlichen Gründen zog es ihn zurück nach Regensburg.

In die Ingolstädter Zeit fiel seine Veröffentlichung »Über die mittlere Kraft und Richtung der Winde«. Nein, kein Gedichtband. So schöne Titel hatten damals wissenschaftliche Arbeiten. Nebenbei bemerkt, man kann dem Pater Placidus einen besonderen Sinn für das Schöne, für das Künstlerische zusprechen. Vor allem war er ein leidenschaft-licher Graphiksammler. Unter anderem soll er im Laufe der Zeit dreihundert Kupferstiche von Dürer erworben haben. Nicht zuletzt diesem Kunstverstand dürfte der überaus positive Eindruck zu ver-danken sein, den er auf die Herzogin von Sachsen-Gotha während eines Besuches bei ihr gemacht haben muß. Sie lobten einander in den höchsten Tönen. Kurz darauf schon machte sie einen Gegenbesuch in Regensburg und ließ sich von Heinrich das Reichsstift und das natur-

Placidus Heinrich

wissenschaftliche Kabinett mit all seinen Instrumenten und Apparaturen ausführlich zeigen und erklären. Dabei zeigte sich Heinrich von ihrer Gelehrtheit so angetan, daß er ihr Wissen mit dem eines Professors auf eine Stufe stellte. Vertieft wurde ihre Zuneigung wohl noch auf der folgenden Reise nach München, auf der er die Herzogin, ihrem dringenden Wunsch Folge leistend, begleitete.

Gesellschafter war er aber nicht nur für die Herzogin, sondern auch für den Fürstprimas auf dessen Reise nach Paris im Jahre 1809. Politisches Ergebnis dieser Reise war die Abtretung der Stadt Regensburg und des Fürstentums an Napoleon.

Die Verdienste des Paters Placidus Heinrich sind vielfältig. Dank seiner Bemühungen erfuhren die Regensburger unter anderem die geographische Länge und die Polhöhe ihrer Stadt. Nach dem Buch »Bestimmung der Maße und Gewichte des Fürstentums Regensburg« und einer zunächst anonym erschienenen Schrift über Johannes Kepler (beide 1808) widmete sich Heinrich ausgiebig jenem wissenschaftlichen Thema, das ihn wohl am meisten interessierte und in Anspruch nahm: der Natur des Lichtes und den Phosphoreszenzerscheinungen, die Heinrich bereits als chemische Prozesse zu identifizieren vermochte. Zwischen 1811 und 1820 entwickelte er die erste systematische Darstellung auf diesem Gebiet. Die fünf Abhandlungen erschienen unter dem Titel »Die Phosphoreszenz der Körper«. 1810 wurde Regensburg dem Königreich Bayern zuerkannt. Bis zur Auflösung des Stiftes St. Emmeram war Placidus Heinrich Direktor des Studienseminars. Danach wurde er an das kgl. Lyceum berufen, wo er den ersten Rang nach dem Rektor einnahm. Jedoch mußten die bisher der wissenschaftlichen Arbeit dienenden Räume aufgegeben werden. Bibliothek und Naturalienkabinett wurden geräumt, die physikalischen Instrumente mußten – teilweise zugunsten der Sternwarte München – weggegeben werden. Die Münchner Akademie versuchte, Heinrich als ordentliches Mitglied zu gewinnen, aber er entschied sich dafür, in Regensburg zu bleiben. Dem »Vorstand der Sammlungen« überließ man einen Turm im fürstlichen Hofgarten zur Nutzung für seine Arbeit. Später erhielt dieser Turm den Namen »Placidus-Turm«. Mit neuen Instrumenten, die er sich zum Teil selbst anfertigen ließ, andernteils von Steiglehner und Carl von Dalberg geschenkt bekam, setzte er seine Arbeit fort.

Unterdessen verschlechterte sich Heinrichs Gesundheitszustand zusehends. Man spricht von »aufplatzenden Lungengeschwüren« und ähnlichen Dingen. Bereits 1800 hatte sich sein »fast bis in den Tod« betrübter Freund Coelestin Steiglehner äußerst besorgt geäußert: »Er war in der Gefahr, zu ersticken (…). Mit ihm stirbt unser kostbares Museum weg, und seine Person ist vielleicht in einem Jahrhundert nicht mehr zu ersetzen.« Aber noch blieb Heinrich ein Vierteljahrhundert Zeit für seine umfangreichen Forschungen. Bei seinem frühen Lehrer und lebenslangen Gönner bedankte er sich mit dem 1819 in Regensburg erschienenen Buch »Kurze Lebensgeschichte des letzten Fürstabts zu St. Emmeram, Coelestin Steiglehner«. Nach zehn Jahren zog er aus seinem Turm wieder aus. Wohl zu erschöpft und zu müde, um weiterzuarbeiten, vermachte er seine Instrumente dem Lyzeum und setzte sich zur Ruhe.

Am 18. Januar 1825, vier Jahre nach seiner Ernennung zum Domkapitular, verstarb Pater Placidus Heinrich, dem »das Licht die engste Affinität mit der Lebensluft« hatte, in der Niedermünstergasse 6. An seinem Sterbehaus brachte man eine Gedenktafel an. In der Nähe des Ostparks ist eine Straße nach ihm benannt. Zu Beginn unseres Jahrhunderts wurde dem an der Nordseite des Schloßparks gelegenen Placidus-Turm leider das Existenzrecht abgesprochen. 1902 fiel er einer Straßenerweiterung zum Opfer.

Heinrichs Sterbehaus in der Niedermünstergasse 6.

David Heinrich Hoppe

Standort: Elephantenapotheke, Ecke Glockengasse / Ludwigstraße

1760 in Vilsen (Niedersachsen) geboren, 1846 in Regensburg verstorben. 1786 Apothekergehilfe in Regensburg, 1790 Gründung der weltberühmten Botanischen Gesellschaft (1812–1846 Direktor der Gesellschaft), 1795 Doktor der Medizin in Erlangen, 1803–1821 Professor für Botanik am Regensburger Lyzeum, 1821–1846 Arzt, Naturforscher und Schriftsteller in Regensburg, Studienwanderungen in den Alpen.

Der Mann mit der ledernen Schirmmütze

Um 1800 mag wohl manch einem ein eiliger Wanderer aufgefallen sein, der gebückten Ganges, mit einfacher grauer Jacke und Beinkleidern derselben Farbe bekleidet, das runde Gesicht von einer Schirmledermütze beschattet, die Umgebung von Regensburg durchstreifte. Die Augen hielt er wachsam auf den Boden gerichtet, als habe er etwas verloren, als suche er etwas; auf den Rücken geschnallt war eine große blecherne Botanisierbüchse. Tatsächlich suchte er etwas, denn bei diesem unscheinbaren Gesellen handelte es sich um keinen Geringeren als um David Heinrich Hoppe, den ersten bayerischen Professor für Botanik, auf Exkursion, das heißt, beim Sammeln von Pflanzen.

Die Liebe zur Botanik hatte Hoppe schon früh gepackt. Lange Zeit blieb sie jedoch nur seine liebste Freizeitbeschäftigung, welcher der Apothekergehilfe schon manchmal ein Mittagessen opferte, um an seinem freien Nachmittag nur ja recht bald »das Freie zu gewinnen«. So oft es nur möglich war, ging Hoppe auf Tour, denn die Umgebung Regensburgs entzückte ihn, fühlte er sich doch dem Süden ein Stückchen nähergerückt und bot sich ihm doch demzufolge eine ganz neue Flora zur Untersuchung dar, ein Umstand, der seine Forscherseele begeisterte.

Noch glücklicher wurde sein Leben, als er 1790, zusammen mit Freunden, eine botanische Gesellschaft gründete, zur damaligen Zeit übrigens weltweit die erste ihrer Art. Finanzkräftige Sponsoren, von Hoppe beeindruckt, ermöglichten ihr Bestehen. Im selben Jahr konnte Hoppe, gerade dreißigjährig, seine erste Druckschrift, das »Botanische Taschenbuch für die Anfänger dieser Wissenschaft und der Apothekerzunft« herausgeben, das auch später noch großen Ein-

David Heinrich Hoppe

fluß auf das Studium der Botanik haben sollte. Hoppe selbst schrieb
darüber: »Mit diesem Büchlein hatte ich den Versuch gemacht, an-
gehende Apotheker zu wissenschaftlicher Bildung anzuregen, und
nebenbei zu botanischen Studien zu ermuntern. Daß mir dieses
Unternehmen ziemlich geglückt sey, mag daraus erhellen, daß diesem ersten Taschenbuche 21 andere nachfolgten, und dasselbe bis
zum Jahr 1811 fortgesetzt werden konnte. Wirklich darf ich mir
schmeicheln, zu dem jetzigen wissenschaftlichen Stande der Phar-
macie beigetragen und die Nothwendigkeit der Studien derselben
auf Universitäten mit veranlaßt zu haben.«
Auch für sich selbst sah Hoppe »Nothwendigkeit«, weitere Studien
zu betreiben, da sich in den insgesamt sechs Jahren seiner Apotheker-
gehilfenzeit in der Elephantenapotheke keine »Gelegenheit zu einem

115

eigenen Etablissement darbieten wollte«. In Erlangen studierte er die Naturwissenschaften und Medizin und ließ sich danach als praktischer Arzt wieder in Regensburg nieder. Lange hielt es der lebhafte Geist in seiner Praxis jedoch nicht aus. Die Idee einer botanischen Reise in die Alpen Salzburgs und Tirols spukte schon seit längerem durch seinen Kopf; 1798 brach er, nachdem er seine Patienten zwei Kollegen anvertraut hatte, zu seiner ersten mehrmonatigen Sommerreise auf, der im Laufe der Jahre 43 weitere folgen sollten.

Mit dem Beginn des 19. Jahrhunderts fand sich auch endlich ein wohlwollender Gönner, Fürstprimas Carl Dahlberg, Förderer der Naturwissenschaften und neuer Regent der ehemaligen Reichsstadt Regensburg. Er richtete im ehemaligen Lyzeum St. Paul einen Lehrstuhl für Botanik ein und berief Hoppe als Professor. Man darf annehmen, daß damit der wohl glücklichste Abschnitt in Hoppes Leben begann, denn ab jetzt konnte er sich gänzlich seiner großen Leidenschaft, der Botanik, widmen. Er gab seine Praxis auf und bezog im Klostergarten St. Emmeram, der unter seiner Leitung in einen botanischen Garten umgewandelt werden sollte, eine freie Wohnung. Zusätzlich wurde er zum »Sanitätsrath« berufen, in welcher Eigenschaft er die Apotheken zu inspizieren und die Prüfung der Pharmazeuten vorzunehmen hatte. Als Regensburg 1810 zur bayerischen Krone zurückkehrte, wurde auch Hoppe in den Staatsdienst übernommen. Sein bis dahin geringes Gehalt wurde durch ein »Reisestipendium« aufgebessert, da er Alpengewächse für den Botanischen Garten in München beschaffen sollte. Seine geliebten Sommerreisen gehörten nun also auch zu seinen Pflichten. Auf einer solchen Reise sammelte er oft bis zu 200 verschiedene Pflanzenarten in über 6000 Exemplaren, weswegen ihm einmal der Vorwurf gemacht wurde, er rotte die Pflanzen aus, statt zu ihrem Fortbestand beizutragen.

War Hoppe im Herbst wieder nach Regensburg zurückgekehrt, machte er sich daran, die Pflanzen zu käuflichen Sammlungen zusammenzustellen, zweifelhafte oder unbekannte Arten zu untersuchen, was oft wissenschaftliche Abhandlungen zur Folge hatte. Er korrespondierte mit Kollegen oder kümmerte sich um die, mit einem Freund gegründete, Zeitschrift »Flora«, die sich, auch außerhalb Europas, einen großen Leserkreis erworben hatte. Nur einmal in der Woche, nämlich wenn es gereinigt wurde, verließ er sein Studierzimmer, um einen Spaziergang zu machen oder eine Partie Billard zu spielen. Selten nahm er Einladungen an, da es ihm zuwider war, sich elegant kleiden zu müssen; bequem und vor allem zweckmäßig

Ausleger der ehemaligen Elephantenapotheke, Ecke Glockengasse/Ludwigstraße, in der Hoppe als Apothekergehilfe gearbeitet hatte.

mußte die Kleidung sein. Ohnehin machte er sich nicht viel aus erlesenen Tafeleien. »Es soll die Botaniker nicht nach den Fleischtöpfen Ägyptens gelüsten, sondern sie sollen sich mit Erdäpfeln begnügen«, pflegte er zu sagen.

Vom Charakter her war er ein reiner Naturmensch, der offen und ehrlich seine Ansichten gegen jedermann aussprach, unbekümmert darüber, ob er damit anecke oder nicht oder ob seine Art dem feinen Ton entspreche. Seine Freunde schätzten seine bedingungslose Zuverlässigkeit und seinen unverwüstlichen Humor, durch den er allen Dingen stets die positive Seite abzugewinnen verstand. Seine Forschungen betrieb Hoppe einzig zum Zweck, den eigenen wißbegierigen Geist zufriedenzustellen und gleichzeitig der Wissenschaft zu dienen, wobei ihm Ehren und Würden lächerlich erschienen und er oft darüber spottete.

Bis zu seinem 83. Lebensjahr legte er den Weg nach Salzburg noch größtenteils zu Fuß zurück; erst dann machte sich sein Alter dergestalt bemerkbar, daß er zum ersten Mal in einem Wagen zurückreisen mußte. Es war sein letzter Besuch in den ihm so liebgewordenen Alpen. Doch in Regensburg machte er noch häufig Exkursionen zu Fuß; erst als es beim besten Willen nicht mehr ging, ließ er sich mit einem Einspänner zu seinen Lieblingsplätzen fahren.

Die von ihm gegründete botanische Gesellschaft war ihm zeitlebens neben seiner Tochter, die ihm als einzige seiner Familie verblieben war, wie ein »zweites Kind«. Was ihm als Redakteur der »Flora« auch an Buchgeschenken oder Pflanzen zuteil wurde, überließ er der Bibliothek der Gesellschaft. Kurz nach dem fünfzigsten Jahrestag der Stiftung, der in Sinzing fröhlich gefeiert wurde, vermachte er der Gesellschaft ein Kapital von 300 Gulden, mit der Auflage, daß die davon anfallenden Zinsen in Zukunft für eine jährliche Feier verwandt werden sollten.

Am 1. August 1846 starb David Heinrich Hoppe, 86jährig, und er, der einmal gesagt hatte, daß das Sterben sein letzter Gedanke sei, dachte selbst auf dem Totenbett nur an seine Pflanzen.

»(...) wenn wir bei jeder seltenen Pflanze von Freude und Bewunderung ergriffen wurden, wenn wir in heißer Mittagsstunde im Schatten eines Baumes unsere Ausbeute musterten, und bei einem Glas Milch ausruhten, oder nach einer beschwerlichen Tagfahrt ein frugales Essen verzehrten, bis wir uns unter Lachen und Scherzen auf die Streu in der ärmlichen Schenke des entlegenen Dorfes niederlegten, da dünkten wir uns Könige, und waren mit Gott und der Welt und mit uns selbst zufrieden«, so beschreibt ein Freund die gemeinsamen Wanderungen, und so war Hoppe zeit seines Lebens: ein »König« – mit sich selbst zufrieden.

Hoppe ist im Westen der Stadt eine Straße und an einer Felswand in der Mattinger Straße (entlang der Donau) eine Gedenktafel gewidmet.

Johann Nepomuk Mälzel

Standort: Unter den Schwibbögen 7

1772 in Regensburg geboren, 1838 in Venezuela verstorben. Klavierlehrer in Regensburg, 1792 Werkstatt von Musikinstrumenten und -automaten in Wien, 1808 kaiserlicher Hofkammermaschinist, 1826 Auswanderung in die USA.

In Regensburg geboren – in der Welt zu Hause

Mälzel ist sicher eine der schillerndsten Gestalten, die Regensburg je hervorgebracht hat. Als großer Illusionist ist er berühmt geworden, als hochbegabter Musiker, als Erfinder der wunderlichsten Apparaturen, vom automatischen Orchester über das Metronom, vom Chronometer bis zum hölzernen Trompeter. Befreundet war er mit Beethoven und Haydn. Mozart, Napoleon Bonaparte, Edgar Allen Poe kreuzten seinen Weg, und viele andere …

Sein Geburtshaus steht in der Straße Unter den Schwibbögen, nur einen Steinwurf vom Fluß entfernt, also von der großen Welt, und das Fließen der Donau könnte man als Symbol nehmen für sein unstetes Leben. Vorgezeichnet war dieses Leben auch durch seinen Vater, einen aus Stadtamhof stammenden Instrumentenbauer, der dem Sohn, in der Absicht, ihn zu seinem Gehilfen zu machen, viel beibrachte. Mälzel interessierte sich für die Mechanik und die Musik gleichermaßen. Er erlernte das Klavierspielen und das Anfertigen von Spieluhren, und für beides bewies er außergewöhnliches Talent. Das entscheidende Kindheitserlebnis ist ohne Zweifel der Auftritt des Barons von Kempelen, der in Regensburg seinen Schachautomaten, den legendären »Schachtürken«, vorführt. Der erst elfjährige Mälzel ist fasziniert von der Perfektion des Automaten, von der Kunst der Täuschung und spürt, wie sehr diese seinem Wesen entspricht.

Schon sehr früh nimmt er sein Leben selbst in die Hand. Bereits mit sechzehn Jahren kann er vom Klavierunterricht leben. Das Regensburg jener Zeit ist ein Ort der Durchreisenden, und 1792 bricht auch Mälzel auf, um anderswo sein Glück zu machen. Der Beginn einer ununterbrochenen Weltreise.

1800 erscheint in der »Leipziger Allgemeinen Musikalischen Zeitung« ein Artikel über ein von ihm konstruiertes automatisches Orchester: »Ein in Wien lebender junger Mechanikus hat ein Instru-

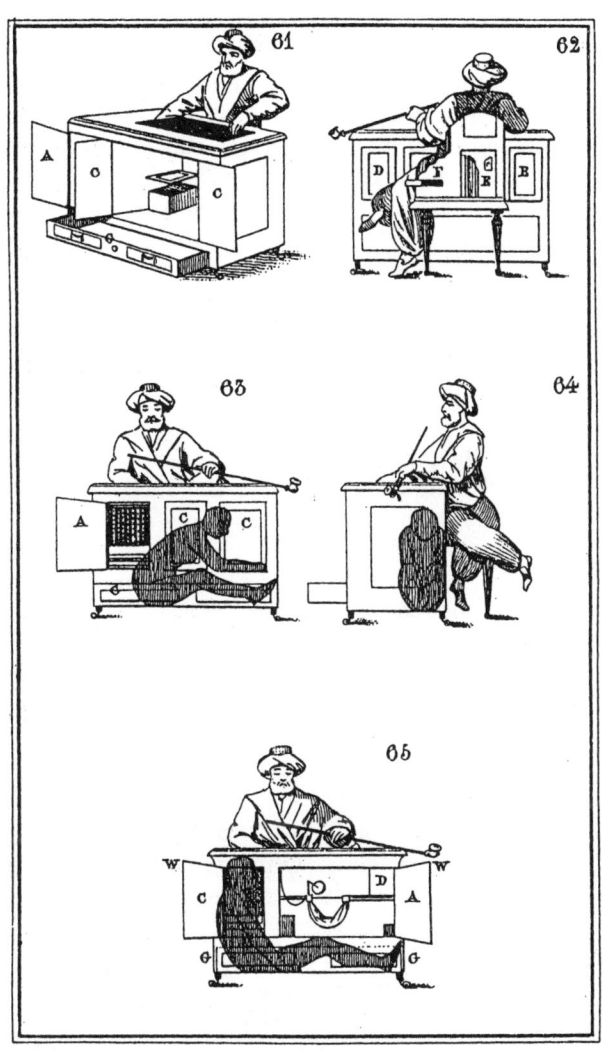

Erklärungsversuche des »Schachautomaten«, mit dem Mälzel Schlagzeilen machte.

ment verfertigt, welches ein ziemlich vollständiges Orchester in sich vereinigt, und der Aufmerksamkeit des musikalischen Publikums bestimmt nicht unwürdig ist. Es gibt schon ähnliche Orchesterinstrumente, aber keines, welches so vollstimmig wäre.« Mälzel übermittelt dem staunenden Publikum die unterschwellige und wohlkalkulierte Warnung, er werde die in Wien vermißte »hinlängliche Aufmerksamkeit« unter Umständen im Ausland suchen, von wo ihn schon verschiedene Aufträge erreicht hätten. Die Aufmerksamkeit und damit der finanzielle Erfolg wird ihm daraufhin im Übermaß zuteil. Mälzel aber, der allgemeinen Bewunderung sicher, hat schon wieder anderes im Sinn. Er erfindet das Metronom und läßt es patentieren. Möglicherweise hat an dieser Erfindung sein jüngerer Bruder mitgewirkt, der ihm 1800 nach Wien gefolgt war.

Ohnehin ist Johann Nepomuk Mälzel als Person kaum greifbar. Er entzog sich den Biographen, verwirrte Augenzeugen, mystifizierte sich selbst. Gleichzeitig ist er in Neapel, London, Frankfurt, Amsterdam. Überall und nirgends. Andererseits ist er ein Perfektionist.

Mälzel erhält Originaltonsätze von Mozart, Haydn und wachsendes Ansehen von allen Seiten. Und da er auch ein guter Geschäftsmann ist, verkauft sich sein »Musikautomat« bestens. Aber er wäre nicht Mälzel, hätte er nicht schon etwas Neues im Kopf. Nicht nur dem Ohr, denkt er, auch dem Auge des Publikums muß man etwas bieten, und erfindet für sein Orchester hölzerne Figuren. Es entsteht das 259 Einzelinstrumente enthaltende Panharmonicum. Nach dem Tod Kempelens erfüllt er sich einen Kindheitstraum und kauft von dessen Sohn den Schachautomaten, steckt seinen Bruder in die Maschine und zieht herum. Er lebt beileibe nicht schlecht, hat keine Schwierigkeiten, seine Fähigkeiten gewinnbringend einzusetzen. Napoleons Schwiegersohn gehört zu seinen Stammkunden.

Daß sein Erfindergeist nie zur Ruhe kam, belegen zahlreiche Berichte: »Der berühmte Mechaniker Melzel in Wien verfertigte einen Schreibtisch, in welchem kein Uneingeweihter die darin befindliche Schatulle aufmachen konnte. Schon beym bloßen Angreifen wurde ein solcher in großes Schrecken gesetzt. Wenn nämlich ein Uneingeweihter, der das Geheimnis nicht kennt, die Schatulle angreift, so bläßt eine Lärmtrompete, und je mehr jener sich bemüht, sie aufzumachen, desto lauter schmettert die Trompete.«

1806 besucht ihn der gebrechliche Haydn, um eine eigene Komposition auf Mälzels Musikautomaten anzuhören. Wie überliefert ist, gab »dieses Vergnügen seinen Lebensgeistern neue Kräfte«. Haydn versicherte, »seine Sinfonie nie mit solcher Präzision aufgeführt gehört zu haben«. Und das, man bedenke, von einer Maschine. Überhaupt scheint es Mälzel ein leichtes, Sensationen zu produzieren, zum Beispiel seinen künstlichen Trompeter in Lebensgröße. Aus dem Jahre 1809 erhalten wir folgenden Bericht: »Haydn starb und kaum hörte man hin. Der Mechaniker Mälzel, der seinen Trompeter auf dem Balkon des Schönbrunner Schlosses hatte blasen lassen und mit dessen Schachspieler der Universalkaiser sich auf einen Zweikampf eingelassen, überragte jetzt alle Tonsetzer des neuen, alle Magier des mittleren Zeitalters.«

Sein Freund Beethoven lebte noch, und von ihm erhält er 1813 die eigens für ihn geschriebene Partitur »Auf Wellingtons Sieg bei Vittoria«. Die Aufführung in Wien wird ein voller Erfolg.

Man sagt Mälzel einen wenig gewissenhaften Umgang mit Geld nach. Er verdient sehr viel und gibt noch mehr aus, macht Schulden, bezahlt seine Mitarbeiter (vor allem die heimlichen Schachspieler) meist nicht pünktlich. Aber immer treibt es ihn um. Man verlangt »nützliche Erfindungen« von ihm, und er liefert sie: Krankenwagen, Prothesen, fahrbare Mühlen, die sogenannte Erstickungswehr, einen Chronometer. Während einer Englandreise macht er seinen Schachautomaten noch attraktiver, indem er eine neue Sprachmaschine einbaut. Jetzt spricht der »Schachtürke« sogar französisch.

1826 geht »The Prince of Entertainers« nach Amerika. Zwei Monate nach seiner Ankunft in New York der erste Auftritt des »Chess-Player«, viele folgen, und niemals reichen die Plätze. In Richmond ist mehrmals ein besonders aufmerksamer junger Mann im Publikum, der das ehrgeizige Ziel hat, den Schachautomaten zu entlarven: Edgar Allen Poe. 1836 weist er in einem Aufsatz nach, der eigentliche Kern der Maschine sei ein Mensch namens William Schlumberger – jener »Schachprofessor«, den Mälzel aus dem Elsaß hatte kommen lassen. Es folgen noch weitere Auftritte, aber das Ende ist jetzt vorprogrammiert. Und Poes Entlarvung mag einer der Gründe gewesen sein für Mälzels plötzlichen physischen und psychischen Verfall.

Während einer Überfahrt, aus Havanna kommend, stirbt er. Man befestigt eine 4-Pfund-Kugel an den Füßen des Leichnams. Am 21. Juli des Jahres 1838 wird Johann Nepomuk Mälzel ohne jede Feierlichkeit vor der nordamerikanischen Küste im Meer versenkt.

Für viele Zeitgenossen war Mälzel nur »der Mann, der den Schachautomaten bediente«, und ihm war das recht so. Bewußt verschleierte er seine Biographie. Seine Briefe zum Beispiel schrieb er nie selbst,

Johann Nepomuk Mälzels Geburtshaus in der Gasse Unter den Schwibbögen 7.

unterschrieb sie nur, um möglichst wenige Spuren zu hinterlassen. Es gibt kein einziges Bild von ihm, trotz seiner Berühmtheit. Nur die Beschreibung eines Amerikaners steht uns zur Verfügung. Er nennt Mälzel »einen großen gelassenen Mann, dessen rotblonde Haare und Bart sein frisches, rotes Gesicht umrahmten, mit schwerlidrigen blauen Augen, einem breiten aber angenehmen Mund und einer römischen Nase«. Aber was brauchen wir Beschreibungen und Bilder. Jedenfalls und ganz ohne Zweifel war er eigenwillig und höchst merkwürdig. Er war eine der außergewöhnlichsten Gestalten seiner Zeit.

Der Mälzelweg im Westen der Stadt ist nach ihm benannt.

Clemens Brentano

Standort: Erhardigasse 1

1778 in Ehrenbreitstein bei Koblenz geboren, 1842 in Aschaffenburg verstorben. Hauptvertreter der jüngeren Romantik. Gymnasium in Koblenz, Heidelberg, Mannheim, 1794–1796 kaufmännische Lehre, kurzfristiges Studium in Bonn, Halle, Jena, Göttingen. Verschiedene Aufenthaltsorte in Böhmen, Wien, Berlin, Frankfurt, München, Landshut und Regensburg. 1817 Übertritt zum katholischen Glauben.

Heimatlos

Zuhause war er nur unterwegs, ein Wanderer zwischen den Welten. Dabei war das Elternhaus, in das er 1778 hineingeboren wurde, wohlbestellt. Der Vater Pietro Antonio Brentano, seines Zeichens Großkaufmann, stammte aus Italien und hatte es in Frankfurt am Main zu Wohlstand und Ansehen gebracht. Die Mutter Brentanos, Maximiliane de la Roche, hatte einst zum Freundeskreis von Goethe gehört, solange der sich noch in der Reichsstadt am Main aufhielt.

Der frühe Tod der Eltern machte Brentano als jungen Mann bereits von allen bürgerlichen Zwängen frei. Sein Erbe war groß genug, daß er sich zeitlebens nie um einen Brotberuf kümmern mußte. Er konnte sich ganz seinen musischen Neigungen widmen, vor allem der Liebe zur Literatur.

1797 ging Brentano nach Jena, angezogen von Ludwig Tieck und den Brüdern Friedrich und August Wilhelm Schlegel, die dort wirkten. Mit Begeisterung stürzte er sich aufs Schreiben und legte 1801 seinen ersten Roman vor, »Godwi«, ein wildromantisches Werk, von dem der Autor sich später jedoch distanziert hat.

Danach begab er sich auf Wanderschaft. Das ist wörtlich zu nehmen. Zu Fuß, den Rucksack umgebunden, die Laute über der Schulter erwanderte er sich Deutschland. Besonders faszinierte ihn, wie viele Romantiker seiner Zeit, das Rheintal, das er mehrmals aufsuchte. Überall ließ er sich Lieder vorsingen, übte sie ein, schrieb sie auf, sammelte sie. »Was ist unwiderstehlicher an Brentano«, urteilt ein Freund, »als sein Gitarrenspiel und sein Gesang?«

In Heidelberg gab er zusammen mit Arnim, der später seine Schwester Bettina heiratete, die gesammelten Volkslieder heraus (»Des Knaben Wunderhorn«) und rettete sie damit, die ja lediglich

PETER ANTON VON BRENTANO

Schattenzug der Ahnen

der Dichtergeschwister

Clemens und Bettina Brentano

mündlich überliefert waren, vor dem Vergessen. Zum zweiten Mal und wiederum unglücklich verheiratet, zog der ruhelose Mann in den folgenden Jahren durch Süddeutschland. Dabei führte ihn sein Weg auch nach Regensburg. In einem Brief an den Maler Philipp Otto Runge schrieb er 1810: »Hätte ich gute Augen und Kenntnisse und wäre zum Zeichnen gebildet, ich zöge durch den Teil unseres Vaterlandes, der eine ordentliche Geschichte gehabt hat, um die unzähligen untergehenden Gebilde der herrlichsten Kunst mit Linien zu befestigen. In Regensburg an der alten Jakobskirche sind so wunderbare hieroglyphische Arabesken (...).«

Er sollte zurückkehren nach Regensburg, doch vorerst lockte ihn Berlin. Die literarischen Salons reizten ihn dort, die Gespräche so anregender Menschen wie Arnim, Fouqué und Kleist. Hier, in Berlin, war es auch, wo Brentano zum Katholizismus übertrat, bewegt von einer gefühlsmäßigen, ja schwärmerischen Frömmigkeit.

1823 war Brentano für kurze Zeit wieder in Regensburg, um den Domkapitular und späteren Kardinal und Fürstbischof von Breslau, Melchior Diepenbrock, und den späteren Bischof von Regensburg, Johann Michael Sailer, zu besuchen. Brentano wollte ein Theologiestudium in Regensburg aufnehmen, aber wegen seiner beiden Ehen konnte er trotz wiederholter Anfragen keinen Dispens erhalten.

Als Brentano von einer Nonne in Westfalen hörte, die aus Wunden blute wie Jesus Christus, machte er sich sofort auf den Weg zu ihr. Er war mittlerweile vierzig Jahre alt, als er 1818 in Dülmen eintraf, um der stigmatisierten Nonne Anna Katharina Emmerick zu begegnen. Sechs Jahre blieb er bei ihr, die im Bett fieberte und dabei übersinnliche Eindrücke von sich gab: Silben, halbe Sätze, Namen, Orte. Mit zäher Ausdauer, ja wie besessen las Brentano, am schmalen Krankenbett wachend, der Nonne von ihren Lippen ab, was er für das geoffenbarte Wort Gottes hielt.

Als Anna Katharina Emmerick 1824 starb, begann für Brentano wieder eine Phase des Wanderns – bis ihn ein Brief des Domkapitulars Diepenbrock erreichte, in dem dieser ihn nach Regensburg einlud. Brentano nahm die Einladung sofort an. Im Juli 1832 traf er in Regensburg ein, um länger als ein Jahr zu bleiben, bis in den Herbst 1833.

Was er hier besonders anziehend fand, das war die Art der Frömmigkeit. »Die Leute sind ärmer, schlichter, altkatholischer, der Rosenkranz wird in den Häusern und Kirchen gebetet, Volk und Kinder werfen vorübergehend den Heiligenbildern Kußhände zu oder küs-

Brentanos Wohnhaus in der Erhardigasse 1.

sen die Hände und berühren die Bilder und Kreuze damit, was, selbst von unmündigen Kindern geschehend, oft sehr rührend ist.« Seine Bekannten und Gesprächspartner stammten alle aus dem Umkreis des Bischofs. Die altkatholische Aura der Stadt hat Brentano auch bewogen, für wohltätige Zwecke Gelder aus seinem Vermögen zu spenden, hauptsächlich für Waisenkinder.

Der Regensburger Aufenthalt war für Brentano eine Phase konzentrierten literarischen Schaffens. Er hat hier die mystischen Visionen der stigmatisierten westfälischen Nonne bearbeitet, wie er es sechs Jahre lang am Krankenbett mitgeschrieben hatte. Er hat daraus »Das bittere Leiden unsers Herrn Jesu Christi« herausgegeben, 1833, ein christliches Erbauungsbuch, das in seiner Zeit viele Leser fand.

Nach Abschluß dieser Arbeit zog es Brentano auch von Regensburg wieder fort, nicht ohne der Stadt zum Abschied eine gereimte Liebeserklärung zurückzulassen.

> *Segen über diesen Ort!*
> *Wo so treu der Weinberg wird gebauet,*
> *Gott vergelt's! sein letztes Wort,*
> *Wenn er nach dem Dom zurück noch schauet,*
> *Der, im Morgenlicht entbrannt,*
> *Ein Altar voll früher Opferkerzen,*
> *Mahnend oft gegenüberstand*
> *Seinem müden Auge –*

Brentano, der sein Wandern jetzt als eine Pilgerfahrt verstand, nahm sich 1833 in München eine Wohnung und blieb dort bis zum Ende seines Lebens. Erst als ein zum Tode Kranker verließ er die Stadt, um 1842 im Haus seines Bruders in Aschaffenburg zu sterben, in seinem vierundsechzigsten Jahr. Noch wenige Tage davor hatte er an einen Freund geschrieben: »Ach, ist es denn ganz unmöglich, ist es denn nie und nimmer eine Aussicht da, daß auch ich das Gefühl einer Heimat habe?«

Regensburg war eine Heimat für ihn gewesen – auf kurze Zeit, neben vielen anderen.

Im Stadtsüden erinnert eine Brentanostraße an ihn.

Karl Proske

Standort: Kapellengasse 6

1794 in Gräbnitz (heute Polen) geboren, 1861 in Regensburg verstorben. Medizinstudium in Wien, 1816 Arzt in Halle und diversen Orten, 1823 Übersiedelung nach Regensburg, 1826 Priesterweihe, 1827 Chorvikar, 1830 Kanonikat an der Alten Kapelle, 1834–1838 Forschungsreisen zur Erneuerung der Kirchenmusik nach Italien.

Drei Personen in einer

»Als am Morgen des 9. August 1834 die ersten Sonnenstrahlen durch die hohen Fenster der Regensburger Kathedrale fluteten, grüßten sie einen vor dem Grabdenkmal Sailers in tiefer Andacht versunkenen, stillen Beter – es war Kanonikus Proske, der Abschied nahm von dem toten Bischof. Am 11. Juli hatte das Bischöfl. Ordinariat die Bewilligung erteilt, ›daß Kanonikus Proske ob causas in iure canonico privilegiatas den Bistumssprengel zum Behufe einer Reise nach Rom auf ein Jahr verlasse‹. Damit war der Herzenswunsch des kunstbegeisterten Mannes in Erfüllung gegangen; mit der ersparten Summe von 1119 fl. trat er die beschwerliche Reise an.«

Die Reise soll den zweiundvierzigjährigen Karl Proske in die musikalische Vergangenheit führen. Mit Zeitgenossen wie E. T. A. Hoffmann, dessen bizarre Spukgeschichten heute bekannter sind als seine im Stil des 16. Jahrhunderts komponierte Kirchenmusik, oder dem Heidelberger Juristen und Musikliebhaber Thibaut, auf dessen Gesangsabenden sich auch Robert Schumann an alter Musik erbaute, teilt er die Auffassung, daß eine Wiederbelebung der seit Aufklärung, Revolution und Säkularisation »tief darniederliegenden« liturgischen Kirchenmusik nur durch Rückbesinnung auf alte Meister wie den 1525 geborenen Italiener Giovanni Pierluigi da Palestrina möglich sei. Die zeitgenössischen Komponisten stehen nicht mehr, wie Bach oder noch Mozart in Salzburg, im Kirchendienst. Im kirchenmusikalischen Alltag herrscht kompositorisches Mittelmaß. Die im großen symphonischen Stil geschriebenen Messen eines Franz Schubert, Franz Liszt oder Anton Bruckner sind keine Liturgiewerke. Und in Italien kommt der Gottesdienst, wie Proske voll »schmerzlichen Unwillens« registriert, einer dilettantischen Opernaufführung gleich. »Alles ging wie mit der Hetzpeitsche durcheinander getrieben«, schreibt er am 22. August 1834 in Mailand in sein Reisetagebuch, »kein italienischer, ja kein menschlicher Klang der Stimme, keine Intonation, kein Rhythmus fühlbar: nach beendigtem Lottergeschrei lachte die Bande einander an und aus und lief davon.«

Der umfassend gebildete Karl Proske scheint König Ludwig I. und Bischof Sailer der richtige Mann, um die kirchenmusikalische Reform in die Wege zu leiten. Drei Personen, so Sailer, vereinige Proske in sich, und eine sei so tüchtig wie die andere: Arzt, Priester und Künstler, jede ein ganzer Mann. »Doch nicht bloß in der Theologie, Medizin und Musik war der Kanonikus zu Hause«, merkt Biograph Karl Weinmann an, »sondern auch in den andern Wissenszweigen besaß er reiche Kenntnisse, so besonders auf dem Gebiete der Sprachen – sogar der orientalischen –, der Architektur, der Malerei usw.«

Proskes Werdegang beginnt, nachdem er seinen Wunsch, Theologie zu studieren und Priester zu werden, bei seinem Vater nicht durchsetzen kann, mit dem Studium der Medizin in Wien (»stand ja«, schreibt Biograph Weinmann, »der Arzt dem Priester am nächsten als Wohltatenspender der Menschheit«). Zur Finanzierung seines Studiums erteilt er, der sich »schon seit den Tagen seiner Kindheit mächtig zur Musik hingezogen fühlte«, Klavierunterricht und sucht darüber hinaus seine theoretischen Kenntnisse und praktischen Fertigkeiten in der Musik zu vervollkommnen. In den Jahren 1813/14 wirkt er als Regimentsarzt. Auch während dieser Zeit verläßt die Musik ihn nicht: »So gab es für ihn auf dem Kriegsschauplatze reichlich Gelegenheit, die Gesänge der einzelnen Nationalitäten unter den Soldaten zu belauschen und Notizen zu machen; besonders galt den schwermütigen Weisen der russischen Krieger seine Aufmerksamkeit.«

Am 21. März 1816 promoviert Proske an der Universität Halle zum Doktor der Medizin. Nachdem er sieben Jahre erst in Oberglogau, dann in Oppeln als praktizierender Arzt lebt, bittet er 1823, obwohl anerkannt und erfolgreich in seinem Beruf, um Entlassung aus dem preußischen Staatsdienst, die ihm »unter lebhaftem Bedauern« gewährt wird, und nimmt 1824, als Dreißigjähriger, bei Johann Michael Sailer das Studium der Theologie auf.

Schon drei Jahre vorher, 1821, hat Proske zu dem 1750 geborenen Sailer, Professor der Theologie und Bischof von Regensburg, Kontakt aufgenommen. Bald nach Aufnahme seines Studiums – er wird stellvertretender Leibarzt des Bischofs und entreißt ihn »mehrere Male

Karl Proske

des Todes rauher Hand« – verbindet ihn mit Sailer eine enge Freundschaft. Am 11. April 1826 empfängt Proske die heilige Priesterweihe,
wird, auf Wunsch von König Ludwig I., 1829 Domkapellmeister und
1830 Kanonikus an der Alten Kapelle in Regensburg.

Dort nehmen die Aktivitäten ihren Anfang, die ihn 1834 auf die Reise
nach Italien führen. Ganz im Sinne der königlichen Verordnung, die
Verbesserung der Kirchenmusik voranzutreiben, gibt Bischof Sailer
1829 ein von Proske verfaßtes Memoriale über den zunehmenden
Verfall derselben im hiesigen Dome heraus und macht Vorschläge zur
Verbesserung. Es heißt darin unter anderem: »Alle Leistungen des
Musikchores, außer Stande, die erhabene Liturgie höherer Feste, mit
Würde und Geschmack zu unterstützen, sind so beschaffen, daß sie

selbst bei der einfachen Feier der Sonn- und Wochentage für Sinn und Andacht aller Anwesenden höchst störend wirken, und durch ihre planmäßige Schlechtigkeit und Zuchtlosigkeit zu einer öffentlichen Beschimpfung der heiligen Orte ausarten.«

Wie wir Karl Proskes Tagebuch bereits entnommen haben, war in der Heimat Palestrinas die Lage nicht viel besser. Deshalb führt Proskes Weg direkt in die Archive und Bibliotheken von Klöstern, Universitäten und Musikern, wo er »kostbare Perlen« alter Musik zu finden hofft. »Direkt« will heißen: so direkt es einem Deutschen in Italien möglich ist, denn »nichts gleicht dem Italiener, vorzüglich dem Genuesen, an Gewinnsucht, an List und Gewandtheit, womit sie des Gewinnes halber die kleinsten Dienstleistungen anzubringen wissen, ja die unbedeutendsten Verrichtungen in 10 verschiedene Hände zu spielen wissen, welche alle zum Empfange des gebührenden Anteils bereit sind. Das berechnende Aufpassen, wo der Fremde seine Tritte hinwendet, die List und Habsucht nach allen Abstufungen bis zum gemeinen Andringen des Pöbels herab, verstimmt den entzücktesten Bewunderer dieses Landes, weil er sich des verächtlichen Volkes nicht erwehren kann, sondern den Fliegenwedel der Vorsicht immer in Bewegung halten muß« – so Proskes Eintrag ins Reisetagebuch am 1. September 1834.

Ungeachtet dieser und anderer Widrigkeiten, wie etwa das heiße Klima, unter dem Proske leidet, verbringt er vierzehn Monate mit rastloser, konzentrierter Arbeit. Bald ruft er den Regensburger Domorganisten Joseph Hanisch zu seiner Unterstützung herbei.

Abgesehen vom Aufstöbern der Menge »verstaubter und vergilbter Notenbücher, die überall, selbst auf Kirchenböden herumliegen«, vom Quellenstudium und -vergleich, vom Kopieren und Katalogisieren, betreibt Karl Proske praktische Studien bei Abbate G. Baini, Bassist und Direktor der Sixtinischen Kapelle, von dem seit 1828 die Wiederbelebung Palestrinas ausging. Die päpstliche Kapelle unter Bainis Leitung wird für Proske zum Ideal, das er in den folgenden Jahren in Regensburg durch den Aufbau eines Kreises von Musikern, welche »das nötige technische Können und besonders die so notwendige Liebe und Begeisterung gerade für diesen Musikstil« mitbringen, zu erreichen sucht.

Als Karl Proske am 23. Dezember 1861, siebenundsechzigjährig, stirbt, hinterläßt er eine umfangreiche Sammlung von Noten und musiktheoretischen Werken, die seinen Nachfolgern Ansporn und Hilfe sind, fortzusetzen, was er begonnen hat. Vor allem Witt, 1868

Proskes Wohn- und Sterbehaus in der Kapellengasse 6.

Gründer des Allgemeinen Deutschen Cäcilienvereins, und Haberl, 1874 Gründer einer Kirchenmusikschule, treten in diesem Zusammenhang hervor. Notwendig wird auch eine Überarbeitung der von ihm herausgegebenen vierbändigen Sammlung »Musica Divina«, die 1859 von Domkapitular Stephan Lück in Trier besorgt wird und mit einer Auflage von zehntausend Exemplaren ungleich mehr Musiker erreicht als die in dreihundertsechzig Exemplaren erschienene »Musica Divina«. Proske hatte an den alten Schlüsseln festgehalten, die schon zu seiner Zeit von der Notation in Violin- und Baßschlüssel abgelöst wurden – ungeachtet des Vorteils, daß man durch den Gebrauch der alten Schlüssel auf Hilfslinien weitgehend verzichten konnte. Sein Lebenswerk ist heute noch in der Bischöflichen Bibliothek einzusehen.

Sein Grabmal befindet sich im aufgelassenen Friedhof St. Peter. Eine kleine Straße auf der Donauinsel Unterer Wöhrd ist nach ihm benannt.

Karl Alexander Anselm Freiherr von Hügel und Heinrich Zimmerer

Standort: Ostdeutsche Galerie (ehemalige Ausstellungshalle), Stadtpark

Karl A. A. von Hügel: 1796 in Regensburg geboren, 1870 in Brüssel verstorben. Jurastudium in Heidelberg, 1811–1824 Offizier der österreichischen Armee, 1830–1836 Reise in den Orient und nach Australien, 1848 Flucht aus Österreich nach England, 1849 österreichischer Gesandter in Toskana, 1859 in Brüssel.

Heinrich Zimmerer: 1860 in Furth im Wald geboren, Sterbeort unbekannt. Gymnasiallehrer in Bamberg, München und Regensburg (1907). Orientalist, Verfasser mehrerer Reisebücher.

Flußpferdzähne und Kolonialsocken

Karl Alexander von Hügel wurde in Regensburg geboren und erzogen, denn sein Vater war zu jener Zeit als österreichischer Gesandter am Reichstag in Regensburg tätig. Nach dem Jurastudium begann auch für Karl Alexander bald eine steile Berufskarriere im österreichischen Staatsdienst. 1824 verließ er mit 28 Jahren als Major die österreichische Armee und legte vorübergehend seinen Diplomatenpaß beiseite. Er widmete sich nun ganz den Naturwissenschaften und gründete 1827 in Wien die K. und K. Gartenbaugesellschaft. Drei Jahre später trat er eine mehrjährige Expedition in den Orient an. Die Reise führte durch Syrien, die Länder am Roten Meer, Indien, das Himalayagebiet und Tibet. Von Ostindien aus segelte er nach Australien, verweilte dort am König-George-Sund sowie am Schwanenfluß und reiste über die Philippinen nach Kalkutta. Nach sechs Jahren kehrte er nach Europa zurück und traf zu Beginn des Jahres 1837 in Wien ein. Die wissenschaftliche Ausbeute der Expedition war enorm. Die mitgebrachten Handschriften, Druckwerke, Münzen, Textilien, Waffen und Tempelgeräte wurden in die Schränke und Vitrinen der K. und K. Hofmuseen verstaut. Auch botanische und zoologische Sammlungen gehörten zu den Souvenirs. Die lebenden Pflanzen aus Australien jedoch kultivierte von Hügel in seiner Villa vor Wien. Dadurch wurde sein Garten zu einem wahren Eldorado für Pflanzenfreunde und war in Fachkreisen europaweit bekannt. Von Hügel brauchte noch Jahre, um seine Expeditionsergebnisse auszuwerten. 1840 bis 1842 erschienen seine Reiseveröffentlichungen »Kaschmir und das Reich der Sick«. Dieses vierbändige Werk widmete er dem österreichischen Kaiser.

Offensichtlich brachte das Expeditionsunternehmen ihm auch die Anerkennung aristokratischer beziehungsweise politischer Kreise. Fürst Metternich und Freiherr von Hügel standen sich so nahe, daß beide im Revolutionsjahr 1848 sich gemeinsam auf die Flucht nach England machten. Dort verbrachte Hügel dann später nach einigen Berufsjahren als Diplomat seinen Lebensabend.

Des Freiherrn Schätze befinden sich heute noch in den österreichischen Staatsmuseen in Wien. In Regensburg waren ähnliche Sammlungen aus fremden Kontinenten in privatem Besitz einiger Personen. 1910 konnte man diese Privatsammlungen das erstemal in der »Kolonialen Sonder-Ausstellung« auf der Oberpfälzischen Kreisausstellung bestaunen. Sie sollten zugleich der Grundstock eines Kolonialmuseums in Regensburg sein.

Die Verfechter einer nationalen Kolonialpolitik hatten auch für Deutschland einen »Platz an der Sonne« gefordert, wie in der Regensburger Ausstellungsbroschüre zu lesen ist:

»Schon lange vor der Wiederaufrichtung des Deutschen Reiches hatten weitblickende Fürsten und patriotische Männer den Erwerb von Kolonien als ein Ziel nationaler Politik ins Auge gefaßt. (...) Dem überlegenen Einfluß, welchen Kaiser Wilhelm I. und sein großer Kanzler auf die Weltpolitik ausübten, verdanken wir es, daß Deutschland im Jahre 1884 in zwei Weltteilen von wertvollen Gebieten Besitz nahm. Bereits vor dem Jahr 1884 bestanden in mehreren Städten Deutschlands private Vereine und Gesellschaften, welche koloniale Zwecke verfolgten, darunter insbesondere der am 6. Dezember 1882 gegründete Deutsche Kolonialverein. Diese Vereine waren nicht bloß bemüht, das Verständnis für die kolonialen Aufgaben des deutschen Volkes zu fördern, sondern ihr Bestreben ging unter anderem auch dahin, die Auswanderungsfrage in nationalem Sinne zu beeinflußen und der sich immer bedrohlicher gestaltenden Erstarkung anderer Nationalitäten auf Kosten deutschen Kapitals und deutscher Arbeit im Weltverkehr entgegenzuwirken.«

Ein solcher Verein, die »Deutsche Kolonialgesellschaft«, zählte im Jahr 1910 in Regensburg 121 Mitglieder: hauptsächlich Kaufleute und Großhändler, aber auch der Klerus und das Militär waren vertreten. Die Abteilung Regensburg unter ihrem Vorsitzenden Heinrich Zimmerer, königlicher Gymnasiallehrer, sah sich hauptsächlich als »bildendes Organ«.

138

Ausstellungshalle im Stadtpark, in der die Koloniale Sonder-Ausstellung gezeigt wurde.

Zimmerer, Autor der Bücher »Durch Syrien und Kleinasien«, Berlin 1898, und »Geschichte der europäischen Türkei und Armeniens«, Leipzig 1903, warb für ein »Handels- und Kolonialmuseum« in Regensburg, das den »lernbegierigen Söhnen und Töchtern unserer Heimat ein reicher Born der Belehrung und Aneiferung sein, und allen Besuchern zur stolzen Freude gereichen« sollte. Schließlich hatte Regensburg als mittelalterliche Handelsstätte und als Ausgangspunkt der bayerischen Kolonisation der Ostmark Tradition, und außerdem versprach die Erweiterung des Donauhafens und die Eröffnung der Tauernbahn, den Orient- und Kolonialhandel wieder über Regensburg zu lenken und der Stadt neuen Aufschwung zu bringen.

Die »Verbindungen der Oberpfalz mit kolonialen Ländern deutschen und fremden Besitzes, den katholischen und evangelischen Missionen, besonders mit den Landeskindern unserer lieben engeren Heimat in der Fremde, in der weiten Welt« sollten ausgebaut und »Gedanken, Ziele und Zwecke« der Deutschen Kolonialgesellschaft zum Ausdruck gebracht werden. Doch dazu bedurfte es zunächst einiger Ausstellungsstücke für das geplante Kolonialmuseum. Also wandte man sich mit einem Rundschreiben, das in 3000 Exemplaren verschickt wurde, an alle Kreise des In- und Auslands, von denen man sich »Teilnahme und Unterstützung für die koloniale Sache der Oberpfalz und Regensburgs« versprach.

»Aus allen Teilen der Welt, wo Oberpfälzer und Regensburger wohnen, besonders aber aus unserer Kreishauptstadt selbst erhoffen wir werktätige Unterstützung durch Zuwendungen aller Art. Deshalb nahen wir uns auch Euer Hochwohlgeboren mit der Bitte, unser mühevolles, volksfreundliches und vaterländisches Vorhaben großmütig zu fördern, sei es durch irgend welche Stiftung kolonialer Art, oder durch Ihren geehrten Beitritt zu unserer Abteilung der Deutschen Kolonialgesellschaft, zum Ruhme und zur Ehre unserer Vaterstadt Regensburg, unserer Oberpfalz, unseres schönen Bayernlandes und unseres großen deutschen Vaterlandes. Ein Gedenkbuch soll die Namen der Stifter auch der kleinsten Gaben verewigen.«

Solch freundlichem Aufruf konnte sich kein nationales Herz verschließen, so daß denn auch eine Menge Schaustücke zusammengetragen werden konnten, die auf der Ausstellung jedoch, wahrscheinlich um die Bevölkerung nicht unnötig zu langweilen, ohne trocken wissenschaftliche oder wirtschaftliche Anordnung, sondern in sinnenfreudigem, kunterbuntem Durcheinander gezeigt wurden.

Einige Stifter und ihre Stücke sollen hier aufgeführt sein: Herr Ludwig Rummel aus Regensburg, z. Zt. Bankok Locomotiv-Workchop Superintendant of Royal Siamese State Railways, mit einer vergoldeten Buddah-Figur, einem goldenen chinesischen Gebetbuch, einer Schlangenhaut und einem Krokodilsschädel; Frau Regierungsrat Geißendörfer aus Regensburg mit einer japanischen Schlummerrolle und einer Bluse aus Weißseide mit japanischer Handstickerei; Herr Oberleutnant Schmitz aus Regensburg mit Flußpferdezähnen, geschnitzten Elfenbeinzähnen und zwei mit Menschenhaut überzogenen Holzmasken aus Kamerun; Herr Martin J. Weiß, Großhändler aus Regensburg, mit einem Schächtelchen voll Diamanten aus den eigenen Feldern in Deutsch-Süd-West-Afrika – letzte Monatsausbeute 3000 Karat; Herr Hans Höcht, Schutzmann in Regensburg, früher bei der Matrosen-Artillerie in Tsingtau, mit einem 42teiligen chinesischen Teeservice für zwölf Personen, einer chinesischen Wasserpfeife und Spielkarte.

Und was es bereits in einem Regensburger Laden zu kaufen gab! »Kolonialsocken – aus Rohmaterial der in den deutschen Kolonien lebenden Namaschafen, ebenso haltbar als angenehm im Tragen, laufen nicht ein, sind für Fußschweißleidende besonders zu empfehlen und unentbehrlich«, so inserierte der königlich bayerische Hoflieferant Johann Strobel 1909 in der Regensburger Ausstellungsbroschüre. Daneben abgebildet ist ein schmucker Kolonialsoldat, der, trägt er Kolonialsocken, was wir einmal voraussetzen wollen, seine hohen, glänzenden Stiefel deshalb des nächtens in der kolonialen Kameradschaftsunterkunft ohne zu zögern ablegen kann.

Karl Ludwig Sand

Standort: Gesandtenstraße 13

1795 in Wunsiedel geboren, 1820 in Mannheim hingerichtet. Schulausbildung in Regensburg, 1814 Theologiestudium in Tübingen, Erlangen und Jena, Anhänger des radikalen Flügels der Burschenschaften, 1819 Attentat auf August von Kotzebue.

Das Attentat

»Mord ohne schlechtes Gewissen« war ein Zeitungsartikel über den Rabin-Attentäter Jigal Amir betitelt, und um genau einen solchen Mord soll es auch hier gehen. Wie bei Amir war der ausschlaggebende Grund ein national-religiöser; der Zeitpunkt jedoch, zu dem der Mord begangen wurde, liegt bereits 180 Jahre zurück. Schauplatz ist Deutschland Anfang des 19. Jahrhunderts.

Am 5. 10. 1795 wird Karl Ludwig Sand in Wunsiedel geboren. Die politische Situation, in die er hineinwächst, ist geprägt von den Gedanken der Französischen Revolution: Abschaffung der Monarchie, Freiheit und Gleichheit aller, eine Regierung des Volkes. Das in viele Fürstentümer zersplitterte Deutschland soll wieder als nationale Einheit erstehen.

Als kleines Kind erkrankt Sand an den Blattern, wird schon aufgegeben, erholt sich aber dennoch und füllt als Jugendlicher mit doppelter Anstrengung und Beharrlichkeit jene geistigen Lücken, die ihm durch seine Krankheit entstanden sind. Der wichtigste Lehrer Sands zu dieser Zeit ist zweifellos Georg Friedrich Saalfrank, dem er nach Hof und nach Regensburg folgt und der nach Sands Attentat als dessen Verführer zu Mystizismus und Schwärmerei und letztendlich als Anstifter des Mordes polemisiert wird.

Von Sands Schulzeit ist am meisten über die Zeit in Regensburg bekannt, wo er Schüler am evangelischen reichsstädtischen »Gymnasium poeticum« und Zögling im Haus seines Lehrers Saalfrank war. Das Gymnasium hat eine strenge Schulordnung. So wird den Schülern der Besuch aller Wirtshäuser, Tänze und »verdächtiger Orte« verboten; das Tragen von Waffen, gleich welcher Art, wird unter Strafe gestellt; »geziemende, wohlanständige« Kleidung wird genauso verlangt wie die Abwendung von »aller Schwärmer Gemeinschaft«.

Aus den Briefen, die er während der Regensburger Zeit an seine Eltern, vor allem seine Mutter schreibt, erfahren wir, daß der siebzehnjährige Karl Ludwig schon damals sehr national gesinnt ist. So schreibt er am 30. März 1813: »Kaum kann ich ihnen aber, beste Mutter, beschreiben, wie heiter ich jetzt manchmal bin, zumal wenn ich von einer Befreiung meines Vaterlandes höre, wenn ich höre, daß sie uns schon so nahe ist, wenn ich im Vertrauen auf Gott schon im Voraus das befreite Vaterland, für das mein Herz so sehr glüht, für das ich meine Kräfte, mein Leben aufbieten, für das ich die größten Trübsale und selbst den Tod mit Freuden nehmen will, sehe.«

Mit der »Befreiung des Vaterlandes« ist der Kampf gegen Napoleon und die französischen Besatzertruppen gemeint. Der junge Sand würde am liebsten selbst zu den Waffen greifen; sein Studium hält ihn jedoch in Regensburg. In einem weiteren Brief an die Mutter, vom 22. Juli desselben Jahres, gibt er aber der Hoffnung Ausdruck, daß »Er, der Allgütige«, ihm Mittel und Wege zeigen wird, »wodurch und worauf ich vielleicht recht bald einen rühmlichen Kampf als junger sittlicher Held gegen äußere Gefahren bestehen kann«.

Von klein auf wird Sand zu Tugend und Frömmigkeit erzogen; daß seine Erziehung solche Früchte trägt – er wird später Theologie studieren – mag auch daran liegen, daß sich in Sands Kinderjahren einige Dinge zutragen, die in ihm den Glauben an Gott als einen Beschützer, der stets die Hand über ihn hält, noch verstärkt haben könnten. So wird zum Beispiel berichtet, daß der Knabe unter die Hufe von Pferden gerät und unverletzt bleibt; daß ein herabfallender Ziegel ihn nur leicht streift, daß er weiter einen Sprung aus dem dritten Stockwerk unbeschadet übersteht.

Der Vater und die Mutter fördern seinen Glauben nach besten Kräften. In einem Brief des Vaters an den Sohn heißt es: »(…) Habe immer Gott und seine Gebote vor Augen und zur Richtschnur bei allen deinen Handlungen; so wird dich sein Segen gewiß begleiten und durch alle Labyrinthe dieses Lebens sicher hindurch führen.«

Zu »Handlungen« drängt es Sand denn auch. Nach Abschluß seiner Schuljahre in Regensburg, über die ihm ein vorzügliches Zeugnis ausgestellt wird, reist er über die Schweiz, wo er seinen Bruder besucht, nach Tübingen, um dort Theologie zu studieren, da es ihm in Erlangen, das auch zur Wahl stand, an »ächtreligiösem Geist« fehlt. In Tübingen erhofft er sich einen »humaneren, feineren und mehr moralischen Ton«. Dort macht er auch seine erste Bekanntschaft mit Burschenschaften, kleinen revolutionären Zellen, die sich für Presse-

Sand wohnte im Schulinternat Alumneum an der Ecke Gesandtenstraße/
Am Ölberg.

und Meinungsfreiheit und ein einheitliches Deutschland stark machen.

Die Möglichkeit zum Handeln und zu »rühmlichen Kämpfen« ergibt sich, als der nach Elba verbannte Napoleon von der Insel flieht und in Frankreich landet. Sand meldet sich, zusammen mit einigen Freunden, sofort zu den Waffen, um endlich dem Vaterland den schon lange geforderten Dienst erweisen zu können. Tatsächlich wird Napoleon dann auch bei Waterloo geschlagen, doch die heimkehrenden Studenten, voller Hoffnung, daß sich endlich ihr Wunsch nach einer »Regierung des Volkes« erfüllen würde, erleben eine schwere Enttäuschung. Die Autorität der Monarchen wird wiederhergestellt; demokratische und nationale Strömungen gelten plötzlich als »zersetzender Zeitgeist«, und die versprochene einheitliche Verfassung bleibt lediglich ein Vermerk auf dem Papier. Am Ende des Jahres 1815 ist Deutschland vom einheitlichen »Volksstaat« weiter entfernt als zuvor.

1817 ruft die Jenenser Burschenschaft die Studenten Deutschlands zum Wartburgfest, und Sand, der sein Studium an der Universität Jena weiterführt, hält dort folgende kurze Rede:

»Das deutsche Land, unser Vaterland, wollen wir lieben, ihm sey aller Dienst geweiht! In ihm wollen wir leben und weben, mit ihm oder frey in ihm wollen wir sterben, wenn's Gottes großer Ruf gebeut! Die deutsche Sprache erstehe! Das wahre Ritterthum erblühe! Das deutsche Land sey frey! Für diese heilige Sache streiten wir; weder Hölle noch Teufel sollen die Wärme dafür in unserer Brust erkalten, und Gott wird mit uns seyn! Amen.«

Als einer der »Teufel« gilt der zur damaligen Zeit hochberühmte »reaktionäre« Schriftsteller August von Kotzebue. Sand schreibt über Kotzebue in einem Brief folgendes: »Viele der ruchlosesten Verführer treiben ungeahndet, bis aufs völlige Verderben unseres Volkes hin, bei uns ihr Spiel. Unter ihnen ist Kotzebue der feinste und boshafteste, das wahre Sprachwerkzeug für alles Schlechte in unserer Zeit, und seine Stimme ist recht geeignet, uns Deutschen allen Trotz und Bitterkeit gegen die ungerechtesten Anmaßungen gar zu benehmen, und uns einzuwiegen in den alten faulen Schlummer. Er treibt täglich argen Verrath am Vaterlande. (…) Soll nicht das ärgste Unglück über uns kommen – (…) – soll nicht die Geschichte unserer Tage mit ewiger Schmach behaftet sein – so muß er nieder.«

Zweifellos muß ein Zeichen gegeben werden, um die Revolution zu entfesseln, und dieses Zeichen sieht Sand in der Ermordung Kotzebues, wenn er auch hofft auf »einen, der mir zuvorkomme und mich, nicht zum Morde geschaffen, ablöse«. Doch niemand will ihm diese Aufgabe, die er als seine Pflicht sieht, abnehmen, denn »es hat auch jeder, so gut wie ich, das Recht auf einen anderen zu warten«.

Sand rüstet sich zur Tat. Er bestellt einen Dolch, geht in die Anatomie, um sich über die Lage des Herzens zu unterrichten und macht Stoßübungen für seinen speziellen Zweck. Am 9. März reist er von Jena nach Mannheim, ohne irgendeinem Menschen etwas von seinem Plan mitgeteilt zu haben. Am 23. März, am selben Tag, an dem er in Mannheim ankommt, dringt er in Kotzebues Haus ein und ersticht diesen. Nach dem Attentat versucht er sich selbst zu töten, was ihm aber mißlingt. Vielmehr verletzt er sich nur schwer, wird aber von den Ärzten bis zur Urteilsverkündung und der Vollstreckung desselben – Sand wird der Kopf abgeschlagen – am Leben erhalten. Am 20. Mai 1820 wird Karl Ludwig Sand in Mannheim hingerichtet. Der Mord an Kotzebue, gedacht dazu, »Schrecken über die Bösen und Feigen, Muth über die Guten« zu verbreiten, wird der Regierung zum willkommenen Anlaß, gegen die Burschenschaften einzuschreiten; sie werden verboten und deren Mitglieder verfolgt.

Sand erfuhr davon nichts mehr; er starb im Vertrauen auf seinen Gott und die Sache, die er zur seinigen gemacht hatte.

Karolina Gerhardinger

Standort: Am Gries 21

1797 in Stadtamhof-Regensburg geboren, 1879 in München verstorben. 1812 Erziehungsarbeit in Stadtamhof, 1833 Klostergründung des Ordens der Armen Schulschwestern in Neunburg v. Wald, 1835 ewiges Gelübde, 1843 Gründung des Mutterhauses der Armen Schulschwestern in München, 1847 Klostergründungen in den USA, 1864 in England. 1985 Seligsprechung.

Karolina Gerhardinger und Bischof Wittmann

»Was das Mark in den Gebeinen, das sind die Klöster für den Leib der Kirche«, sagt Pfarrer Wittmann, späterer Weihbischof von Regensburg, der sich 1802, im Zeitalter der Aufklärung, als Leiter eines Priesterseminars in ständigem Kampf mit dem Staat befindet. Dieser will nämlich, nach Wittmanns Auffassung, den Gebeinen der Kirche eben dieses Mark entziehen, indem er das kirchliche und klösterliche Bildungsmonopol aufhebt und die Schulen verstaatlicht. Bis 1800 sind die Schulen zumeist in kirchlicher Hand. Schulreformen beginnen in Bayern zwar schon 1770, aber erst 1802, mit der Einführung der allgemeinen Schulpflicht vom sechsten bis zum zwölften Lebensjahr, ist ein deutlicher Wandel spürbar. Die Schule soll fürderhin als reine »Staatsanstalt« existieren; der Einfluß der Kirche soll vollkommen beseitigt werden.

Für die Neun- bis Zwölfjährigen wird eine Vorläuferin unserer heutigen Realschule geschaffen, die vor allem an den Bildungsbedürfnissen des »niederen Bürgerstandes« ausgerichtet und deren Lehrplan dementsprechend weltlich orientiert ist. Lebenspraktische, nützliche Dinge, vernunftgemäße Erziehung erhalten Vorrang vor der Religion. Für Pfarrer Wittmann, der, wie alle Pfarrer zur damaligen Zeit, Lokalschulinspektor ist und in seiner Schule in Stadtamhof täglich fünf Stunden »Christenlehre« hält, bedeutet dies einen tiefen Einschnitt in die Erziehung der Kinder und Heranwachsenden, deren Seelenheil sein besonderes Interesse gilt. Wittmann teilt nämlich seine Zeitgenossen in drei, von ihm selbst aufgestellte, Kategorien ein:

Da gibt es einmal die »rohen, schlecht erzogenen Menschen«, zum zweiten die »gebildeten Leute, die aber ohne christliche Religion sind«, und zum dritten, und dies ist zweifelsohne die einzige Kate-

147

gorie, die für Wittmann von Bedeutung ist und deren Ideal in der Erziehung er anstrebt, gibt es die Menschen, »die in der christlichen Religion gut erzogen wurden«. Die Verstaatlichung der Schulen muß, seiner Meinung nach, also eine zwangsläufige Abkehr von der Religion und eine Wendung hin zum Schlechteren sein.

Wittmanns Ziel ist es deshalb, Klöster bzw. Ordensgemeinschaften, die von der Säkularisation verschont blieben, zu festigen oder gar neue ins Leben zu rufen. Zunächst scheint ihm dabei jedoch kein Erfolg beschieden zu sein. Das Kloster der Chorfrauen de Notre Dame in Stadtamhof, deren außerordentlicher Beichtvater er ist, wird 1809 geschlossen; die Nonnen selbst haben bei der Regierung um die Auflösung ihres Stifts gebeten, da sie, obwohl sie ein Pensionat für adelige Mädchen betreiben, die hohen Steuern und die sonstigen Abgaben, die der Staat von ihnen fordert, nicht mehr entrichten können. Die Einrichtung des Klosters wird versteigert, das Gebäude in eine Kaserne umgewandelt. Die Gemeinde Stadtamhof, die einen Teil des Erlöses erhält, wird beauftragt, für eine neue Mädchenschule zu sorgen. Da dies jedoch nicht sofort möglich ist, übernimmt der bisherige Religionslehrer Georg Mauerer auf Wunsch von Wittmann die Weiterführung des Unterrichts, zusammen mit drei besonders fähigen Schülerinnen, die ihm als Hilfslehrerinnen zur Seite stehen sollen.

Und hier begegnen wir zum ersten Mal der Karolina Gerhardinger. Zwölf Jahre ist sie jung, als sie ihre Hilfslehrerinnentätigkeit beginnt, kurz vor der Entlassung aus der Elementarschule, ist Tochter eines Schiffsmeisters und hochbegabt. Lehrerin zu werden hat sie eigentlich gar keine Lust. Sie möchte lieber mit dem Vater auf dessen Schiffen mitfahren und möglichst viel von der Welt sehen. Bei der kurz darauf folgenden Zeugnisverteilung spricht Pfarrer Wittmann mit Karolinas Eltern. Sein Plan ist, Karolina, zusammen mit den beiden anderen Mädchen, als Volksschullehrerin für die Fortführung der Mädchenschule in Stadtamhof auszubilden. Das Mädchen Karolina begehrt auf, will sich Wittmanns Plänen nicht fügen, als aber die Eltern zustimmen, muß sie deren Entscheidung respektieren. Man kann außerdem davon ausgehen, daß Wittmann einen nicht geringen Einfluß auf sie hat, kennt er sie doch seit ihrem sechsten Lebensjahr sehr gut, da er es sich immer angelegen sein läßt, jedes seiner bis zu 600 Schulkinder mit Namen ansprechen zu können und über deren häusliches Umfeld genau unterrichtet zu sein.

Am 7. November 1809 beginnen die zwölfjährige Karolina, ihre

*Als Ordensfrau nahm Karolina Gerhardinger den Namen
Maria Theresia von Jesu an.*

gleichaltrige Freundin Anna Hotz und die siebzehnjährige Anna Praun ihre Ausbildung zur Lehrerin. 1812 erhalten sie ihr Befähigungszeugnis und werden im Schuldienst angestellt. Die Mädchenschule Stadtamhof, für die sie weiterhin tätig sind, wird bald zur weithin gerühmten Musterschule, die Wittmann voller Stolz seinen Gästen präsentiert. Der Bischof, Schulbeamte, befreundete Pädagogen und vor allem Landpfarrer, die sich mit der »Arbeitsscheu und Sittenlosigkeit der weiblichen Jugend« in ihren ländlichen Gegenden konfrontiert sehen, zeigen sich begeistert.

Wittmann beginnt, wieder von einer Klostergründung zu träumen. Schon 1811 hatte er ausführlich die besondere Eignung von Ordensfrauen zur Erziehung der weiblichen Jugend proklamiert. Als er 1829 Weihbischof von Regensburg wird, scheint sein Traum in greifbare Nähe gerückt. Zum einen zeigt sich der neue König, Ludwig I., seit 1825 auf dem bayerischen Thron, als ein Mann mit klosterfreundlicher Gesinnung. Zum anderen fehlt es seit der Einführung der Schulpflicht überall an ausgebildeten Lehrkräften.

Die drei Frauen in Stadtamhof beginnen, unter Wittmanns Leitung ein gemeinsames klösterliches Leben zu führen. Er ist »Vater« und, als Lokalschulinspektor, zugleich dienstlicher Vorgesetzter. Nach einer von ihm aufgestellten Tagesordnung, deren Einhaltung er streng überwacht, üben sich die angehenden Ordensschwestern in Schweigen, Gebeten, Verzicht und Bußetun. Die Älteste übernimmt die Leitung. Dazu Anna Hotz: »Jungfrau Praun war streng mit uns. (...) Karolina und ich mußten immer die Zimmer putzen, ohne ein Wort zu sagen, und zu all der vielen und harten Arbeit auch noch viel Hunger leiden. Ich lehnte mich wohl auf und sagte ihr, sie hätte kein Recht uns so zu behandeln, sie sei auch nicht mehr als wir. Karolina aber ertrug es schweigend.«

Dieses »schweigende Ertragen« ist es wohl, was sie in Wittmanns Augen vor den anderen auszeichnet. Sie ist es auch, die im September 1829, mit einem Empfehlungsschreiben Wittmanns im Gepäck, zum Innenministerium nach München reist, mit einem Gesuch um Wiedererrichtung des Notre-Dame-Klosters. Doch obwohl man dort, wie auch im bischöflichen Ordinariat von Regensburg, wohin das Gesuch weitergeleitet wird, dem Plan wohlwollend gegenübersteht, scheitert er letztendlich am Magistrat von Stadtamhof. Denn im ehemaligen Gebäude von St. Mang, das die Frauen zu ihrem Kloster machen wollen, ist mittlerweile das Landgericht untergebracht, ein Umstand, der gute Mieteinnahmen für die Gemeindekasse bringt.

Gerhardingers Geburtshaus Am Gries 21 mit Gedenktafel. Eine weitere Gedenktafel befindet sich an der Gerhardinger-Schule in Stadtamhof.

Zudem profitieren die Geschäftsleute rundum durch den regen Parteiverkehr wesentlich mehr, als dies von ein paar Nonnen und Schulkindern zu erwarten ist. Die Bürger von Stadtamhof verweisen »die Bittstellerinnen zur Beruhigung ihres Klostereifers zum Eintritt in eines der schon bestehenden Klöster Bayerns«.

Doch sie treten in keines der schon bestehenden Klöster ein. 1834 wird endlich ihr Stammkloster der »Armen Schulschwestern von Unserer Lieben Frau« in Neunburg vorm Wald gegründet, von wo das Schulwerk sich mit vielen Filialen schnell ausbreitet. 1847 reist Karolina Gerhardinger mit vier Schwestern und einer Novizin nach Amerika, um auch dort Schulen und Waisenhäuser einzurichten. 2600 Meilen reist sie durch den fremden Kontinent, und 30 Jahre später wirken bereits 1400 Arme Schulschwestern in 147 Niederlassungen. In Europa entstehen 200 Häuser ihres Ordens, und in Wien und London errichten die Schwestern Abendschulen für Fabrikarbeiterinnen.

Im Jahr ihres Todes arbeiten weltweit 3000 Arme Schulschwestern, und auch heute noch bilden sie einen der größten Schulorden der katholischen Kirche. Karolina Gerhardinger erwies sich also in der Tat als ein »brauchbares Werkzeug« zur Verwirklichung von Wittmanns Plänen.

Marie Schandri

Standort: Haidplatz 7

Geburts- und Sterbedatum unbekannt. Ab 1820 Köchin im Hotel Goldenes Kreuz in Regensburg. 1866 Herausgabe des »Regensburger Kochbuches«, das 1993 in der 96. (!) Auflage erscheint.

Die Köchin im Goldenen Kreuz

Wenn heute in Regensburg Touristen nach einer Stadtrundfahrt vom gummiberäderten »Königlich Bayerischen Dampfzug« absteigen, essen sie vielleicht eine Bratwurstsemmel oder es gibt für die Kleinen einen Dönerkebab, der mittlerweile der ehemals so beliebten Leberkässemmel schon fast den Rang abgelaufen hat. Als Dessert bietet sich möglicherweise eine Dampfnudel an, die 1945, quasi im Rucksack, mit den deutschen Flüchtlingen und Vertriebenen nach Regensburg kam und »eingemeindet« wurde.

Die Touristen, die Regensburg im letzten Jahrhundert besuchten, noch bevor der erste Eisenbahnzug 1859 im Hauptbahnhof einfuhr, stellten andere Ansprüche. Meist dem Adel angehörend, kamen sie per Schiff oder Kutsche und erholten sich von den Strapazen der Reise im vornehmsten Hotel der Stadt. Regensburgs beste Adresse für müde Glieder war der Gasthof »Zum Goldenen Kreuz« am Haidplatz.

In dieser Nobelherberge wirkte Marie Schandri vierzig Jahre lang als Köchin. 1866 brachte sie ihr »Regensburger Kochbuch« mit 934 »Original-Kochrecepten« heraus, zehn Jahre nachdem der Hungertyphus zahlreiche Oberpfälzer dahingerafft hatte.

»Es war zunächst die bürgerliche Küche, und zwar dieselbe sowohl bei Zubereitung einer gesunden, nahrhaften, unverkünstelten Hausmannskost, als auch dieselbe bei festlichen Gelegenheiten, die ich im Auge hatte«, schreibt die Verfasserin in ihrem Vorwort, um gleich darauf in der Einleitung, als sanfte Mahnung an alle Hausfrauen, vorauszuschicken: »Für das Wohlbefinden einer jeden Familie ist die Zubereitung der Nahrungsmittel von größtem Einfluß. Es sollte deshalb jedes Mädchen, auch aus den höheren Ständen, schon bei Zeiten anfangen, sich mit der Kochkunst vertraut zu machen, um später als Hausfrau entweder selbst kochen oder doch, im Verhinderungsfalle der Köchin, diese wenigstens auf kurze Zeit vertreten zu können.«

Die Gäste im »Goldenen Kreuz« waren bedeutend und gebildet, die Sprache bei Tisch und in der Küche war vielleicht größtenteils Französisch, die Sprache des europäischen Adels. Daher mußten zunächst »einige fremde (...) Ausdrücke, wie sie in diesem Buche vorkommen«, erklärt werden. So ist eine Bouillon eine Fleischbrühe und ein Bœuf à la Mode »ein Stück Ochsenfleisch, welches in einer braunen Essigsauce gegeben wird«.

Das »Tranchieren«, das »Zertheilen, Zerlegen, Vorlegen« wird folgendermaßen erläutert: »Die abgeschnittenen Stücke dürfen weder zerrissen noch zerfetzt sein, müssen ein zierliches, gleichmäßiges Aussehen haben, und dürfen weder zu groß noch zu klein sein. Beim Braten muß ein jedes mit ein wenig von der braunen Haut bedeckt sein. Nachdem das Fleisch tranchiert ist, wird es zierlich auf die dazu bestimmte Platte gelegt. Vom Geflügel werden die Bruststücke oben auf gelegt.« Vor allem ein »schnelles Tranchieren ist notwendig, damit die Stücke nicht kalt werden«.

Auffällig sind die vielen Fischrezepte. Ein Grund dafür mag in dem damals wie heute besonders in der Oberpfalz weit verbreiteten Jodmangel liegen, ein anderer könnte sein, daß Marie Schandri aus Luhe bei Weiden stammte, einem kleinen Dorf zwischen den Stauweihern des Klosters Waldsassen, dessen Fischteiche sich durch das Waldnaabgebiet hinzogen. Als Fastenspeise war der Fisch gedacht und die Zucht deshalb ein besonderes Anliegen der Klöster. So kommt es, daß wir Rezepte für gebackenen Karpfen (Nr. 432), blau abgesottenen Hecht (Nr. 435), gebratenen Aal (Nr. 444) und Rutten in weißer Sauce (Nr. 445) in Schandris Kochbuch finden.

Aber auch Krebse, die damals noch reichlich in unseren Bächen vorhanden waren, und Frösche und Schnecken fehlen nicht. Der Feinschmecker kann sich gekochte Krebse (Nr. 447), Frösche in Schmalz gebacken (Nr. 448) und gedünstete Schnecken (Nr. 450) auf der Zunge zergehen lassen.

Stellen wir uns doch einmal vor, wir besäßen eine Zeitmaschine und reisten mit dieser ins Regensburg des Jahres 1866, um uns im »Gasthofe zum Goldenen Kreuz« von Marie Schandri bewirten zu lassen. Ein mehrgängiges Menü hätte vielleicht folgendermaßen ausgesehen: Als Beginn natürlich eine Suppe, aber beileibe nicht als Hauptgericht; schließlich sind wir keine armen Tagelöhner, für welche die Morgen-, Mittag- und Nachtsuppe die warme Mahlzeit überhaupt ist. Wir wollen uns mit der Hasen- (Nr. 72) oder Vogelsuppe (Nr. 74) lediglich ein wenig Appetit auf die nachfolgenden Gerichte machen. Sollten wir unvorsichtigerweise an einem Fasttag angereist sein, müssen wir mit einer Einbrennsuppe (Nr. 81), einer Wassersuppe von weißem Brot (Nr. 82) oder einer Schneckensuppe, für die statt Fleischbrühe Erbsenabsud verwendet wird, vorlieb nehmen.

Nach der Suppe bestellt der eine Sardellen in Aspik (Nr. 101), der nächste Lachs (Nr. 105), der dritte Kaviar mit gebackenem Brot (Nr. 106) und der vierte Austern (Nr. 107). Wie man sieht, kann man also auch im 19. Jahrhundert nichtheimische Produkte genießen, vorausgesetzt, man kann sie bezahlen. Was uns verwundert: Es gibt nur einen einzigen Vorschlag zum beliebten Regensburger Rettich, die Monatsrettiche mit Butter (Nr. 112). Mag Madame Schandri keinen Rettich, oder empfindet sie ihn als eine zu starke Herausforderung für die feinen Geschmacksnerven? Leider ist sie in der Küche occupiert, wir können sie nicht fragen.

Einer unserer Tischgenossen ist, wie wir erfahren, in österreichischem Militärdienst, wie übrigens viele Söhne des Oberpfälzer Adels. Er bestellt geschmortes Rindfleisch auf Wiener Art (Nr. 124). Ein anderer, ein Kaufmann, der über die Donau Handel mit dem Südosten betreibt, kann sich nicht entscheiden zwischen »Golaschfleisch« (Nr. 127) oder »Hirnbavesen« (Nr. 232). Die Zahl der Geflügel- und Wildgerichte übertrifft bei weitem die der Rinder-, Hammel- oder Kalbsbraten. Das sei nicht weiter verwunderlich, erklärt ein weiterer Tischnachbar. Große Jagden mit anschließendem Festgelage seien in der Oberpfalz an der Tagesordnung. Wir lesen Fasanenpastete mit Trüffeln (Nr. 494), Hase mit saurem Rahm (Nr. 355), gebratene Schnepfen, Auer- und Birkhähne (Nr. 346 u. 347) und gespickte wilde Tauben (Nr. 343). Zu den gebratenen Krammetsvögeln (Nr. 350) gibt Madame Schandri, erhitzt durch die Gaststube eilend, selbst einen kurzen Kommentar: »Sie müssen sehr stark gebraten werden, da man sonst die Knochen nicht zerbeißen kann.«

Wir hören und staunen. Auch beim Gemüse hält die Speisekarte Überraschungen parat. Da gibt es Hopfengemüse (Nr. 190) und Sauerampfer (Nr. 191), was wir beides versuchen, ohne dabei an Pestizide zu denken. Viele Kartoffelgerichte. Die Knollen seien im 18. Jahrhundert in die Oberpfalz gelangt, und seither habe diese den Spitznamen »Kartoffelpfalz«, belehrt uns der Kaufmann. Als Beilagen zu den Gemüsen gibt es Kalbsschnitzel (Nr. 211) oder gebackene Rindszunge (Nr. 214). Wir sehen uns an. Ist nicht bei uns das Gemüse die Beilage?

Das gebackene Kuheuter (Nr. 232), das gebackene Hirn (Nr. 229),

*Im Gasthof zum Goldenen Kreuz arbeitete Marie Schandri
jahrzehntelang als Köchin.*

den Ochsenschweif (Nr. 322) und den Ochsengaumen (Nr. 323) will
keiner versuchen, lieber vielleicht noch einen italienischen Salat
(Nr. 384), möglicherweise nach einem Rezept von Madame Schandris
Vorfahren, mit Oliven und spanischem Pfeffer, oder gebackene Eier
(sogenannte Ochsenaugen) (Nr. 463), ein Gericht für Feudalherren,
denen die ihnen hörigen Bauern bis ins 19. Jahrhundert hinein Eier,
Schmalz und Fleisch abgeben mußten.

Als Desserts stehen zur Auswahl einige Kalorienbomben, wie
Schmalztorte (Nr. 654), Regensburger Stritzel (Nr. 744) oder
Schmalzwaffeln (Nr. 755). Die Bürger und der Adel wollen schließlich
nicht aussehen wie die hageren Tagelöhner, die in den Gassen her-
umlungern.

Oder nehmen wir Ananasgefrorenes (Nr. 824)? Oder eine der zahlrei-
chen Mehlspeisen, die das Flair internationaler Küche verbreiten, wie
Pariser Kugelhupf (Nr. 550), Englischer Pudding (Nr. 590), Schweizer
Pudding (Nr. 599), Ungarischer Pudding (Nr. 602) und Spanische
Krapfen (Nr. 738)?

Randvoll bestellen wir als Schlummertrunk ein warmes Bier
(Nr. 884).

»Eine halbe Maß Bier, am besten weißes (Weizenbier), wird mit einer Zitronenschale und soviel Zucker, bis es süß genug ist, kochend gemacht und fleißig abgeschäumt. Indessen werden vier Eidottern mit zwölf Löffel Milch in einem tiefen Hafen sehr gut verrührt, das kochende Bier daran gegossen und auf der Hitze gut gestrudelt, bis es dick und schaumig geworden ist.« Gute Nacht, Madame Schandri, gut hat's geschmeckt bei Ihnen.

Eduard Mörike

Standort: Schloß Pürkelgut, Landshuter Straße/Dieselstraße

1804 in Ludwigsburg geboren, 1875 in Stuttgart verstorben. Besuch der protestantischen Klosterschule Urach, 1822–1826 Ausbildung im Tübinger Stift,
1834–1843 Pfarrer in Cleversulzbach, 1850 Aufenthalt in Regensburg, 1851–1866
Literaturlehrer in Stuttgart. Verfasser von Romanen, Novellen und Gedichten.

Regensburger Tage

Jeder Regensburger kennt wohl das Schloß Pürkelgut im Osten der
Stadt, das mittlerweile dem Verfall preisgegeben ist, sollte sich nicht
binnen kurzem doch noch jemand seiner erbarmen. Und so manch
einer wird schon träumend davor gestanden sein und sich gewünscht
haben, darin leben zu können.

Einer, der darin gelebt hat, wenn auch nur für kurze Zeit, war der
deutsche Landpfarrer und Biedermeierdichter Eduard Mörike, der
mit seiner Schwester Clara und seiner Braut Margarethe von Speeth
am 6. September 1850 in Pürkelgut anlangte. Mörikes älterer Bruder
Ludwig, meist Louis oder scherzhaft Ludovicus Crassus genannt,
war zur damaligen Zeit Verwalter der fürstlichen Besitzung, die der
Fürst von Thurn und Taxis kurze Zeit vorher (1844) gekauft hatte.

Sehen wir uns das Dreiergespann, das im Herbst 1850 auf dem fürstlichen Gut auftauchte, doch etwas genauer an.

Da war zuallererst Eduard Mörike selbst, 46 Jahre alt, der vor sieben
Jahren sein Amt als evangelischer Pfarrer niedergelegt hatte und seit-
dem »gänzlich der Muße« lebte. Nach eigenen Aussagen ein Hypo-
chonder, der schon 1827 aufgrund eines ärztlichen Attests, das ihm
eine besondere Ängstlichkeit des Gemüts bescheinigte, seines Amts
als Vikar entbunden worden war. Besonders das Predigen fiel ihm
schwer. So schwer, daß er einmal seiner Mutter gegenüber klagte, daß
der Sonntag mit seiner Predigt schon am Mittwoch wie ein Gespenst
vor ihm stehe. So kam es des öfteren vor, daß der ängstliche Pfarrer
von Cleversulzbach einen seiner Freunde an seiner Stelle predigen
ließ, während er draußen, unter dem geöffneten Kirchenfenster, im
Gras lag und lauschte. Trotzdem war er in der Gemeinde als Seelsor-
ger beliebt und wurde auch von seinen Vorgesetzten wohlwollend
beurteilt.

Zur Förderung seiner Gesundheit zog Mörike um 1844 nach Mergentheim, wo er im Haus des verabschiedeten Oberstleutnants von Speeth wohnte. Zwischen diesem und dem Dichter entwickelte sich bald darauf eine herzliche Freundschaft, und als von Speeth im August 1845 nach langer Krankheit starb, vertraute er Mörike seine Tochter Margarethe an. Aus der anfangs eher auf Mitleid gründenden Beziehung entwickelte sich bald eine innige, tiefe Bindung, die auch von Mörikes jüngster Schwester Clara, die ihm seit dem Tod der Mutter den Haushalt führte und eng mit Margarethe befreundet war, sehr begrüßt und aufs eifrigste gefördert wurde. Zwar war Margarethe Katholikin, aber Mörike fand daran nichts Trennendes, fühlte sich vom katholischen Gottesdienst und einigen seiner Gebräuche sogar merkwürdig angezogen, wenn er auch, was die Lehre anbelangte, Zeit seines Lebens Protestant blieb. Sie verlobten sich also.

Heiraten konnten die beiden jedoch erst 1851, ein paar Monate nachdem Mörike endlich eine Stellung am Katharinenstift, einer Mädchenschule in Stuttgart, bekommen hatte, die ihm sowohl seine dichterische Freiheit ließ, als auch ausreichte, das junge Paar finanziell zu erhalten. Daß er seine Margarethe geliebt hat, zeigt wohl am besten folgendes kleine Gedicht, das er zu ihrem Geburtstag am 10. Juni 1852 schrieb:

> *Gesegnet sei mit Ja und Amen*
> *Der Tag in jedem heil'gen Namen,*
> *Der meines Lebens Licht und Leben*
> *Dich, Margarethe, mir gegeben!*

Leider scheint die Liebe allein nicht ausgereicht zu haben. Die Ehe der beiden scheiterte gerade an dem anfangs so glücklichen Dreiergespann; Schwester und Gattin gerieten in Streit darüber, wer mehr Rechte habe, und die häuslichen Verhältnisse wurden so unerträglich, daß die Gatten sich nach zwanzigjähriger Ehe trennten, während Clara weiterhin beim Bruder blieb. Erst zwei Jahre später, 1875, als Mörike bereits im Sterben lag, versöhnten sich die beiden wieder. Aber wir haben den Ereignissen vorgegriffen.

Als die drei auf Pürkelgut ankamen, waren Eduard und Margarethe erst verlobt, und noch verband eine innige Freundschaft die Brautleute und Schwester Clara. Zunächst wohnte Mörike im Schloß, zog aber dann ins Wirtsgebäude um, in das Zimmer, in dem schon Napoleon am 23. April 1809 Unterkunft gefunden hatte. Die ersten Wochen in Regensburg wurden zur Besichtigung der Stadt und zu Ausflügen

Herr Doktor Esele betrachtet mit vielem
Interesse das Schlesischen Pürscalgut, von wel
chem er gehört daß sich darin vor Zeiten etwas
höchst Wichtiges ereignet habe. Was? davon schwei
gen Sage und Geschichte

Marzully den 24 Juli 1850.

in die Umgebung genutzt. Man fuhr zur Walhalla, besuchte die Kirchen Regensburgs, den fürstlichen Schloßgarten und die Gemäldegalerie im Schloß selbst. Auch ins Theater ging man. Aber nicht nur die Bildungsinteressen wurden befriedigt; ein Eintrag im Schreibkalender des Dichters weist auf die Regensburger »Biergelegenheiten« hin, die da waren: 1. Posthorn, 2. Schleißinger, 3. Drei Helme, 4. Niedermeier (Jesuit), 5. Glocke, 6. Schellerer, 7. Schmied (Elteles Bier, Wein), 8. Schmied, 9. Emmeram, 10. Großer Stahl, 11. Kleiner Stahl, Stadt am Hof, 12. Straßer, Stadt am Hof, 13. Zehengruber (Kaffeehaus), 14. Waldmanns Garten (Theater), 15. Kindlein (Königs Gedicht), 16. Herrmann, Stadt am Hof, 17. Augustiner.

Den größten Eindruck auf Mörike machte jedoch die Steinerne Brücke, über die er in einem Brief an seinen Freund Hartlaub schrieb: »Insonderheit aber der Standpunkt mitten auf der ungeheuren Brücke (…) ist's, wo ich Euch jedesmal sehnsüchtiger als irgendwo an meiner Seite wünsche! (…) Das Treiben der Menschen, Fuhrleute, Reiter, Spazierenden und Gaffer aller Art auf dieser Brücke hört nie auf, ist aber, wenn man erst sein sicheres Plätzchen auf einem Sims der Mauer hat, nicht lästig und erhöht nur die Schönheit des Ganzen. Man sieht die Dampfschiffe kommen und landen, den eisernen Kranen am Ufer arbeiten, die Bamberger Schiffer Getreide einnehmen, Kehlheimer Steinplatten versenden; dann unter der Brücke einen Kreis von 20 Zimmerleuten einen riesenhaften Pflock durch eine Stoßmaschine in das Wasser treiben, sieht dort ein Mühlrad gehn und hier ein großes Fischernetz einsenken. Die Donau ist in diesen Tagen stark geschwollen, gelblicher Farbe, macht Wirbel von der schönsten Sorte.«

Auch über das Pürkelgut selbst und seine Umgebung erfahren wir etwas in diesem Brief. So schrieb Mörike:

»Ich fand die hiesigen Verhältnisse in vieler Beziehung sehr über meine Erwartung. Zuerst die heitre, freie Lage des Guts auf einer weiten Ebene, nördlich durch einen Gebirgszug begrenzt, von welchem die Walhalla mit solcher Deutlichkeit herüberschimmert, daß man die Säulen beinahe zählen kann. (…) Von meinem Zimmer gegen Westen sieht man Regensburg, die langgestreckte Stadt, und die Masse des Doms, jetzo durch das mit jedem Windstoß mehr entblätterte

◁ *Das Schloß Pürkelgut, 1840 gezeichnet von Mörike, und 1985 in Öl gemalt von dem Regensburger Maler Werner Steib.*

Gezweig (...) von Tag zu Tag ausführlicher. Die Sonnenuntergänge
färben häufig meine Wände mit lauter Glanz und Glut.« Und weiter:
»So ein Spaziergang um den See, im Morgensonnenschein, ist gar zu
angenehm«, schreibt Mörike. »Ich kann da halbe Stunden lang allein
das reine Spiegelbild des Schlößchens mit seinem geschlängelten
Umriß auf der immer bewegten Wasserfläche betrachten (...)«.

Heute ist Pürkelgut, um 1750 von dem reichen Regensburger Han-
delsherrn Johann Jakob Pürkel erbaut, so etwas wie eine Oase inmitten der Stadt, einer der letzten verwunschenen Plätze, die noch
nicht dem Bagger zum Opfer gefallen sind oder durch Sanierung
ihren Zauber eingebüßt haben.

Heinrich Lang

Standort: Emmeramsplatz 5, Marstall des Schlosses Thurn und Taxis

1838 in Regensburg geboren, 1891 in München verstorben. Besuch des Gymnasiums in Regensburg, 1855 Kunstausbildung an der Münchner Akademie, 1866/67 in Paris, 1870/71 Schlachtenmaler im 2. Bayerischen Armeekorps.

»Erinnerungen eines Schlachtenbummlers«

Zeichnung Langs in seinem Tagebuch.

Heinrich Lang denkt immer nur an das eine: das Pferd. Er besucht in Regensburg nicht nur das Gymnasium, sondern auch die Reitschule des Fürsten Thurn und Taxis. Er besucht in Berlin nicht nur die philosophische Fakultät, sondern auch die Anatomie. Er besucht in München nicht nur die Akademie, sondern auch die Veterinärschule. Er besucht die Ateliers der Tiermaler Karl Steffeck und Friedrich Voltz und besucht die königlichen Gestüte in Stuttgart. Kurz, er nutzt von früher Jugend an, sein ganzes Leben lang, jede Gelegenheit, Pferde geradezu in sich hineinzusaugen, »sein Auge und sein Gedächtnis so zu schärfen und zu trainieren, daß er die flüchtigsten Bewegungen fest und klar sich einprägt«, und bereits seine Schulhefte und -bücher sind, wie sollte es anders sein, mit »Marginalstudien verkritzelt«.

1858 unternimmt Lang eine Reise nach Ungarn. Dort will er das Pferd im »natürlichen, wilden, ungebändigten Zustand und in fessetloser Freiheit« kennenlernen, nachdem er während seiner Militärzeit »Scenen eines Uebungslagers« mit »Märschen und Paraden« zu Papier gebracht hat. In Ungarn und Österreich wird er auf die berühmtesten Gestüte eingeladen und bekommt die Aufträge für Pferdeporträts,

163

die seinen Künstlernamen begründen. Lang verarbeitet seine Eindrücke zu Bildern, wie »Pferdetransporte an der Zagyva«, »Pferde im
Schilf«, »Rosse einfangende Czikos«. In Wien wird er an den Chef der
k. u. k. »Spanischen Hofreitschule«, Oberst von Nadassy, empfohlen,
bei dem er sich zum »eleganten Reiter« bildet.

1866 begibt sich Lang zur Fortsetzung seiner Studien nach Paris und
wird sich bis zum Ausbruch des Deutsch-Französischen Krieges
zweimal in der Seinestadt und dreimal in Ungarn aufhalten. Als
knapp Dreißigjähriger in Paris wird er von einem Biographen folgendermaßen beschrieben: »Eine echt chevalereske Figur mit einem
gewinnenden, warm colorirten Antlitz, scharfsprühenden grauen
Augen, langen, prächtigen Haaren und röthlich blondem Vollbart, ein
schmuckes Jüngelchen, das nicht nur bei den Longchamprennen,
sondern auch mit seinen Bildern im ›Salon‹ sich sehen ließ.«

Drei Jahre später wird der Salonlöwe zum Frontreporter. Gefördert
von Kronprinz Friedrich, wird Lang als Maler mobil gemacht und auf
seinen Wunsch dem Stab des »II. bairischen Armeecorps« zugeteilt.
»Und was hat der Glückliche alles erlebt«, schwelgt der Biograph, der
den Krieg offenbar als Inszenierung für bildende Künstler begreift:
»Er war (…) bei Weißenburg und Sedan, wo er den ›riesigen
Pêlemêle‹ der Chasseurs d'Afrique auf die dünnen Infanterielinien
sah (…), er kam dem Hügel nahe, von wo der ›Schlachtendenker‹
Moltke inmitten des König Wilhelm, des eisernen Kanzlers und aller
Paladine das grandiose Kesseltreiben dirigirte (…), war Zeuge der
Capitulationsverhandlungen vor dem Thore zu Sedan und durch-
wanderte am folgenden Tage die schauderhaften Schlachtfelder. Wel-
che Ausbeute, immer den Stift in der Hand!« – der ihm während des
Krieges nicht nur zum Malen dient, sondern auch zum Schreiben.

»Welch ein Anblick!« schreibt Lang in seinem Buch »Erinnerungen
eines Schlachtenbummlers« angesichts der zerstörten Avenue de
l'Impératrice in Paris. Er »fühlt Mitleid« mit dem ihm »eben noch
immer sympathischen Paris«; doch erstreckt sich sein Mitleid nicht
auf die eigentlichen Opfer der Zerstörung. Eher tut er sich selbst leid:
»Als wir das Schloß (…) verließen, geschah auch unsren Künstler-
herzen weh, als wir die reizenden Schöpfungen Pradiers und Pollets
in Scherben zerschmettert fanden.« Doch wird das Weh im Künstler-
herzen alsbald von flottem Terengtengteng vertrieben, denn »der
Karneval machte seine Macht über die Gemüter geltend; gleich darauf beobachteten wir so ein fesches Fastnachtsstückchen, als wir die
von herabgeschmetterten Ästen halbbedeckte große Treppe zu dem

kleinen Bassin hinunter gestiegen waren und uns plötzlich ein halb
Dutzend hellblauer hessischer Husaren auf demselben für sie und
ihre Pferde etwas halsbrecherischen Weg unter lautem Lachen und
Johlen folgten! Eine famose, jedoch etwas übermütige kavalleristische
Leistung. Aber es war ja Fastnachtssonntag und für deutsche Husa-
ren darf's kein Hindernis geben!«
Lang selbst findet übrigens nicht nur als Kriegsberichterstatter An-
erkennung, sondern auch als »schneidiger, unerschrockener Reiter«

Eingang zum Marstall des Fürstlichen Schlosses Thurn und Taxis,
wo Heinrich Lang seine künstlerischen Pferdestudien machte.

die Achtung »aller Officiere«, die bald in »wahre kameradschaftliche Herzlichkeit übersprang«.

Wieder zu Hause in München ist Lang jedoch sehr enttäuscht. Große Bestellungen, »wie man selbe nach so ruhmwürdigen Thaten hätte erwarten können«, treffen sowohl bei ihm als auch bei seinen Kollegen nur langsam ein. Dennoch beginnt er, die in Frankreich teils unter großen Mühen entstandenen Skizzen – einmal konnte er wegen einer »langwierigen Prellung« des rechten Daumens wochenlang den Stift nur mit dem »zweiten und dritten Finger dirigiren« – zu Gemälden auszuarbeiten. In den Jahren nach dem Krieg entstehen unter anderem Darstellungen von der »Großen Batterie des II. bair. Armeecorps vor Sedan vom 1. September 1870«, von der »Batterie Prinz Leopold von Baiern im Gefecht bei Villepion (Sedan)« und die »Verfolgung der Franzosen durch bair. Chevauxlegers gegen Reichshofen am 6. August 1870«, ferner Illustrationen für seine »Erinnerungen eines Schlachtenbummlers«. 1882 bestellt Prinzregent Luitpold, ein huldvoller Gönner Langs, zwei größere Gemälde für die Neue Pinakothek: »Aus der Schlacht bei Fröschweiler« und »Uebergang des II. bair. Armeecorps über die Seine bei Corbeil«. Bei diesen Arbeiten stützte sich Lang nicht nur auf seine Skizzenbücher, sondern nahm mehrere Wochen lang am Lechfeld an »Pontonnirübungen« teil, um die Schiffbrücke bis ins kleinste Detail genau darzustellen.

Daneben wendet sich Lang auch wieder friedlichen Themen zu. Er malt Szenen aus dem Zirkus- und Zigeunerleben und wählt, nach einem Aufenthalt in Konstantinopel, Motive aus dem »Markt von Pera«, von der »Brücke zwischen Galata und Stambul«, wo den Maler die »Abwechselung von morgenländischen Trachten, Eselfuhrwerken, Kameltreibern, Melonenhändlern, von goldglänzenden Wagen, verschleierten Weibern« fasziniert. Für die Zeitschriften »Münchener Bilderbogen« und »Sport« liefert Lang Zeichnungen wie »Perde und Fuhrwerke«, »Zigeuner«, »Bilder aus Ungarn«, »Reiter«, »Verschiedene Fuhrwerke«. Seine Spezialität sind Rauchtellerbilder mit berühmten Pferdeköpfen. 1884 heiratete Heinrich Lang in zweiter Ehe die österreichische Malerin Tina Blau. Nur 5 Jahre später, 1891, verstarb er 53jährig in München.

August Bebel

Standort: Weiße-Hahnen-Gasse 2

1840 in Köln-Deutz geboren, 1913 in Passugg (Schweiz) verstorben. Drechsler.
Ab 1865 Vorsitzender des Arbeiterbildungsvereins Leipzig, ab 1867 Reichstags-
abgeordneter. 1869 Mitbegründer der sozialdemokratischen Arbeiterpartei.

»In Regensburg Bayerns größten Grobian kennengelernt«

Der Stellvertreter und Sprecher der kleinen Leute, der große Gegen-
spieler Otto von Bismarcks, wird beschrieben als »tiefernst, überzeugt
bis ins Mark, flammend heftig – wie man es auf einer Tribüne ist,
nicht in einem Wohnzimmer –, von lichtem Glauben an die Zukunft
seiner Sache erfüllt, ungewöhnt, im Privatleben auf Widerspruch zu
stoßen, und ein wenig ungeeignet dazu«.

August Bebel wuchs in »erbärmlichen Verhältnissen« auf. Sein Spiel-
platz war die Kasematte, in der sein Vater, der Unteroffizier und
»Mustersoldat«, seinen Dienst versah. Wilhelmina, die Mutter, ent-
stammte einer Kleinbürgerfamilie in Wetzlar und war als Dienst-
mädchen nach Deutz gekommen. Als er vier Jahre alt war, starb der
Vater, und die Mutter heiratete dessen Zwillingsbruder, Aufseher in
einem Arbeitshaus, der sich in Bebels Erinnerung als strenger und
jähzorniger Mann darstellt: »Mehr als einmal mußte die Mutter dem
Vater in die Arme fallen, wenn dieser in maßloser Erregung schwere
körperliche Züchtigungen an uns vollzog.« In gleichem Zusammenhang berichtet er auch von den grausamen Züchtigungen der
Arbeitshäusler. Diese gehörten zweifellos zu den prägendsten Kind-
heitserlebnissen.

Lerneifer und Wißbegier zeichneten Bebel schon sehr früh aus, und
bereits im Herbst 1844, mit viereinhalb Jahren also, wurde er »als
Freiwilliger« in Brauweiler eingeschult. Bald darauf starb aber auch
der Stiefvater, und die Folgezeit war für die Witwe, die jetzt allein für
die drei Söhne sorgen mußte, voller Kümmernisse. Sie zogen, um der
Not zu entgehen, in ihre Geburtsstadt Wetzlar, wo Bebel, weil er der
Älteste war, »die Ordnung des kleinen Hauswesens übernehmen«
mußte. »Ich mußte das Zinn- und Blechgeschirr putzen, unser Bett

machen usw., eine Tätigkeit, die mir nachher als Handwerksbursche und politischer Gefangener sehr zustatten kam.« Als ihm schließlich auch noch die Mutter starb, war er gerade dreizehn.

Gern wollte er »das Bergfach studieren«, aber dafür fehlte freilich das Geld. Die Alternative war eine Drechslerlehre, die er 1857 beendete. Just am letzten Tag der Lehre starb sein Meister, und Bebel wurde »Geschäftsführer« des Betriebes. Dadurch verzögerte sich der Beginn der Wanderjahre ein wenig. Von Frankfurt aus durchwanderte er ganz Süddeutschland, bevor er am 7. November 1858 in Regensburg ankam. Er wohnte bei dem Drechslermeister Georg Gottlieb Schindler in der heutigen Weißen-Hahnen-Gasse 2. Einen Monat später übernahm er das Ortenamt, das heißt, er mußte jedem neu in der Stadt ankommenden Gesellen den Willkomm reichen. Aus der Regensburger Zeit ist auch Bebels Vorliebe für das Theater überliefert. Bei den Sonntagsvorstellungen war er Stammgast. Um dieser neuen Leidenschaft aber auch wochentags frönen zu können, mußte er zu einer damals nicht unüblichen List greifen: dem Vorstellen der Stubenuhr. Da bis in den Abend gearbeitet wurde, hätte er andernfalls niemals pünktlich zum Beginn der Vorstellung im Theater sein können. Da es üblich war, stets bei den Meistern ein warmes Abendessen einzunehmen, mußte auch die Köchin in den Plan eingeweiht werden. Nach dem Essen kleideten sich Bebel und sein Kollege – sonst hatte keiner der Fachgenossen, die er kannte, »höhere geistige Bedürfnise« – sofort um und eilten in das Stadttheater. Sie hatten die billigsten Plätze für neun Kreuzer. Aber dennoch stießen sie kurz vor Aufführungsbeginn auf den Meister mit Gattin. Sie waren verraten.

Als Bebel wieder einmal Streit mit dem Meister hatte, den er »Bayerns größten Grobian« nannte, nahm er grollend seinen Abschied und machte sich trotz Kälte und Schnee am 1. Februar 1859 in Richtung München auf den Weg. Zehn Jahre später befand sich Bebel wieder in Regensburg. Zweieinhalb Stunden sprach er als geladener, bereits bekannter Politagitator im »Schießhaus« zu den 75 Mitgliedern des neugegründeten sozialdemokratischen Arbeitervereins.

Bebels politische Karriere begann 1865 mit der Übernahme des Vorsitzes des Leipziger Arbeiterbildungsvereins. Im folgenden Jahr wurde er in Leipzig eingebürgert und gründete, gemeinsam mit seinem Freund Wilhelm Liebknecht, die Sächsische Volkspartei. Kurz darauf hielt er seine Jungfernrede im Reichstag, in dem er später noch häufig Tumulte verursachen sollte. Er forderte den Zehn-

Postkarte mit August Bebel aus den 20er Jahren.

Stunden-Tag und die Abschaffung der Kinderarbeit. Seine »Gefäng-
niskarriere« fand 1868 in der Verurteilung wegen »Verbreitung staats-
gefährlicher Lehren« (unter anderem sprach er sich für einen Frie-
densvertrag mit den Franzosen aus) ihren Anfang. Kam er hier noch
mit drei Wochen Gefängnis davon, so wurde er – nach einer zwi-
schenzeitlichen Untersuchungshaft – 1872 schließlich wegen Vor-
bereitung zum Hochverrat und wegen Majestätsbeleidigung zu
Festungshaft und Gefängnis verurteilt. Sein guter Freund Liebknecht
übrigens wich ihm auch in diesen insgesamt zwei Jahren und neun
Monaten nicht von der Seite.
Zweifellos der Protagonist der Arbeiterklasse, ließ Bebel es sich nicht
nehmen, sich zwischenzeitlich auch auf der anderen Seite zu etablie-
ren. Zusammen mit einem Teilhaber übernahm er »eine kleine Fabrik
mit Dampfbetrieb« und bewährte sich als Unternehmer dermaßen,
daß nach der Auflösung der Partnerschaft im Jahre 1884 Geld für ihn
übrigblieb. Er konnte es sich jetzt leisten, sich ganz der sozialpoliti-
schen Schriftstellerei zu widmen. Er schrieb Bücher mit Titeln wie
»Die Frau und der Sozialismus« oder »Zur Lage der Arbeiter in den
Bäckereien« und besuchte Karl Marx. Von Zeit zu Zeit verschwand er
auch wieder im Gefängnis, zum Beispiel neun Monate lang wegen
»Teilnahme an geheimen, ungesetzlichen Verbindungen«.
Bismarck nahm den Umstand, daß Bebel »den verbrecherischen

Bebels Wohnhaus in der Weißen-Hahnen-Gasse 2.

Bestrebungen seiner Gesinnungsgenossen im Reichstage offen Ausdruck gegeben« habe, als Anlaß zur Einführung des Sozialistengesetzes, was Bebel dazu zwang, in Deutschland nur noch inkognito zu reisen. 1890 nach dem Fall des Sozialistengesetzes siedelte Bebel von Sachsen nach Berlin um, und der Bürgerschreck mit der »rednerischen Naturbegabung« trat nun im Reichstag auf. Es wird ihm die »Macht eines asiatischen Despoten« nachgesagt.

Innerhalb weniger Jahre starben Engels, Liebknecht, sein bester Berliner Freund Singer und schließlich seine Frau Julie (»die Sonne in unserem Familienkreis«), ein Verlust, den Bebel nie verschmerzt hat. Zu allem Überdruß verfiel seine Tochter dem Wahnsinn. Bebel war zu diesem Zeitpunkt selbst schon schwer herzkrank.

Es bereitete ihm zunehmend Mühe, seinen politischen Verpflichtungen nachzukommen. Dem Kämpfer gingen rapide die Kräfte aus. Am 20. Juni 1913 nahm er zum letzten Mal an einer Abstimmung im Reichstag teil, bevor er sich endgültig nach Churwalden zurückzog, wo er schon früher häufig gekurt hatte. Inzwischen waren die ersten beiden Bände seiner Erinnerungen »Aus meinem Leben« erschienen, die Herausgabe des dritten erlebte er nicht mehr. Am 13. August 1913, um acht Uhr vormittags, wurde der »Arbeiterkaiser« abberufen und von allen Leiden erlöst. Laut der »Zürcher Wochen-Chronik« hat des »73jährigen unerwarteter Hinschied in der ganzen Welt ein größeres Aufsehen erregt als der eines gekrönten Hauptes«.

Georg Heim

Standort: Weißenburgstraße 1–5

Geboren 1865 in Aschaffenburg, verstorben 1938 in Würzburg. Lehrer, Politiker, Unternehmer. Studium der englischen und französischen Philologie in Würzburg, 1890 Lehrer in Freising, Wunsiedel und Ansbach, 1893 Promotion in Nationalökonomie, Gründung von Darlehenskassen und Raiffeisenvereinen, 1897 Wahl in den Bayerischen Landtag und in den Reichstag, Wortführer der bäuerlichen Wähler des Zentrums, 1898 Gründungsmitglied des »Bayer. Christlichen Bauernvereins«, 1899 Gründung eines Selbsthilfebetriebes, der späteren »Regensburger Zentralgenossenschaft des Bayerischen Bauernvereins für Ein- und Verkauf«, 1907–1933 Bildungslehrgänge der »Bauernuniversität« in Regensburg, 1918 Mitgründer der Bayerischen Volkspartei, Abgeordneter im Bayer. Landtag, 1919 Mitglied der Nationalversammlung, 1920–1924 Abgeordneter des Reichstages, 1933 »Entmachtung« durch die Nationalsozialisten.

Der Bauerndoktor

Nachdem Ludwig Thoma am 27. Juni 1916 den »Bauerndoktor« Georg Heim in Regensburg besucht hat, schreibt er darüber folgendes an seinen Freund, den württembergischen Liberalen Conrad Haussmann:

»Der Eindruck war sehr stark. Einmal der Mann, ein Hüne mitten in seiner zahlreichen (10 Kinder starken) Familie, heiter, gütig und kraftvoll, vollkommen fertig mit der streitfrohen Redeperiode, ganz Arbeit, dem Praktischen zugewandt, klar in dem, was er will. Und er will sehr viel und hat Außerordentliches erreicht. Die Zentralgenossenschaft, vor zehn Jahren von ihm und seiner Frau geleitet und betrieben, hat heute über 550 Beamte, sitzt in einem Häuserviertel, das sich immer mehr ausbreitet. Soeben ist ein riesiges Lagerhaus an der Donau fertig, eines von vielen, die die Genossenschaft in Bayern errichtet hat. Ich sehe voraus, und das ist kein Kunststück, daß in kurzer Zeit die gesamte bayerische Bauernschaft ohne Ausnahme dieser Organisation« angegliedert sein wird. Hier findet der Bauer nicht weniger als alles: Absatzgebiet, Organisation seiner Arbeit, Belehrung und Bildung, Rechtsschutz, Propaganda für seine Interessen. Und hier setzt sich alles in Wirklichkeit, nützliche Hilfe, Verbesserung und praktisches Tun um, also ganz anders als in der Sozialdemokratie, die Systeme und Dogmen errichtet und immer wieder an Phrasen anrennt. Es würde Dich sehr interessieren, das Werk dieses Mannes

Georg Heim

zu sehen. Besonders, da Regensburg zur Zeit einen Blick in die
deutsche Zukunft gewährt. Überall riesige Werften, Lager etc., ganz
›unbayrisch‹ betriebsam.«

Georg Heim, 1865 als jüngstes von sechs Kindern in Aschaffenburg
geboren, war sein Leben lang agil. Als Student in München, und auch
später als Realschullehrer, verdient er sich das Nötige zum Lebensunterhalt durch journalistische Nebentätigkeit, unter anderem beim
»Freisinger Tagblatt«, einem Organ der katholischen Zentrums-Par-
tei, deren Mitglied er wird und für die er auf einer Generalver-
sammlung eine flammende Rede zur Aufbesserung der Lehrerbesol-

dung hält. Dies bringt ihn in Konflikt mit dem Kultusministerium; Heim wird nach Wunsiedel strafversetzt, einer durch und durch protestantischen Stadt, wodurch man glaubt, ihm die Grundlage, katholische Politik zu betreiben, geraubt zu haben. Aber weit gefehlt. Heim, mittlerweile durch die Zusammenfassung seiner Arbeit beim »Goldland« (Fachorgan für Anleger in südafrikanischen Aktien, Anm. d. Verf.) zum Doktor der Volkswirtschaft »summa cum laude« avanciert, beginnt, sich für die Lebensverhältnisse der Fichtelgebirgsbauern zu interessieren und sich politisch um sie zu bemühen. Innerhalb von 25 Tagen hält er 36 Versammlungen, wobei er die entlegenen Gebiete mit dem »Velociped« besucht, und erhält 1897 das Landtagsmandat für den Wahlkreis Kemnath sowie das Reichstagsmandat für Neustadt an der Waldnaab. Bereits 1893 hat er den ersten Darlehenskassenverein in Mitterteich gegründet, der Kredite an Bedürftige zu äußerst niedrigen Zinssätzen vergibt; fünf weitere folgen bis Dezember 1894. Im selben Monat entsteht dann durch Zusammenschluß dieser sechs Vereine die Fichtelgebirgsverkaufsgenossenschaft.

Ziel der Genossenschaft ist es, den Zwischenhandel auszuschalten und so höhere Erzeugerpreise zu erreichen, was auch gelingt. Schon 1895/96 übersteigt der Umsatz eine halbe Million, und 1900 erhält man auf der Pariser Weltausstellung eine Goldmedaille.

Eine neue Dimension erreicht seine politische Tätigkeit durch den Zusammenschluß der »Christlichen Bauernvereine«, der 1898 in Ingolstadt vollzogen wird. 1899 errichtet Heim in der eigenen Wohnung eine Zentralstelle, welche die Wirtschafts- und Nachfragekraft der Genossenschaften zusammenfassen soll. Einzige Mitarbeiterin dabei ist seine Frau. 1901 entsteht aus der bereits schwarze Zahlen schreibenden Geschäftsstelle die »Landwirtschaftliche Zentralgenossenschaft«, die 1906 mit 24 Mitarbeitern nach Regensburg umsiedelt.

Der Grund, warum Heim mit seinem Lebenswerk nach Regensburg geht, ist zum einen, daß die Genossenschaft dort ein günstiges Grundstück angeboten bekommt. Aber auch Heims Freund Heinrich Held, der spätere Ministerpräsident von Bayern, wohnt in Regensburg und dürfte nicht ganz unschuldig daran sein, daß es den »Bauerndoktor« dorthin verschlägt. Held ist, wie auch Heim, im linken Flügel der Zentrumspartei angesiedelt, und beide haben den Willen zu sozialen Reformen sowie eine stark kämpferische Haltung gemeinsam. Doch während Held sich energisch für die Arbeiter, Handwerker und kleinen Bürger einsetzt, bleibt Heim zeitlebens den

Bauern treu, und nachdem es ihm 1906 gelungen ist, sich pensionieren zu lassen, kann er nun seine gesamte Kraft seiner eigentlichen Aufgabe widmen. Er ist Leiter der »Landwirtschaftlichen Zentralgenossenschaft des Bayerischen Bauernvereins für Ein- und Verkauf, e.G.m.b.H.«, die den Verkauf der erzeugten Produkte sowie den Einkauf des landwirtschaftlichen Bedarfs vermittelt; ebenso aktiv ist er weiterhin für die »Zentralstelle der Bayerischen Christlichen Bauernvereine e. V.«, die sich beraten derweise der Bauern annimmt. Im Selbstverlag erscheinen Bücher von Dr. Georg Heim, Liederbücher, ein Gebetbuch, ein Düngerbuch, ein Kochbuch und ein Bauernkalender mit einer Auflage von über 100 000 Stück.

Er bemüht sich auch, die Ausbildung der Bauern zu verbessern, und 1907 werden seine Bemühungen von Erfolg gekrönt. Es werden Fortbildungskurse für Bauernsöhne ausgeschrieben, in denen Rechtskunde, Gemeindeschreiberei, Staatsbürgerkunde, landwirtschaftliche Buchführung, genossenschaftliche Buchführung, Warenkunde, Han-

Heims ehemaliges Verkaufs- und Wohnhaus in der Weißenburgstraße 1–5.

delskunde, Volkswirtschaftslehre, bayerische Geschichte und Steno-
graphie gelehrt werden. Aufnahmevoraussetzungen sind das Min-
destalter von 21 Jahren sowie die erfüllte Militärpflicht. Heim selbst
lehrt Handelskunde in den Kursen, die von Mitte Oktober bis Mitte
März dauern, einer Zeit also, in der die Bauernsöhne nicht unbedingt
am Hof gebraucht werden.

Bald ist der Zustrom an Bewerbungen so groß, daß nicht alle Anmel-
dungen berücksichtigt werden können, und die »Bauernuniversität«,
wie sie im Volksmund genannt wird, gelangt zu Ruhm weit über die
Landesgrenzen hinaus.

Aus allen Teilen des Reiches treffen Besucher ein, die dem Unterricht
stunden- oder tageweise beiwohnen. Bis aus Österreich, Ungarn und
Spanien, ja teilweise sogar aus Rußland oder Amerika kommt man
angereist, um dieses Institut zu besichtigen.

Von 1907 bis 1932 nehmen 2059 junge Bauern an den Kursen teil, doch
als die Nationalsozialisten an die Macht kommen, wird Heim, der
1916 von König Ludwig III. zum »Geheimen Landesökonomierat«
berufen wurde, aller seiner Ämter enthoben. 1933 findet der letzte
Kurs statt. Die Stadt Wunsiedel, die ihm 1914 das Ehrenbürgerrecht
verliehen hatte, erkennt ihm dieses wieder ab, und Heim stirbt 1938
vereinsamt in Würzburg, im selben Jahr, in dem auch sein politischer
Weggefährte Heinrich Held stirbt.

Was er uns hinterlassen hat? Ein gut aufgebautes landwirtschaftliches
Genossenschaftswesen – und den Kunstdünger.

Im Westen der Stadt ist eine Straße nach ihm benannt.

Fürstin Margarete von Thurn und Taxis

Standort: Helenenstraße, Emmeramer Turm

1870 in Alcsút (Ungarn) geboren, 1955 in Regensburg verstorben. Erziehung in Weißenburg (Ungarn), 1890 Heirat mit Fürst Albert von Thurn und Taxis, Mutter von sieben Kindern, soziales Engagement und Interessen für Reitsport und Kunst.

Kunst im Park

Über die kunstschaffende Fürstin Margarete von Thurn und Taxis und ihr neuestes Werk, ein Kriegerdenkmal, schrieb die sozialdemokratische Zeitung »Die Volkswacht« vom 3. Juni 1924:
»Was es nun mit dieser ›Künstlerin‹ für eine Bewandtnis hat, das lehrt uns recht deutlich der Entwurf. Die nicht allzu hoch gestellten Erwartungen werden noch schmählich enttäuscht. Das Denkmal selbst macht einen recht klotzigen Eindruck; die Architektur ist eine schwächliche Nachahmung des antiken griechischen Stiles; jeder eigene Gedanke fehlt. Die Reliefs und der Fries sind geradezu kläglich, es fehlen hier selbst die primitivsten Grundbegriffe zum künstlerischen Schaffen, von Anatomie, Studium des Körperbaus fehlt auch jede Spur: die schwammig verschwommenen Muskeln sehen aus wie willkürliche Spielerei, sie machen den Eindruck, als habe die Entwerferin ihr mangelndes Können durch Unklarheit zu verdecken gesucht. Die Verwendung der Muskeln als Ausdrucksmittel des Geistes existiert da überhaupt nicht. Wir wollen uns nicht darüber aufregen, daß auch alles schwer verzeichnet ist. Auch in verzeichneten Figuren kann Genialität stecken, wenn wenigstens diese Genialität vorhanden ist. Hier aber ist alles öd und leer. Es ist ein echtes und rechtes ›weibisch-zimperliches‹ Dilettantenmachwerk und kann darum an sich keine ernsthafte Bewertung beanspruchen.«
Erzherzogin Margarete von Österreich ist 1890, als sie den Fürsten Albert von Thurn und Taxis heiratet, als das Brautpaar, bejubelt von der Regensburger Bevölkerung, mit der Galakutsche vom Bahnhof ins fürstliche Schloß einzieht, eine »Lady Di« für das adelige Haus. Fürst Albert und »Höchstdessen Gemahlin« sind über die breite Teilnahme an diesem »Vermählungs-Einzuge« so erfreut, daß sie diesen Tag durch eine Gedenkmünze und durch »Werke christlicher Näch-

Margarete Fürstin von Thurn und Taxis, 1888.

stenliebe« unvergeßlich machen. Die städtische Armenpflege, die Vorstadtgemeinden und sämtliche Bezirke der fürstlichen Rentkammern in Bayern, Württemberg, Preußen, Böhmen und Kroatien erhielten Almosen für die Armen.

In den folgenden Jahren schenkt die Erzherzogin ihrem Mann sechs Söhne und eine Tochter und nimmt als Mittelpunkt der fürstlichen Familie die Rolle der sozial Engagierten ein. Im Ersten Weltkrieg verbindet und pflegt sie die vielen Verwundeten, die in Regensburger Lazaretten liegen. Das Haus Thurn und Taxis räumt das eigene, sogenannte »Ledigenheim« und richtet dort 120 Betten mit medizinischen und chirurgischen Apparaten ein. Im Schloß selbst nimmt die Fürstin kranke Kinder auf und schafft eine »segensreich wirkende Arbeitsstelle für die Damen der Gesellschaft« – ganz im Sinne ihrer Schirmherrschaft über den Österreichisch-Ungarischen Hilfsverein und über das Mathilden-Margareten Spital. 1923 wird auf ihre und Fürst Alberts Initiative hin die Fürstliche Notstandsküche eingerichtet, in der an die Armen der Stadt kostenloses Essen verteilt wird. Ihre »knapp bemessenen« Mußestunden werden von zwei Hobbys ausgefüllt. Das eine ist die Malerei und Bildhauerei, das andere der Reitsport.

Fürstin Margarete, mit dem Pseudonym »Margit von Valsassina«, stellt sich erstmals 1905 der Öffentlichkeit. Aquarelle aus ihrer Hand illustrieren einen Band namens »Atlas der Heilpflanzen«, verfaßt von ihrem Vater, Erzherzog Joseph, erschienen auf Kosten des fürstlichen Hauses im Regensburger Verlagshaus Wunderling. »Farbenfrohe, lebendige Blumenstücke« beherrschen auch weiterhin ihr Schaffen; daneben Aquarelle und Ölgemälde von Schloßinterieurs und Landschaften. Im Emmeramer Turm der alten Regensburger Stadtbefestigung läßt sich die Fürstin ein Atelier einrichten. Doch malt sie auch in der Natur selbst: im Fürstlichen Thiergarten im Falkensteiner Vorwald, in den Schloßanlagen zu Regensburg und Garatshausen findet sie Motive und Anregungen für ihre aquarellierten Blumen- und Landschaftsbilder; Porträts malt sie nur gelegentlich.

Eine Art von Hinterglas-Maltechnik liebt sie besonders. Mit gebogenen Pinseln bemalt sie Vasen und bauchige Glasflaschen von innen heraus – wiederum mit Blumen, Blüten und Blattdekors. 1907/08, die Schwangerschaft ihres letzten Kindes fällt in diese Zeit, finden ihre Bilder Anerkennung im internationalen Concours des arte de femme in Paris, aber auch für einen Jubiläumskalender in Wien.

Mit ihren Bildern schmückt sie die Wände in den Privat- und Gäste-

*Im Obergeschoß des Emmeramer Tores in der Helenenstraße
befand sich das Atelier der Fürstin.*

zimmern der eigenen Schlösser, Anfang der 1920er Jahre verkauft sie ihre Bilder zu einem guten Zweck. Neben der Malerei findet die Künstlerin auch an der Plastik Gefallen. Sie schafft Friese und dekorativen Schmuck für die Speisesäle und Innenhöfe. 1909, als sie einen Sturz vom Pferd auf der Prüfeninger Rennbahn überlebt, gestaltet sie ein Votivdenkmal für Dechbetten. Später modelliert sie für die beiden neuerbauten Kirchen St. Wolfgang und Herz Jesu unter anderem Altarreliefs in Terrakotta. Und als Fürstin Margaretes Enkel, Prinz Gabriel und Prinz Albert, im Zweiten Weltkrieg an der Ostfront ihr Leben lassen, gestaltet sie zu deren Gedenken zwei Wandepitaphien für die fürstliche Gruftkapelle.

Das am 31. Oktober 1926 von Oberbürgermeister Dr. Otto Hipp enthüllte Kriegerdenkmal im Stadtpark, das sie entworfen und modelliert und das der Münchner Bildhauer Otto Straub in Ebenwieser Kalkstein ausgeführt hatte, trägt ihr allerdings die boshafte Kritik des eingangs zitierten Journalisten ein.

Fünf Jahre nachdem sie mit ihrem Gemahl Fürst Albert die Diamantene Hochzeit gefeiert hat, stirbt Fürstin Margarete am 2. Mai 1955 hochbetagt im Alter von 85 Jahren.

Johannes Stark

Standort: Am Ölberg 2

1874 bei Amberg geboren, 1957 bei Traunstein verstorben. In Regensburg Gymnasium, in München Studium der Mathematik und Physik, 1900 Professor für Experimentalphysik in Hannover, 1909 in Aachen, 1917 in Greifswald. 1919 Nobelpreis. 1933–1939 Präsident der »Physikalisch-Technischen Reichsanstalt« und der »Notgemeinschaft der deutschen Wissenschaft«. Entdeckung des »Starkeffektes«.

Nobelpreisträger und Naziprofessor

Wo heute das Evangelische Bildungswerk ist, befand sich früher das protestantische Alumneum, eine kirchliche Erziehungsanstalt, an der die Schüler, die sogenannten Alumnen, nebst Unterricht in Latein, Griechisch und Mathematik auch Kost und Logis verabreicht bekamen.

In diesem Bau, einem großen Kasten mit nur einem kleinen Hof ohne Bäume, verbringt der Schickenhofer Bauernsohn Johannes Stark vier Jahre lang ein minutiös geregeltes Schülerleben. Vom Frühstück bis zum Schlafengehen ist der Zöglingstag streng aufgeteilt: Besuch des Alten Gymnasiums am Vor- und Nachmittag, die gewissenhafte Erledigung der Schularbeiten sowie ein einstündiger Spaziergang in lehrkörperfreundlicher Kolonnenformation.

In solchem Rahmen also studiert Stark Cäsar und Horaz, Homer und Sophokles, Englisch, Französisch und die höhere Mathematik bis hin zur sphärischen Trigonometrie.

Näher liegen ihm Physik, Chemie und Biologie, die »Gedächtnis und Verstand besser ausbilden als die humanistischen Fächer«. Ferner fordert er, man möge die Schüler »zur Freude am Leben, zur Freude an der Natur und an der Kunst« anlernen.

Daß er selbst Freude am Leben und an der Natur hat und daß er sich als Schüler grenzenlos unterfordert fühlt, darüber kann kein Zweifel bestehen. Als er nach vier Jahren das Alumneum verläßt, um die letzten beiden Jahre seiner Gymnasialzeit als freier Schüler bei einer Regensburger Familie zu verbringen, erquickt er sich lieber bei langen Spaziergängen zu den Kalksteinbrüchen östlich der Stadt, statt sich im Unterricht zu langweilen. Für das leibliche Wohl sorgen ein

Glas Bier und eine Zigarre, eine Angewohnheit, die er vom Vater seiner Gastfamilie übernommen hat. Dennoch schließt er 1884 mit »Sehr gut« ab und beginnt, in München Physik zu studieren, wo er 1897 auch seinen Doktor macht. Als junger Wissenschaftler zählt Stark zunächst zu den Befürwortern der modernen Physik, eine Ansicht, die sich später ins genaue Gegenteil verkehren wird.

Als einer der ersten bezieht er die Einstein-Plancksche Lichtquantenhypothese in seine Arbeit ein und versucht, sie experimentell nachzuweisen. Mit Einstein pflegt er regen Briefkontakt, und, als er 1909 als ordentlicher Professor nach Aachen berufen wird, versucht er, diesen als Assistenten zu sich zu holen, was ihm aber nicht gelingt.

Im Laufe seines gesamten Lebens publiziert Stark mehr als 300 Abhandlungen, wobei er den größten Wert darauf legt, daß in jedem einzelnen Fall seine geistigen Urheberrechte und Prioritäten respektiert werden. Fühlt er sich dahingehend übergangen, beginnt er heftige Streitgespräche, in deren Verlauf er sich durch seine hitzige Natur viele Feinde macht und sich zunehmend selbst isoliert. 1912 kommt es aufgrund eines solchen Vorrechtsstreits zum Bruch mit Einstein, ein Konflikt, der sich im Verlauf des Ersten Weltkriegs immer mehr verschärft, da Stark, wie sein Physikerkollege Lenard, sehr national eingestellt ist und keinerlei Verständnis für Einsteins Pazifismus und sein Streben nach einem Zusammenschluß der Staaten aufbringen kann, noch will. Im NS-Staat wird dieses Zerwürfnis zum Rassenhaß eskalieren.

Im Jahr 1919 wird Stark der Nobelpreis in Physik für die Entdeckung des nach ihm benannten Starkeffektes (Aufspaltung von Spektrallinien durch ein elektrisches Feld) verliehen. Gleichzeitig werden auch die beiden Deutschen Max Planck und Fritz Haber ausgezeichnet, da die Preisverleihung in den letzten beiden Kriegsjahren ausgesetzt worden war. Zusammen mit Max von Laue und Richard Willstätter, die anläßlich früherer Auszeichnungen noch Vorträge halten sollen, treten die Deutschen, zum Teil in Begleitung ihrer Frauen, im Juni des Jahres 1920 die Reise nach Stockholm an. Von Saßnitz auf Rügen setzen sie mit der Dampferfähre nach Trelleborg über und besteigen dort den Nachtschnellzug nach Stockholm, wo sie am nächsten Vormittag eintreffen. Man quartiert die Preisträger im Grand Hotel am Mälärsee ein, gegenüber dem Schloß und dem Reichstagsgebäude.

Am nachhaltigsten scheinen Stark dabei die Feierlichkeiten, »wie sie die Schweden so gut verstehen«, und das Festessen in Erinnerung

Johannes Stark

*Im Lyzeum am Ägidienplatz ging Stark zur Schule;
Stich aus dem Jahr 1910.*

geblieben zu sein, dessen Genüssen er sich »nach den mageren deutschen Kriegsjahren« besonders aufmerksam zuwendet. Doch auch das nicht unerhebliche Preisgeld gerät nicht in Vergessenheit. Auf Anraten seines Bruders, zur »Sicherstellung gegen die Geldentwertung«, investiert Stark »das Vermögen aus dem Nobelpreis« in Immobilien in Regensburg und Weiden, in größere Waldgebiete in der nördlichen Oberpfalz sowie in Aktien einer Porzellanfabrik in Ullersricht bei Weiden.

Zwischen 1919 und 1921 versucht Stark, in der deutschen Hochschulpolitik Einfluß zu gewinnen, zunächst jedoch ohne Erfolg. 1922 muß er sich, inzwischen Professor in Würzburg, aus dem akademischen Leben zurückziehen, und bis 1933 wird es ihm nicht gelingen, eine neue Berufung an eine deutsche Universität zu erhalten. Einer der Gründe dafür ist seine stark antisemitische Haltung in Fragen der Physik.

»Die jüdische Physik, die so in den letzten drei Jahrzehnten entstanden ist und sowohl von Juden wie von ihren nichtjüdischen Schülern gemacht und propagiert wurde, hat folgerichtig auch in einem Juden ihren Hohenpriester gefunden, in Einstein. Aus ihm hat jüdische Reklame den größten Naturforscher aller Zeiten machen wollen. Einsteins Relativitätstheorien waren aber im Grunde nichts weiter als eine Häufung von gekünstelten Formeln auf Grund von willkürlichen Definitionen und Transformationen der Raum- und Zeitkoordinaten.«

Verbittert und gekränkt nähert sich Stark immer mehr den Nationalsozialisten an, leistet, zusammen mit Lenard, 1924 das Treuebekenntnis zu Adolf Hitler und tritt 1930 in die NSDAP ein. Seine guten Beziehungen zu führenden NS-Politikern scheinen ihm, hinsichtlich seines persönlichen Ehrgeizes, eine einflußreiche Stellung zu erlangen, als sehr erfolgversprechend, und tatsächlich wird Stark 1933, nach der Machtübernahme, Präsident der Physikalisch-Technischen Reichsanstalt.

Er versucht, die Physik im nationalsozialistischen Sinn gleichzuschalten, und wird dabei zunächst vom Reichserziehungsministerium unterstützt, das ihn zum Präsidenten der Deutschen Forschungsgemeinschaft ernennt. Bald jedoch verwickelt er sich in innerparteiliche Intrigen zwischen dem Reichserziehungsministerium und dem Chefideologen der Partei, Alfred Rosenberg, die sich in ständigem Streit darüber befinden, wer die Richtung der deutschen Erziehung und Wissenschaft zu bestimmen habe. Stark setzt auf die Macht Rosenbergs, wählt diesen zum Gönner und Schutzherrn der Deutschen Forschungsgemeinschaft und verliert auf diese Weise die Unterstützung des Reichserziehungsministeriums. Um vollständige Kontrolle und Macht über die Physik zu erlangen, versucht Stark, mit Hilfe Rosenbergs die »deutsche Physik« an sich zu reißen. Er startet eine Offensive der »Arischen Physik« gegen die theoretische Physik. Hauptziel ist die Vergabe von Berufungen nach den Kriterien politische Zuverlässigkeit und Treue zum Nationalsozialismus. Demokratische Entscheidungen sollen abgeschafft und jüdische Wissenschaftler vom Empfang von Beihilfen ausgeschlossen werden.

Scheinbar hat Stark Erfolg, doch als er sich, um einen ihm unerwünschten Kandidaten an der Fakultät München zu verhindern, eines Organs der SS bedient, entzieht ihm Rosenberg seine Protektion, und die »Arische Physik« verliert ihren wichtigsten Mann im Parteiapparat.

Den endgültigen Todesstoß empfangen Johannes Stark und seine »Arische Physik« jedoch durch den Kriegsverlauf selbst. Mit der Entdeckung der Kernspaltung durch Otto Hahn erhält der von Stark verfemte Werner Heisenberg und andere Vertreter der fachorientierten Physik größeren Einfluß, da mit fortschreitendem Krieg einzig und allein die Verwertbarkeit der Forschung für denselben in den Vordergrund rückt, während der ideologische Aspekt der Hochschulpolitik bedeutungslos wird.

1944, noch vor Kriegsende, ist die »Arische Physik«, und damit auch ihr glühendster Verfechter Johannes Stark, praktisch tot und ohne jeden Einfluß.

Im Jahr 1945 wird Stark in Traunstein von der amerikanischen Besatzungsmacht für einen Monat inhaftiert. »Um nicht in Trübsinn zwischen den vier Wänden« seiner Gefängniszelle zu verfallen, schreibt er seine Memoiren. Seinen Lebensabend verbringt Stark bis zu seinem Tod in Traunstein.

Otto Geßler

Standort: Rathausplatz

1875 geboren in Ludwigsburg (Württemberg), 1955 in Lindenberg (Allgäu) verstorben. Nach Jurastudium im bayerischen Justizdienst, 1911–1914 Erster rechtskundiger Oberbürgermeister in Regensburg, danach Oberbürgermeister in Nürnberg, 1918 Mitbegründer der »Deutschen Demokratischen Partei«, 1920–1928 Reichswehrminister, 1944 KZ-Haft in Ravensbrück, 1949–1955 Präsident des Bayerischen Roten Kreuzes, 1950–1952 auch des Deutschen Roten Kreuzes.

Das Ende einer Karriere

Von 1910 bis 1914 war Otto Geßler Bürgermeister von Regensburg. Unbestreitbar hat sich der gebürtige Württemberger einige Verdienste um das Wohl der Stadt erworben. In das Amt gewählt wurde er sicher nicht nur, weil er mit mehreren seiner Vorgänger signifikante Eigenschaften teilte: Er war Volljurist, Bildungsbürger und Zugereister. Eher schon deshalb, weil er als sozialpolitisch besonders interessiert galt.

Geßler studierte Jura in Erlangen, Tübingen und Leipzig und ging bereits im Alter von achtundzwanzig Jahren in den Staatsdienst. Die folgenden kommunalpolitischen Ämter nutzte er als Sprungbrett für seine Karriere, als Lehr- und Gesellenzeit für kommende Aufgaben, die meisterliche Fähigkeiten verlangen sollten. Gleichwohl war seine Wahl in Regensburg keineswegs unumstritten, und seine Gegner machten die Unerfahrenheit des bürgerlich-liberalen Kandidaten zum willkommenen Gegenstand ihrer Polemiken. Abgesehen von den üblichen parteipolitischen Auseinandersetzungen erschien es manchem zu kühn, einen Verwaltungsneuling an den Kopf der Stadt zu setzen. Der »Regensburger Anzeiger«, ein katholisch-konservatives Blatt, bemerkte am Tag der Wahl, dem 12. Dezember 1910: »Dr. Geßler mag ein ganz befähigter Mann sein, aber er eignet sich unseres Erachtens wenig als Oberhaupt der Stadt Regensburg. Nach seinem juristischen Staatsexamen war er ein Jahr im Justizministerium beschäftigt und kam dann als 3. Staatsanwalt nach Straubing. Dort ist er als jungliberaler Parteimann und Parteiführer stark hervorgetreten und hat sich mit aller Aufbietung seiner Kräfte, wenn auch erfolglos, als Zentrumstöter versucht.« Wahrscheinlich wurde der Kommenta-

Otto Geßler

tor nach Umfang bezahlt, denn er fuhr, ohne daß ihm ein sonderlich neues Argument eingefallen wäre, fort: »Parteipolitisch steht Dr. Geßler auf der schärfsten Richtung des radikalen zentrumsfresseri- schen Jungliberalismus. Er zählt zu den eifrigsten und hervorragend- sten Führern der Jungliberalen.« Der Jungliberale wurde dennoch entsprechend der Gemeindeordnung für zunächst drei Jahre – gewählt. Von seinen Vorgängern übernahm er eine schwere Hypothek: Bei seinem Amtsantritt summierten sich die Sollbeträge der städtischen Konten auf insgesamt 20 648 013 Mark. Angesichts hoher Zinsbelastungen waren die Aussichten alles andere als rosig. Zu den ersten Sparmaßnahmen Geßlers gehörten die Erhöhung des Umlagensatzes auf 145% sowie die Umstellung der Stadtwerke und des Städtischen Lagerhauses auf kaufmännische Rechnung. Eine weitere vordringliche Maßnahme war die Reduzierung dessen, was wir heute gemeinhin als Wasserkopf bezeichnen, also die Vereinfachung der städtischen Verwaltung. Doch schon wieder standen erhebliche Ausgaben ins Haus: Die notwendige Restaurierung des Rathauses hätte aus dem Stadtsäckel nicht bezahlt werden können. Aber hier bewies Geßler, daß »Neulinge« eben auch ihre Vorzüge haben: indem sie gelegentlich auch neue Ideen mitbringen und unkonventionelle Wege zu gehen bereit sind. Er veranstaltete kurzerhand eine Lotterie, die er sich von Kaiser Wilhelm II. persönlich genehmigen ließ.

Eine weitere, außerordentlich wichtige Maßnahme zur Gesundung der städtischen Finanzen war die mittelfristige Sicherung der Konkurrenzfähigkeit der Stadt. Vor allem durch die Tatsache, daß die gesamte Donauschiffahrt von österreichischen Gesellschaften abgewickelt wurde, drohte Regensburg ins wirtschaftliche Abseits zu geraten. 1913 gründete Geßler deshalb die Schiffahrtsgesellschaft »Bayerischer Lloyd« und sorgte dafür, daß die Hauptverwaltung nach Regensburg kam. Im Bewußtsein dessen, daß damit nur der erste Schritt getan war, kümmerte er sich um den Erwerb eigener Landeplätze in allen wichtigen Donauhäfen. Nachdem man in Wien der deutschen Konkurrenz die kalte Schulter zeigte, mußte Geßler wiederum einen kleinen Kunstgriff anwenden und die diplomatische Hintertür benutzen: Wissend, daß dieser Regensburg häufig besucht hatte und Sympathie für die Stadt hegte, erbat er eine Audienz bei Kaiser Franz Joseph. »Der letzte Monarch alter Schule« sicherte seinem Gast jede Unterstützung zu. Der Rest war Formsache; Geßler hatte binnen kurzem den erhofften Landeplatz im Wiener Hafen. Dem »Bayerischen Lloyd« blieb er übrigens auch nach seiner Regensburger Zeit treu. Bis 1934 saß er im Aufsichtsrat der Gesellschaft.

Sozialpolitisch war Geßler sehr engagiert. Beispielsweise sorgte er für eine bessere Besoldung der Lehrer. Intensiv kümmerte er sich um die Förderung des Wohnungsbaus. Bereits 1911 trug seine Arbeit sichtbare Früchte, konnten die ersten vierzehn städtischen Wohnungen fertiggestellt werden.

1914, kurz nach der Wiederwahl, tauschte Geßler das Regensburger Bürgermeisteramt mit dem der größeren Schwester Nürnberg. Der »Regensburger Anzeiger« konnte sich auch diesmal eines bissigen Kommentars nicht enthalten: »Interessant ist ein Lobeshymnus im Fränkischen Kurier bei seiner Wahl zum Bürgermeister von Nürnberg. Der Hymnus war so überschwenglich gehalten, daß man ihn nur mit einem Übermaß von Nürnberger Hellseherei oder mit der rücksichtslosen Gefälligkeit eines subalternen, zu Dank verpflichteten Lobhudlers erklären kann.«

Als die Kommunalwahlen im Jahre 1919 eine sozialistische Zweidrittelmehrheit im Nürnberger Stadtrat erbrachten, kam für Geßler das Angebot des Reichspräsidenten Ebert, der eine »namhafte Person aus Süddeutschland« in das Reichsministerium für Wiederaufbau berufen wollte, gerade recht. Die Aufgabe dieses Ministeriums war die Erfüllung der wirtschaftlichen Bedingungen des Versailler Vertrages. Ein Jahr später wurde Otto Geßler, kurzerhand und für ihn selbst überraschend, zum Reichswehrminister ernannt. In der Folgezeit war er mit dem Wiederaufbau der Wehrmacht beschäftigt. Friedrich Ebert war mit dem Erreichten offensichtlich zufrieden. Im Januar 1922 schrieb er an den Minister: »Im übrigen freue ich mich, daß die fast zweijährige gemeinsame Arbeit, von deren Schwierigkeiten nur wenige sich eine Vorstellung zu machen vermögen, uns in ein inniges persönliches Vertrauensverhältnis gebracht hat, das für mich ein großer Gewinn ist.«

Daß Geßler, »eine der umstrittensten Persönlichkeiten, von der Rechten mit mißtrauischen Augen betrachtet, von links als verkappter Reaktionär und Gefangener der Generäle verlästert«, 1928 schließlich abtrat, hatte weniger politische als vielmehr persönliche Gründe. Eine Reihe von Schicksalsschlägen gab den Ausschlag für diese Entscheidung, wie er selbst bekannte: »Kurz darauf traf meine Frau und mich das Schicksal, kinderlos zu werden. Nachdem im Herbst 1924, wenige Wochen nach dem Tod meines Vaters, unser 20jähriger Sohn plötzlich einem Herzschlag erlegen war, wurde nun, im März 1927, unser jüngerer Sohn binnen weniger Tage das Opfer einer infektiösen Angina. Und dazu kam eine wahre Pechserie verdrießlicher Zwischenfälle. (…) Ich war jetzt eigentlich 15 Jahre lang als Kämpfer im Vordergrund gestanden. Man konnte mir wenigstens nicht nachsagen, daß ich mich vor Kämpfen gescheut hätte, daß ich einer Ver-

Das alte Rathaus, in dem Geßler als Bürgermeister wirkte.

191

antwortung ausgewichen wäre. Aber man durfte mir nicht zumuten, mit gelähmter Kampfkraft in neue Schlachten hineinzugehen.«

Auf einer mehrwöchigen Mittelmeerreise mit dem Norddeutschen Lloyd gelang es ihm, zur Ruhe zu kommen, und er kehrte erholt nach Deutschland zurück. Im Sommer 1944 wurde Geßler nach dem Attentat auf Hitler vom 20. Juli verhaftet und ins Konzentrationslager gebracht. Nach Kriegsende erinnert sich der spätere Bundespräsident Theodor Heuß: »Als Geßler mich im Winter 1945/46 in Stuttgart besuchte, war an seinen beiden Händen noch der geronnene Blutschorf von den Preßwerkzeugen, die der geschichtsbedürftige Tourist in den mittelalterlichen Museen der Folterwerkzeuge kennenlernt.«

Ein Jahr vor seinem Tod nahm Geßler noch einmal Tuchfühlung auf zur großen Politik. Auf Bitten Adenauers stellte er seine beratende Mithilfe bei der Einführung der Bundeswehr zur Verfügung. Otto Geßler starb am 24. März 1955 in Lindenberg im Allgäu.

Im Regensburger Stadtteil Königswiesen-Nord ist nach Dr. Geßler eine Straße benannt, außerdem hängt ein Bild von ihm in der Bürgermeister-Ahnengalerie im Alten Rathaus.

Antonie Pfülf

Standort: Gewerkschaftshaus, Richard-Wagner-Straße 2

1877 in Metz geboren, 1933 in München verstorben. 1896 Lehrerinausbildung in München, 1902 Eintritt in die SPD, 1907 Lehrerin in München, 1918 Armenpflegerin und Waisenrätin, 1919 Mitglied der Nationalversammlung, 1920 Reichstagsabgeordnete, ab Dezember 1924–1933 Reichstagsabgeordnete für den Wahlkreis Niederbayern/Oberpfalz.

Leben und Sterben der Sozialistin Antonie Pfülf

»Frauen fallen immer auf, wenn sie dort wirken, wo überwiegend Männer tätig sind«, beschreibt ein fiktiver Herr Mainthaler in Antje Dertingers Buch »Dazwischen liegt nur der Tod« die 1933 durch Freitod verstorbene SPD-Reichtagsabgeordnete Antonie Pfülf und weist damit den Vorwurf damaliger Fraktionskollegen zurück, die Genossin Pfülf »sei zu leicht erregbar gewesen, ab und an bis an den Rand der Hysterie«.

Ein Vorwurf, den auch Wilhelm Högner, seit 1930 für die SPD im Reichstag, ab 1933 im Exil, und in den Jahren 1945, 1946 und 1954 bis 1957 erster sozialdemokratischer Ministerpräsident Bayerns, in seinen Memoiren erhärtet, indem er schreibt: »(...) trat mir am leidenschaftlichsten entgegen die Abgeordnete Toni Pfülf, Tochter eines deutschen Generals. Sie war als schwächliches Mädchen in der Familie zurückgesetzt, darum wohl aus der Art geschlagen, Volksschullehrerin und dann Frauenrechtlerin, im Kriege Pazifistin, zuletzt Sozialistin geworden. Eine Lungenkrankheit bekämpfte sie mit zäher Energie. Äußerlich stellte sie einen fast männlichen Typ dar, wenn sie es gelegentlich auch nicht an weiblicher Schläue fehlen ließ. Sie gehörte zu den wenigen geistig bedeutenden Frauen in der Nationalversammlung und im Reichstag. (...) Ich war als Bayer vielleicht zu naturhaft, um diesen scheinbar kalt verstandesmäßigen und bei politischen Entscheidungen doch rein vom Gefühl bestimmten Typ intellektueller Frauen zu verstehen.«

Wer heute eine politische Veranstaltung besucht, denkt kaum daran, daß das politische Vereins- und Versammlungsrecht bis 1908 in fast allen deutschen Ländern ausschließlich Männern vorbehalten war und erst 1918 Frauen hier das Wahlrecht erhielten, welches durch

Hitler wieder dahingehend eingeschränkt wurde, daß Frauen zwar wählen, selbst aber nicht gewählt werden durften.

Die ersten politischen Versammlungen besucht Toni Pfülf denn auch in Männerkleidung und fordert ihre Genossen auf, »den Frauen endlich das Vereins-, Versammlungs-, und Wahlrecht mitzuerstreiten«, ein Ziel, das sich die damaligen Sozialdemokraten zwar auf ihre Fahne geschrieben, mit dessen Umsetzung sie es jedoch nicht sonderlich eilig hatten. »Auch und vor allem als Staatsbürgerinnen tun die Frauen ihre Pflicht, tragen gegen Hungerlöhne ihre Arbeitskraft zu Markte und zahlen von dem Geringen auch noch Steuern«, klagt die Genossin an, und sie weiß, wovon sie spricht, ist sie doch 1896, kaum zwanzigjährig, von zu Hause durchgebrannt, um dem damals üblichen Bürgertöchterschicksal einer standesgemäßen Ehe zu entgehen. Ohne elterliche Unterstützung finanziert sie ihre Ausbildung an der Münchener Lehrerinnenanstalt durch Privatstunden, die sie gibt, macht 1902 das erste Examen und tritt gleichzeitig in die SPD ein, ein Schritt, der die Familie dazu bewegt, ihr fürderhin den Zutritt zum elterlichen Haus zu verwehren. Als Dorflehrerin infiziert sie sich in einer schlecht gesäuberten Dienstwohnung mit Tuberkulose, die sie selbst auszukurieren versucht, da ihr ein Sanatoriumsaufenthalt als zu langewährend erscheint. 1906 macht sie ihre endgültige Lehrerprüfung und wird 1907 an einer Volksschule in München angestellt. Am Abend unterrichtet sie in einer kaufmännischen Fortbildungsschule. In den Kriegsjahren von 1914 bis 1918 ist sie zusätzlich als ehrenamtliche Armen- und Waisenrätin tätig und opfert oft genug ihre eigenen oder geliehene Mittel, wenn die Bürokratie anderer Hilfe im Wege steht. 1919, kurz nach der Ermordung von Rosa Luxemburg und Karl Liebknecht, wird sie in die Nationalversammlung des Wahlkreises Oberbayern/Schwaben gewählt.

1924 wird Toni Pfülf für den Wahlkreis Niederbayern/Oberpfalz in den Reichstag gewählt. Genosse Hoegner schreibt dazu: »Der Fleiß und die Ausdauer, mit der sie diesen fast rein ländlichen Wahlkreis bearbeitete, waren bewundernswert. Wie sie mit ihrem Antialkoholismus und ihrer Freigeisterei bei dieser gut katholischen und trinkfesten Bevölkerung zurechtkam, ist nie richtig bekannt geworden. Bei den braven Arbeitern dieses Landstrichs war sie geschätzt.«

Tatsächlich war die Genossin Pfülf seit 1919 konfessionslos, ein Schritt, der jahrelange Streitigkeiten mit der Schulbehörde nach sich zog, die die Beamtin deswegen jedoch nicht entlassen konnte. Ab 1920 unterrichtet sie an einer der ersten konfessionslosen Simultan-

schulen in München, wie sie sich überhaupt sehr für das Schulwesen und für alles, was damit zusammenhängt, und im besonderen für eine Chancengleichheit, unabhängig vom sozialen Status, einsetzt. Energisch tritt sie auch in der Eugenik-Debatte der Frauenbewegung der 1920er Jahre auf. Die süddeutsche Delegierte der SPD fordert parallel zur »Güterökonomie des Mannes« die »Menschenökonomie der Frau«. Ihre »Menschenökonomie«, gleichzeitig die »Schonung der Frauenkraft«, dient der »qualitativen Bevölkerungspolitik«. Kinder seien nicht Besitz der Eltern, sondern der Gemeinschaft, so Pfülf. Sie fordert eine »Gesundheitszeugnispflicht und ein eventuell darauf ge-gründetes Fortpflanzungsverbot«. »Idioten dürfen keine Kinder zeu-gen«, so Pfülf, ganz nach Nietzsches »Nicht fort sollt ihr euch pflan-zen, sondern hinauf!«. Aus »eugenischer Sittlichkeit heraus« sollte die Fortpflanzung erblich »minderwertigen« Nachwuchses verhin-dert werden. Pfülf: »Die sozialistische Gesellschaft der Zukunft brau-che und dulde keine erbkranke Kriminelle in den Reihen des Proleta-riats.« Um das »Heer der Vagabunden, der Gewohnheitsverbrecher und der Dirnen« absinken zu lassen, müsse man ihre dauerhafte »Asylierung« in Pflegeanstalten befürworten. Pfülf beklagt sich da-bei, daß diese »neuen Wege« eigene Genossinnen oft nicht mitgehen. Ihren härtesten Kampf jedoch führt die Genossin gegen den Natio-nalsozialismus und das angepaßte, paktierende Verhalten der Gewerkschaften und SPD-Mitglieder gegenüber der NSDAP. Als 1933, nach der Machtübernahme durch Adolf Hitler, viele SPD-Abge-ordnete in »Schutzhaft« genommen werden, glauben einige Genos-sen immer noch daran, der Partei durch Kungelei mit den Nazis zumindest eine halblegale Existenz sichern zu können. Während die nach Prag emigrierte Parteivorstandsmehrheit und einige wenige im Inland verbliebene Genossen, darunter Toni Pfülf, ein Fernbleiben von jener Reichtagssitzung fordern, auf der über Hitlers außenpoliti-sches Programm, die sogenannte »Friedensresolution«, abgestimmt werden soll, will die Fraktion mehrheitlich teilnehmen und hofft, zumindest eine Erklärung abgeben zu können. Den 65 anwesenden SPD-Mitgliedern wird jedoch unzweideutig zu verstehen gegeben, daß Ablehnung oder Enthaltung ihrerseits als »Landesverrat« ver-standen werde, woraufhin 48 der Mitglieder, aus Angst vor Mord und Terror durch die Nazis, der Resolution zustimmen. Dazu schreibt Wilhelm Hoegner:
»Wir alle waren im Inneren zerrissen. Ganz von Sinnen aber gebär-dete sich Toni Pfülf. Sie wurde von Nervenkrämpfen geschüttelt und

schrie einmal um das anderemal die wahnwitzige Behauptung heraus, die Erklärung der anderen Parteien bedeute den Krieg. Offenbar war sie den seelischen Belastungen dieser Monate nicht mehr gewachsen. Jetzt nahm ihr der Schmerz über die Haltung der Fraktionsmehrheit, zu der sich auch noch ihr alter Freund Löbe schlug, beinahe den Verstand.«

Am selben Tag unternimmt Toni Pfülf, auf der Rückreise nach München, ihren ersten Selbstmordversuch, der ihr jedoch mißlingt. Erst der zweite bringt den von ihr gewünschten Erfolg. Am 8. Juni 1933 stirbt sie durch Gift in ihrer Münchner Wohnung. Ihrer Einäscherung wohnen viele hundert Münchner Parteigenossen bei.

In ihrer letztwilligen Verfügung hält sie fest:

»1. Ich möchte in aller Stille dem Feuer übergeben werden ohne Reden nur mit etwas stiller Musik

2. Todesanzeigen erst nach der Einäscherung in folgende Zeitungen

a. Volkswacht für Oberpfalz und Niederbayern. Spatzengasse 1/I

b. Münchner Post. Altheimer Eck 19

c. Vorwärts, Berlin. Lindenstraße 3

Wortlaut: T. Pf. ist am … fröhlich heimgegangen. Sie hat das Leben und ihre Freunde geliebt und war ihnen dankbar. Sie ging mit dem sicheren Wissen von dem Sieg der großen Sache des Proletariats, der sie dienen durfte.

München, 17. Februar 1933«

Gedenktafel am Gebäude Richard-Wagner-Straße 2, wo
Antonie Pfülf einen Teil ihrer politischen Veranstaltungen bestritt.

Hugo Obermaier

Standort: Gesandtenstraße 13

1877 in Regensburg geboren, 1946 in Fribourg (Schweiz) verstorben. 1900 Priesterweihe in Regensburg, 1901 Studienurlaub in Wien, 1904 in Paris, 1908 Habilitation für menschliche Urgeschichte, 1909 Privatdozent an der Universität Wien, 1911–1914 Professor in Paris, 1914 Professor in Madrid, Begründer der spanischen Urgeschichte, Reisen nach Afrika, Süd- und Nordamerika, Türkei, 1920–1936 erneut in Madrid, 1936 Flucht nach Italien, 1938 Ordinarius in Fribourg.

Von Moosham nach Madrid

Mancher Anwohner des Altmühltals muß an heißen Tagen wohl geglaubt haben, die Hitze sei ihm zu Kopf gestiegen, wenn er einen mittelalten Herrn priesterlich-seriösen Aussehens mit Sonnenschirm, ein ganzes Stück von jeglicher menschlichen Behausung oder Straße entfernt, quer durch die Talwiesen gehen sah. Bei der seltsamen Gestalt handelte es sich um den stets aktiven Hugo Obermaier, seines Zeichens Priester und Archäologe, auf der Suche nach den Klausenhöhlen bei Neuessing.

Hugo Obermaier wurde in Regensburg geboren, besuchte hier das Alte Gymnasium, studierte anschließend Theologie und wurde 1900 zum Priester geweiht. Seelsorgerisch tätig war er allerdings nur für ganz kurze Zeit – die Gemeinde Moosham war sein Wirkungskreis –, dann zog es ihn zu einem Fachgebiet, mit dem er bereits als Schüler begeistert Bekanntschaft gemacht hatte: er studierte Urgeschichte in München und Wien. In letztgenannter Stadt promovierte er 1904 mit einer Doktorarbeit über »Die Verbreitung des Menschen während des Eiszeitalters in Mitteleuropa«, die allerdings nie veröffentlicht wurde. Um seine Kenntnisse zu erweitern, entschloß sich Obermaier anschließend zu einem Frankreichaufenthalt, bei dem er in Paris den gleichaltrigen Abbé Breuil kennenlernte. Anfangs beäugte man sich eher mißtrauisch, denn Breuil, gleichfalls Priester und Archäologe, stand, wie auch Obermaier, als möglicher Kandidat für eine Privatdozentur an der Schweizer Universität Fribourg zur Disposition; keine sonderlich gute Ausgangsposition für eine innige Freundschaft, möchte man meinen. Dennoch entwickelte sich zwischen den beiden Konkurrenten, den Umständen zum Trotz, eine herzliche Beziehung,

Hugo Obermaier

weshalb Obermaier denn auch erklärte, die Freundschaft zu Breuil sei ihm so wichtig geworden, daß er, zugunsten des anderen, auf den Posten verzichten wolle. Zwei verwandte Seelen hatten sich gefunden. Die beiden Männer blieben zeit ihres Lebens enge Freunde.

Nachdem sie sich kennengelernt hatten, verbrachten sie fast die gesamte Zeit gemeinsam. Sie reisten in die Dordogne, ins Somme-Tal und ins Tal der Garonne, um dort Fundstellen zu besichtigen. 1905 amtierten beide als Sekretäre auf dem »Congrès international d'Anthropologie et d'Archéologie préhistorique« in Monaco, was zu der ersten Begegnung mit Prinz Albert I. von Monaco führte, der Breuil und Obermaier dann 1910 als leitende Mitarbeiter an sein eben gegründetes »Institut de Paléontologie Humaine« (IPH) in Paris berief. Für das erfolgreiche Duo brach nun eine wahrhaft schöne Zeit an. Im Auftrag des IPH bereisten sie die spanische Nordküste und die Pyrenäen, um die dortigen Höhlen nach altsteinzeitlichen Malereien zu untersuchen. 1912 ging es zu Pferd in den Süden der Iberischen Halbinsel; im September des gleichen Jahres waren die Freunde wieder auf dem archäologischen Kongreß, der diesmal in Genf stattfand, vertreten. 1912 war auch das Jahr, in dem Obermaiers großes Frühwerk erschien: »Der Mensch der Vorzeit«.

Von einem Deutschlandbesuch bei den Eltern kehrte Obermaier deprimiert zurück, denn der Ausbruch eines Krieges schien unvermeidlich. Noch aber herrschte die Ruhe vor dem Sturm, und Obermaier nutzte diese Zeit 1913/14 zu weiteren Grabungen in Spanien. 1914 war es dann, daß er die Klausenhöhlen bei Neuessing entdeckte und erforschte.

Bei Kriegsausbruch finden wir ihn wieder in Spanien, wo er dann auch blieb, da ihm als Reichsdeutschen die Wiedereinreise nach Frankreich nicht gestattet war. Durch einen spanischen Priester gelang es ihm, eine Anstellung am »Nationalen Museum für Naturwissenschaften« in Madrid zu erlangen, wo er sich aber Intrigen seitens germanophiler Spanier ausgesetzt sah, die ihm, aufgrund seiner Freundschaft zu Breuil und zu anderen französischen Kollegen,

Unloyalität gegenüber Deutschland vorwarfen. Erschwerend hinzu kam noch der Umstand, daß Obermaiers reiche Sammlungen in Paris verblieben waren. Aber hier war Freund Breuil der Retter in der Not. Zusammen mit anderen Vertrauten Obermaiers kaufte er einen Teil der Stücke zurück und brachte sie peu à peu nach Spanien.

Den Schikanen seitens gewisser spanischer Kollegen zum Trotz, nahm Obermaiers Ansehen in Madrid, ja sogar in ganz Spanien, rasch zu, und zwar sowohl, was seine wissenschaftliche Arbeit, als auch, was seine Person anbetraf. Er genoß die besondere Freundschaft des Herzogs von Alba, dessen Beichtvater er wurde und der ihm eine Wohnung im herzoglichen Palast zur Verfügung stellte. Ihm verdankte Obermaier auch, daß 1922 eigens für ihn an der Madrider Universität ein Lehrstuhl für Urgeschichte eingerichtet wurde. Im selben Jahr nahm er auch die spanische Staatsbürgerschaft an – er war nun Bürger Deutschlands und Spaniens – und erlangte dadurch Aufnahme in die »Real Academia de Historia« in Madrid.

All die Ehrungen und Mitgliedschaften, die Hugo Obermaier bereits zu Lebzeiten angetragen wurden, aufzuzählen, wäre ermüdend. Nur soviel sei gesagt, daß es nicht wenige waren, wofür auch die Tatsache spricht, daß Obermaier als der Begründer einer Madrider »Schule« für Urgeschichte gilt.

Doch obwohl ihn seine Lehrtätigkeit stark in Anspruch nahm, fand er dazwischen immer wieder Zeit, gemeinsam mit Breuil auf Erkundung zu gehen. Fotos zeigen Obermaier mit Pickel, Schaufel, Sonnenhut und Baumwollhemd vor einer spanischen Höhle und, zusammen mit Breuil, beim Schichten und Sortieren der Fundstücke.

Im Sommer 1936, als Obermaier und Breuil beim archäologischen Kongreß in Oslo waren, brach in Spanien der Bürgerkrieg aus, was für Obermaier bedeutete, daß er drei Jahre lang nicht in seine Wahlheimat zurückkehren konnte. Was jedoch weit schlimmer war: Als er 1939 wieder nach Madrid reisen konnte, mußte er feststellen, daß seine wissenschaftlichen Arbeiten und seine Sammlung ein zweites Mal, und dieses Mal unwiderruflich, verlorengegangen waren.

Schweren Herzens entschloß sich Obermaier einen Ruf an die Universität Fribourg anzunehmen, jene Schweizer Universität, auf die er einst freiwillig, seinem Freund Breuil zuliebe, verzichtet hatte. Seine Freunde in Spanien, allen voran der Herzog von Alba, versuchten Obermaier zum Bleiben zu bewegen, doch vergeblich. Zum einen hatte er in Spanien mit keinerlei Altersversorgung zu rechnen – immerhin war er mittlerweile 63 Jahre alt –, zum anderen hatte einer

Obermaiers Geburtshaus in der Gesandtenstraße 13.

seiner früheren Schüler öffentlich Anspruch auf Obermaiers Lehrstuhl erhoben; ein Umstand, der Obermaier sehr verletzt haben muß. Bevor er sich also dazu herabließ, als Konkurrent seines Schülers aufzutreten, ging er lieber nach Fribourg, wenn ihm der Abschied von Spanien auch sehr schwer fiel; um so mehr, als die Möglichkeiten in der Schweiz, was Bibliotheken, Kredite und Grabungen anbelangte, bei weitem nicht das waren, was Obermaier von der Madrider Universität her kannte.

Altsteinzeitliche Fundstellen sind in der Schweiz zudem eher die Ausnahme, doch Obermaier versuchte das Beste daraus zu machen: Er bezog einfach prähistorische Probleme seines neuen Gastlandes, wie zum Beispiel die späteiszeitlichen Rentierjäger der Jurazone oder die mittelsteinzeitlichen Höhlenbärenjäger in den Voralpen, in seine Arbeiten mit ein. Unter seinen Hörern und Studenten genoß er als hervorragender Gelehrter große Anerkennung.

Anfang der vierziger Jahre jedoch nahm seine körperliche Widerstandskraft rapide ab. 1945 zwang ihn eine Zuckerkrankheit dazu, seine Vorlesungen endgültig aufzugeben. Ein anschließender Schlaganfall ließ ihn zum Stummen werden. Am 12. November 1946 starb Hugo Obermaier in Fribourg, wo er auch begraben wurde. Eine am Hauptgebäude der Universität angebrachte Bronzetafel erinnert dort an ihn.

Auch Regensburg hat ihn nicht vergessen. Am 23. Juni 1951 wurde die »Hugo-Obermaier-Gesellschaft für Erforschung des Eiszeitalters und der Steinzeit« gegründet, und an seinem Geburtshaus in der Gesandtenstraße wurde eine Gedenktafel angebracht, die da lautet: »Universitätsprofessor Dr. Hugo Obermaier, Urgeschichtsforscher in Wien, Paris, Madrid und Freiburg/Schweiz. Geb. 1877 zu Regensburg, gest. 1946 zu Freiburg.«

Im Stadtwesten ist außerdem eine Straße nach ihm benannt.

Alfred Döblin und Ludwig Bemelmans

Standort: Karthaus-Prüll und Arnulfsplatz 6

Alfred Döblin: 1878 in Stettin geboren, 1957 in Emmendingen bei Freiburg verstorben. Studium der Medizin, 1905/06 Assistenzarzt in Regensburg, 1911–1933 Nervenarzt in Berlin. Verfasser sozialkritischer Romane (»Berlin Alexanderplatz«). 1933 Flucht ins Exil über die Schweiz, Frankreich, Spanien, Portugal in die USA.

Ludwig Bemelmans: 1898 in Meran geboren, 1962 in New York verstorben und in Washington begraben. Kindheit in Regensburg, Auswanderung in die USA, Hotellaufbahn, Karikaturist, Buchillustrator und -autor von humoristischen Erzählungen, Reisebüchern und autobiographischen Romanen (»Hotel Splendid«).

Unglücklich in Regensburg und Hollywood

Im Oktober 1905 erhält die oberpfälzische Kreisirrenanstalt Karthaus-Prüll (heute Bezirkskrankenhaus) eine Bewerbung um die Stelle des 4. Assistenzarztes. Es heißt darin unter anderem:»Unterzeichneter ist 27 Jahre alt, jüdischer Religion, hat Juli 1905 sein Staatsexamen in Freiburg i. B. mit ›gut‹ bestanden, promovierte mit beifolgender Doktorarbeit: ›Gedächtnisstörungen bei der Korsakoffschen Psychose‹. Er war als Student in der Irrenklinik von Prof. Hocha in Freiburg i. B. psychiatrisch-klinisch und -anatomisch beschäftigt, beabsichtigt, sich ganz der Psychiatrie zu widmen, ist gegenwärtig Volontär in Berliner Nervenpolikliniken.« Der »Unterzeichnete« heißt Alfred Döblin und ist der einzige Bewerber. Man darf aufgrund einer Notiz des zuständigen Regierungsrates vermuten, daß Döblin, hätte es auch nur einen nichtjüdischen Mitbewerber mit ausreichender Qualifikation gegeben, die Stelle nicht bekommen hätte:»Döblin ist Israelit, doch dürfte seine Einberufung nicht zu beanstanden sein, da eine anderweitige Meldung trotz wiederholter Ausschreibung seit Jahresfrist nicht eingekommen ist.«
Am 16. November 1905 tritt Döblin seinen Dienst in Karthaus an – zunächst frohen Mutes:»Ich sitze hier unter lauter absolut Verrückten«, schreibt er seinem Freund Herwarth Walden am 22. November. »Wahnsinnig interessante Fälle zum Teil. Hab wenig zu tun eigentlich, sehr netter Direktor; bin bis heute noch nicht aus den Anstaltsmauern gekommen seit fast 1 Woche. Ich habe 150 Weiber in meiner

Alfred Döblins Arbeitsort als Arzt im Krankenhaus »Karthaus«.

Hut; die Anstalt hat 650 Patienten. Ein Bechsteinflügel steht zu meiner Verfügung (...). Reichlich ist alles vorhanden, Ochsen, Hühner und Idioten.«

Um sein Verhältnis zu den »Verrückten« zu illustrieren, sei folgende Passage aus seiner autobiographischen Schrift »Merkwürdiger Lebenslauf eines Autors« zitiert: »Ich ging als Assistenz in mehrere Irrenanstalten. Unter diesen Kranken war mir immer sehr wohl. Damals bemerkte ich, daß ich nur zwei Kategorien Menschen ertragen kann neben Pflanzen, Tieren und Steinen: nämlich Kinder und Irre. Diese liebte ich immer wirklich.«

Mit seinen Kollegen aber überwirft sich Döblin bald – hauptsächlich aus fachlichen Gründen. Alfred Döblin ist mit seinem erst vor kurzem abgeschlossenen Studium der theoretisch Überlegene, der dazu hofft, sich in Karthaus weiterbilden zu können. Er möchte nicht nur Arzt, sondern auch Wissenschaftler sein und trifft auf Kollegen und Vorgesetzte, die er mehr als Anstaltsverwalter denn als Ärzte, geschweige denn als Wissenschaftler sieht. Hinzu kommt, daß dem Großstadtmenschen Döblin Regensburg zu langweilig ist; und gelegentliche Reisen nach München und Nürnberg können ihm nicht darüber hinweghelfen, daß er sich wie in die tiefste Provinz verschlagen fühlt. Ein Brief an Walden im Sommer 1906 schließt mit dem Satz: »Ich habe wieder ein bißchen Verlangen nach Berlin; oh dieses Nest hier!« Da trennen ihn noch knapp zwei Monate von der Kündigung und drei Monate vom endgültigen Abschied am 1. Oktober 1906.

»Den Oberarzt hab ich wegen Beleidigung verklagt (...). Den I. Assistenzarzt sprach ich schon seit $^1/_2$ Jahr nicht, nach einem Krach. Den andern Herrn bin ich, da sie mich garnicht interessierten, stets aus dem Weg gegangen. Der Direktor ist Corpsbruder des I. Assistenten (...). Die Situation hab ich nur aus Trotz noch ein bissel ertragen, schließlich langweilts einen ja; man fühlt sich auch zu gut für solche Kleinstädtereien. Ich habe auch zu sehr ihre Kgl. bayrische Ruhe gestört.«

Über Grund und Ausgang der Beleidigungsklage ist heute nichts mehr bekannt, und ob Döblin mit der Bezeichnung »Corpsbrüder« für den I. Assistenzarzt und den offenbar doch nicht so sehr netten Direktor auf antisemitische Gesinnungen der betreffenden Herren anspielt, läßt sich nur vermuten.

Unten in der Stadt leidet unterdessen ein anderer an Regensburg, dieser »langweiligen und klatschsüchtigen kleinen Provinzstadt«. Es ist der 1898 geborene Ludwig Bemelmans, Sohn eines belgischen Malers und der Tochter des Regensburger Brauereibesitzers Emslander. Bis 1912 verbringt er seine Kindheit in Regensburg – und auch er wird später, wie Döblin, ein bekannter, nebenberuflicher Schriftsteller. 1943 verschlägt das Schicksal beide, Bemelmans und Döblin, nach Hollywood – damals eine der Hauptanlaufstellen für emigrierte europäische Kulturschaffende. Zu dieser Zeit lebte Bemelmans bereits 29 Jahre in den USA; Döblin seinerseits war 1933 vor den Nazis zuerst nach Frankreich, nach Kriegsausbruch 1940 über Spanien und Portugal nach Amerika geflohen. Doch weder in Regensburg noch in Hollywood, noch in Frankreich, wo beide sich in den Nachkriegsjahren aufhalten, lernen sie einander kennen. Gegen Regensburg, die Stadt seiner Kindheit, hegt Bemelmans zeit seines Lebens eine tiefe Abneigung – was jedoch nicht der Stadt allein zuzuschreiben ist. Regensburg hat, wenn man so will, auch im Fall Bemelmans das Pech, sich als Schauplatz für eine unglückliche Lebensphase zur Verfügung stellen zu müssen. Während der dort verbrachten Jahre trennt sich sein Vater von der Familie, und noch 1962, in seinem Todesjahr, äußert Bemelmans in einem Brief an Alma Mahler-Werfel, wie sehr er immer ein normales Familienleben vermißt habe.

In Döblins Erinnerung ist das Regensburger Ungemach fünfzig Jahre später verblaßt; und auch der Bechsteinflügel scheint seinem Gedächtnis entschwunden: »Damals saß ich übrigens in Regensburg als Assistenzarzt in der Kreisirrenanstalt und schrieb eine abstrakte lange Betrachtung (ich weiß nicht mehr, wie ich darauf kam), betitelt ›Gespräch mit Kalypso über die Musik und die Liebe.‹«

Der Knabe Bemelmans findet andere Wege, sich »ein bißchen Spaß« in dieser »langweiligen Stadt« zu verschaffen. Etwa wenn er mit Onkel Wallner, dem ebenso beflissen höflichen wie kurzsichtigen Kolonialwarenhändler, spazierengeht. Wenn »eine von Großvaters Kellnerinnen (...) vorüberkam«, erinnert sich Bemelmans in seinem Buch »Hotel Splendid«, oder »die Dame, die die Toilette auf dem Bahnhof betreute, oder eines der lockeren Mädchen, die Onkel Veri liebte, machte ich Onkel Wallner aufmerksam und sagte ihm, daß die Frau Direktor in Sicht wäre oder die Frau Inspektor oder die Frau des französischen Konsuls. Sofort blieb Onkel Wallner stehen, wandte sich um, lispelte den Namen über die Straße und schwenkte seinen Hut durch die Luft (...), um mir dann auseinanderzusetzen, was für eine ehrenwerte, feine und vornehme Dame die Toilettenfrau sei.«

1912 geht Bemelmans zu einem Onkel der väterlichen Familie, der als Hotelier in Meran lebt, um dort eine Hotel-Lehre zu absolvieren; ab

1914 macht er im New Yorker »Hotel Splendid« Karriere bis zum Abteilungs-Direktor. Das Verhältnis zum Vater, der ebenfalls in New York lebt, renkt sich nicht wieder ein. Schon die Ankunft kurz vor Weihnachten 1914 steht unter einem unglücklichen Stern. Der Vater vergißt, seinen Sohn Ludwig vom Schiff abzuholen, worauf dieser das Weihnachtsfest auf Ellis Island verbringen muß. Nur einige Monate lebt Bemelmans in New York mit seinem Vater zusammen und bezieht, als er eine Anstellung gefunden hat, ein eigenes möbliertes Zimmer. Das »Hotel Business«, in dem er Karriere macht, ist ihm bald verhaßt; doch bietet ihm der Hotelalltag Stoff für Geschichten und Karikaturen.

In Hollywood übrigens werden beide Schriftsteller ebensowenig glücklich wie in Regensburg: Während Döblins Schreiben dort überwiegend auf Desinteresse stößt, macht Bemelmans sich mit einer Schlüsselgeschichte über die Filmindustrie unbeliebt.

Ludwig Bemelmans Wohnhaus (ehem. Brauerei Emslander)
am Arnulfsplatz.

Franz Gürtner

Standort: Eck zum Vaulschink 2

1881 in Regensburg geboren, 1941 in Berlin verstorben. Jurastudium in München, 1909 Syndikus eines Brauereiverbandes und Personalreferent im Bayerischen Justizministerium, 1912 Amtsrichter, 1920 Landgerichtsrat, 1922 als Vertreter der deutschnationalen Bayerischen Mittelpartei Staatsminister der Justiz,
1932–1941 Reichsjustizminister.

Staatsbegräbnis für einen Regensburger

Zweifellos handelt es sich bei Franz Gürtner um eine höchst wider-
sprüchliche Gestalt der neueren deutschen Geschichte. Wie kann
jemand, dem »ein ausgeglichenes Gemüt« und eine »gütige Natur«
beschieden wird, unter einem Mann wie Hitler Justizminister bleiben? Wie kann jemand, der ein begeisterter Kunstliebhaber ist, der
Bildung als »die Sehnsucht nach Erkenntnis« versteht, in den oberen
Etagen des »Reiches« zu Hause sein? Wie kann jemand, der mit Hin-
gabe Cello und Orgel spielt und die wichtigsten europäischen
Sprachen beherrscht, an einem heiter-sonnigen Nachmittag die
»Euthanasie«-Gesetze verabschieden? Gehörte Gürtner zu jenen, die
glauben, nur an exponierter Stelle könne man etwas gegen das dikta-
torische System ausrichten? Oder zu jenen, deren opportunistische
Maxime fortdauernd darin besteht, »das Beste daraus zu machen«,
die immer ein geeignetes Schlupfloch finden?
Franz Gürtner wuchs in Regensburg in einfachen Verhältnissen in
der Altstadt auf. Sein Vater war Lokomotivführer, seine Mutter die
Tochter eines Metzgermeisters. Zwischen 1891 und 1900 besuchte er
das Königlich-Neue Gymnasium (heute Albrecht-Altdorfer-Gym-
nasium). Als bester seines Jahrganges hielt er die Abschiedsrede der
Absolventen im Reichssaal des Alten Rathauses. Für den Prüfungs-
kommissar gehörte Gürtner »zu den harmonisch angelegten Natu-
ren, die für alles gleichmäßig Interesse haben«, und er fuhr fort: »Nur
ist bei ihm das Interesse ein tieferes als in den meisten Fällen. Beto-
nend möchte ich bei ihm noch die guten Umgangsformen und seine
feine angenehme Art des Auftretens hervorheben, die sich gleichweit
von Überhebung und falscher Unterwürfigkeit fern halten, Fehler, die
bei einem jungen Mann, der sich aus kleinen Verhältnissen durch

Franz Gürtner

eigene Kraft emporgearbeitet hat, gar leicht vorkommen.«

Vielleicht ist in diesem »durch eigene Kraft emporgearbeitet« schon das Lebensmuster Gürtners beispielhaft und vorwegnehmend ausformuliert. Hier hatte er einen Anfang gemacht: Nicht nur wegen seiner hervorragenden Leistungen, sondern auch ob seines »beispielhaften Verhaltens« wurde Gürtner – bei freier Unterkunft und Verpflegung – in die königliche Stiftung des Maximilianeums aufgenommen. Im Herbst 1900 schrieb er sich an der juristischen Fakultät der Münchner Universität ein. Außerdem studierte er Musik- und Literaturgeschichte und besuchte nebenher noch andere Veranstaltungen, so zum Beispiel eine Physikvorlesung bei Röntgen. Als Geförderter der angesehenen königlichen Stiftung fiel es Gürtner nicht schwer, schnell Zugang zu jenen konservativen Kreisen zu bekommen, die das gesellschaftliche Leben Münchens beherrschten. Am 8. Juni 1901 schrieb er seinen Eltern nach Regensburg:»Man darf schon eine sehr gut dotierte Stellung haben, das habe ich ja schon immer gesagt, wenn man ein Leben führen will, wie es mir jetzt ermöglicht ist.«

Die Stationen seines dreijährigen Praktikums führten ihn zurück nach Regensburg zum Amts- und Landgericht, nach Kelheim zum Bezirksamt und wieder nach München in eine Anwaltskanzlei. Zwischendurch leistete er seinen Heeresdienst als Einjährig-Freiwilliger beim 11. Infanterieregiment »Von der Tann« in Regensburg ab. Während des gesamten Praktikums lebte er sehr zurückgezogen, lehnte es sogar ab, außerhalb der Amtszeit mit seinen Kollegen zusammenzuarbeiten, da er unter ihnen keinen Ebenbürtigen fand. Die gefürchtete Abschlußprüfung bestand er mit sehr guten Leistungen; sein gerader Weg setzte sich fort.

Bei Beginn der nationalsozialistischen Herrschaft schließlich sah sich Gürtner mit dem Verdacht konfrontiert, er sei von Hitler mit dem Posten des Reichsjustizministers belohnt worden, weil er sich bemüht habe, diesen 1924 möglichst vor einer Bestrafung zu bewahren, bezie-

Gürtners Geburtshaus am Eck zum Vaulschink Nr. 2.

hungsweise ihn so bald wie möglich aus der Strafhaft heraus zu bekommen.

Das auf 44 Seiten ausgebreitete Urteil, das vom Volksgericht München am 1. April 1924 gegen Hitler verkündet wurde, strotzte von Rechtsfehlern und zeugte von Parteilichkeit. Eigentlich wäre das zum Teil mit Sozialdemokraten besetzte Reichsgericht Leipzig zuständig gewesen, wo den zehn Angeklagten die Todesstrafe gedroht hätte. Gürtner, damals bayerischer Justizminister, gelang es, den Fall vor das nationalistisch gesinnte Volksgericht in München zu bringen, angeblich um die blamablen Vorgänge und die tieferen Hintergründe des Putsches nicht an die Öffentlichkeit gelangen zu lassen.

Zehn Jahre lang blieb Gürtner, als Vertreter der Bayerischen Mittelpartei, Justizminister in Bayern, bevor er im Juni 1932 zum Reichsjustizminister ernannt wurde. Er sah sich in der Folgezeit nicht als Nationalsozialist, sondern vielmehr als unpolitischer Fachmann, der sich lediglich in jenem Rahmen bewegte, den ihm die Politik abgesteckt hatte. Ein Eichmann wie so viele andere auch? Allerdings befleißigte er sich in manchen Situationen tatsächlich einer oppositionellen Haltung, wie der Prozeß gegen den wegen angeblicher homosexueller »Verfehlungen« angeklagten, politisch unliebsamen Generalobersten Fritsch und die Sittlichkeitsprozesse gegen katholische Geistliche zeigen. Außerdem seien hier die Prozesse gegen Pfarrer Niemöller und Dibelius, den Superintendenten der Lutherischen Bekennenden Kirche, erwähnt, in denen Gürtner durchaus Courage bewies.

Dennoch fielen in seine Zeit die »Euthanasie«-Gesetze, die Gesetze gegen die Juden und andere braune Gesetze, mit denen Juristen das Recht im Unrechtsstaat pervertierten.

Es gibt weitere Beispiele für Gürtners anfangs schon angesprochene Widersprüchlichkeit, vielleicht auch seine Unentschiedenheit gegenüber dem System. Er behielt nach 1933 seine »nichtarischen« Mitarbeiter im Reichsjustizministerium so lange wie möglich und brach auch private Kontakte zu jüdischen Bekannten nicht ab. Seine Kinder ließ er von dem jüdischen Arzt Dr. Reisch behandeln, und er verhalf dessen Sohn zur Auswanderung. Hitler gegenüber setzte er sogar die Wiederzulassung der von den Landesjustizministern bereits ausgebooteten jüdischen Frontkämpfer und Alt-Anwälte durch.

Die Gürtner beschiedene Kunst der Verhandlungsführung, die durch den »Klang der ruhigen Stimme, die gepflegte Sprache, die dabei nie die bayerische Färbung verlor«, unterstützt wurde, verfehlte häufig ihre Wirkung nicht. In so mancher Angelegenheit konnte er Hitler von seinen eigenen Auffassungen überzeugen, wie sein Biograph meint.

Gürtner glaubte, das Staatssystem von innen her ändern zu können. Er war der Überzeugung, »daß zur erfolgreichen Überwindung Weimars die wertvollen Elemente der nationalsozialistischen Bewegung für die gemeinsame nationale Erhebung gewonnen werden mußten« und daß die Nationalsozialisten dann gezähmt werden könnten. Diesem Irrtum widmete er einen beträchtlichen Zeitraum seines Lebens. Aus verschiedenen Berichten geht jedoch hervor, daß er sein Amt in den letzten Monaten vor seinem Tode zunehmend als eine schwere Last empfand, die er auf sich nehmen zu müssen glaubte, um den befürchteten Ministerwechsel bei der Justiz zu vermeiden. Vielleicht trugen die unmittelbaren Eindrücke, die er während des Krieges auf einer Polenreise sammelte, Mitschuld daran, daß er nach seiner Rückkunft in Berlin schwer erkrankte. Er starb in der Nacht vom 28. auf den 29. Januar 1941 im Westsanatorium. Für die Vermutung seiner Freunde, Gürtner sei von der SS vergiftet worden, gab es freilich keine Beweise. Was blieb, waren Argwohn, Mutmaßungen, Verdachtsmomente, die sich am 1. Februar 1941 schließlich noch verstärkten: Beim offiziellen Staatsakt im Mosaiksaal der Neuen Reichskanzlei waren neben Hitler fast alle führenden Köpfe des Staates, der Partei und der Wehrmacht anwesend. Lediglich Himmler und Heydrich ließen sich nicht sehen.

Georg Britting

Standort: Alte Manggasse 3

1891 in Regensburg geboren, 1964 in München verstorben. Schule und Studium in Regensburg, Journalist und Theaterkritiker, 1919–1921 Mitherausgeber der Literatur- und Kunstzeitschrift »Die Sichel«, 1921 freier Schriftsteller in München, Mitte der 1930er Jahre einer der bedeutendsten Münchener Dichter, nach dem Krieg zahlreiche literarische Auszeichnungen.

Was der Schnellzug nach München mit Georg Britting gemein hat

»Das Schönste an Regensburg ist der Schnellzug nach München«, dieser Ausspruch ist wohl der berühmteste des 1891 in Regensburg geborenen Dichters Georg Britting, der diesen Zug dann auch im Jahr 1921 bestieg, um seiner Heimatstadt, einige sporadische Besuche ausgenommen, für immer den Rücken zu kehren.

1987, 23 Jahre nach seinem Tod, erzählt Brittings Frau anläßlich einer Buchvorstellung, ihr Mann habe sie nie mit nach Regensburg genommen, habe sogar versucht, die in der Regensburger Zeit entstandenen Texte vor ihr verborgen zu halten. Wie kommt es zu dieser Einstellung des Dichters zu einem Teil seines Werks, durch welchen er gerade in der Fachwelt am meisten geachtet wurde? Um zu des Rätsels Lösung zu gelangen, müssen wir uns in das Regensburg von Brittings Jugendjahren zurückversetzen.

Wie auch heute sich das ausklingende Jahrtausend durch umwälzende Neuerungen bemerkbar macht, ist das Regensburg zur Zeit der letzten Jahrhundertwende ein Schmelztiegel der Urtümlichkeit und der beginnenden Modernisierung. Neben den althergebrachten Berufen wie Pechsieder, Meerschaumschneider oder Wattemacher, neben den allgegenwärtigen Bauernmärkten und den übers Pflaster rumpelnden Leiterwagen kündigt sich mit anwachsenden Industrien und elektrischen Straßenbahnen ein vollständig neues Zeitalter an. In diese Schwelle zwischen alt und neu wird Georg Britting hineingeboren, und es mag sein, daß auch in dieser, von Kind an miterlebten Aufbruchstimmung einer der Gründe liegt, warum Regensburg, dem in seinen Augen trotz aller Neuerungen stets der Ruch des Provinziellen, Bäuerischen und Kleinstädtischen anhaften muß, im Vergleich mit der Hauptstadt München so schlecht ab-schneidet.

Ein zweiter Grund liegt möglicherweise in Brittings Jugend, die er selbst im nachhinein immer als sehr glücklich darzustellen versucht. Wie sich bei genauerer Überprüfung herausstellt, kann sie, zumindest was die finanzielle Situation der Familie Britting anbelangt, nicht ohne Einbrüche gewesen sein. 1898 wird Vater Britting aus seiner Stellung als »königlicher Katasterzeichner« entlassen, und die Fami-lie muß die Wohnung am Oberen Wöhrd verlassen. Im Hacken-gäßchen, in das man zieht, hat man plötzlich das Regensburger Proletariat zu Nachbarn. Doch Vater Britting, der die soziale Deklas-sierung nicht hinnehmen will, gibt sich weiterhin als behördlicher Vertreter aus, ein Umstand, der einige Gefängnisstrafen wegen Betrugs und Urkundenfälschung nach sich zieht.

Der junge Georg Britting ist denn auch sehr bestrebt, sich wieder emporzuarbeiten und Karriere zu machen. 1911 erscheint der erste Gedichtabdruck im »Deutschen Hausschatz« beim Regensburger Verlag Pustet, gleichzeitig absolviert Britting ein zweijähriges Prakti-kum bei den »Regensburger Neuesten Nachrichten«, für die er ab 1912 auch Theaterkritiken schreibt. Zur Sicherheit fährt er weiterhin zweigleisig. Einerseits möchte er Journalist werden, auf der anderen Seite versucht er sich als Dramatiker, wie der Einakter-Zyklus »An der Schwelle«, der 1913 mit guten Rezensionen im Regensburger Stadttheater aufgeführt wird, belegt.

1914 meldet er sich freiwillig in den Krieg. Britting zeigt sich vom Militärischen begeistert. Er liebt die Kameradschaft und den Männ-lichkeitskult, schreibt Gedichte für Propagandablätter, steigt zum Leutnant und Kompanieführer auf und bekommt mehrere Orden, auf die er zeitlebens stolz sein wird. Als er 1959 das Bundesverdienst-kreuz verliehen bekommt, trägt er herausfordernd sein Eisernes Kreuz im Knopfloch.

1918 schwer verwundet, bezeichnet er sich nach dem Krieg als Anar-chist und Sozialdemokrat, schreibt aber gleichzeitig: »Ich möchte übrigens meine Ruhe haben, anständige Verpflegung und für mich arbeiten können. Im tiefsten Grunde meines Herzens ist mir aber Politik sauwurscht. Es lebe der Egoismus und der Individualismus. Alles für einen.«

Der Sozialdemokrat mag also nur in dem Sinne nützlich für ihn gewesen sein, als er nach dem Krieg seine journalistische Karriere bei der sozialdemokratischen Regensburger »Donaupost« fortsetzt, für die er wieder Theaterkritiken schreibt. Am konservativen »Regensburger Anzeiger«, der seine, teilweise zu böser Polemik ausgearteten, Kritiken verreißt, rächt er sich, als er als Arbeiter- und Soldatenrat während der Rätezeit zusammen mit einigen anderen die Redaktion besetzt und erreicht, daß die Zeitung für drei Tage verboten wird. Britting scheitert bei der »Donaupost«. Auch als Lektor eines Verlags hat er keinen Erfolg. Die von ihm und seinem Freund Josef Achmann, einem Maler, herausgegebene Zeitschrift »Die Sichel« muß nach einigen Nummern ihr Erscheinen wieder einstellen.

Dies alles und die bereits im Vorfeld genannten Gründe lassen in Britting immer mehr den Glauben entstehen, daß er es in der »Provinz Regensburg« zu nichts bringen werde, seine literarischen Talente wie Perlen vor die Säue werfe. Er folgt dem Freund Achmann nach München. Im vierten Stock eines Hauses am St.-Anna-Platz baut er sich, in fast mönchischer Strenge, seine Existenz auf. Die kargen Verhältnisse wird er bis zu seinem Tod beibehalten; in ihnen sieht er die Voraussetzung für sein künstlerisches Wirken.

1930 erscheint sein erster Gedichtband, weitere werden in schneller Folge veröffentlicht. 1936 erhält er den Literaturpreis der Stadt München, zu einem Zeitpunkt, als der Nationalsozialismus bereits sein Gesicht zeigt. Diese Zeit liefert uns denn auch wieder weitere Fingerzeige auf Brittings »Egoismus«. Obwohl selbst nie in der Partei, läßt er sich doch von dieser vermarkten, macht Lesereisen für NS-Kulturgemeinden und dient als Aushängeschild des Auswärtigen Amtes. Da er weder Jude noch Marxist ist, bietet ihm das Dritte Reich durchaus Spielraum, den er auch für sich zu nutzen versteht. Sein 1933 erschienener Novellenband »Die kleine Welt am Strom« wird als Feldpostausgabe herausgegeben und dient der geistigen Erbauung der Soldaten. 1945 wird er, da er scheinbar nie den Propagandadichtern angehörte, als unbelastet eingestuft und muß sich, wie viele der sogenannten »unpolitischen« Künstler, keinem Entnazifizierungsverfahren stellen. Er setzt seine Karriere fort und wird ein bundesweit erfolgreicher Dichter, der auch in allen Schulbüchern vertreten ist. 1951 verleiht ihm die Stadt Regensburg die Albertus-Magnus-Medaille, 1953 erhält er den Immermannspreis der Stadt Düsseldorf und drei Jahre später den Kunstpreis des Landes Nordrhein-Westfalen.

Zu seinem Tod im Jahr 1964 schreibt die »Mittelbayerische Zeitung«: »Georg Britting war ein großer Dichter und ein großer Mensch. Er hat den Namen Regensburgs, in dessen Mauern zurückzukehren er sich

Brittings Geburtshaus in der Alten Manggasse 3.

in seinen letzten Lebensjahren mehrmals gewünscht hatte, um in der alten Reichsstadt seinen Lebenskreis zu schließen, in der Welt berühmt gemacht. Wir können ihm dafür mit der Liebe zu seinem Werk Dank sagen.«

Dem Dichter ist an seinem Geburtshaus in der Alten Manggasse 3 eine Gedenktafel und im Stadtsüden eine Straße gewidmet.

Elly Maldaque

Standort: Orleansstraße 4

1893 in Regensburg geboren, 1930 in Regensburg verstorben. 1911–1913 Ausbildung als Volksschullehrerin in Erlangen, Lehrerin in verschiedenen Orten Bayerns, 1920 die erste und einzige protestantische Lehrerin in Regensburg, ab 1929 von der Polizei überwacht.

»Die Lehrerin von Regensburg«

Der Tod der Regensburger Lehrerin Elly Maldaque am 20. Juli 1930 erregte überregionales Aufsehen. Berliner Zeitungen, zum Beispiel die »Vossische Zeitung«, »Die Weltbühne« oder die »Rote Fahne«, berichteten darüber. Der für seine gesellschafts- und moralkritischen Dramen bekannte Ödön von Horváth begann 1930 über die »Lehrerin von Regensburg« zu schreiben. Der Berliner Schriftsteller Walter Mehring, ein schonungsloser Zeit- und Gesellschaftskritiker, verfaßte »Die Ballade der Lehrerin Elly Maldaque«.

Auch in den achtziger Jahren war der Fall Maldaque nicht in Vergessenheit geraten: 1982 erschien eine Buchdokumentation: eine Regensburger Musikgruppe benannte sich nach Elly Maldaque, eine Kammeroper wurde ihr gewidmet, und Studenten- und Schülertheateraufführungen beschäftigten sich mit ihr. 1995 schließlich wurde ihr eine Gedenktafel an der Von-der-Tann-Schule errichtet, nachdem der Regensburger Stadtrat es zuvor abgelehnt hatte, die Schule, in der Elly Maldaque als Lehrerin wirkte, nach ihr umzubenennen. 1996 bringt eine Privatgemeinschaft an Maldaques Wohnhaus in der Orleansstraße 4 eine Gedenktafel an.

Wer war diese Frau, und warum sorgte ihr Tod für ein solches Echo? Um das zu erfahren, müssen wir in der Geschichte bis in das Jahr 1920 zurückgehen; das Jahr, in dem Elly Maldaque siebenundzwanzigjährig ihren Dienst als Volksschullehrerin an der protestantischen Regensburger Von-der-Tann-Schule antrat.

Ein genaues Bild von ihr läßt sich aus den sich widersprechenden Behauptungen nur schwer gewinnen. Während ihr Vater im nachhinein stets bemüht ist, sie als einen depressiven, verwirrten Charakter darzustellen, beschreiben Kollegen und Vorgesetzte sie als eine gesunde, sportliche und heitere Frau.

Elly Maldaque ist nicht verheiratet, lebt ohne Partner, so will es das Bayerische Volksschullehrergesetz Art. 151: »Das Dienstverhältnis der Volksschullehrerin erlischt mit der Eheschließung.« Fast überflüssig anzumerken, daß ein solches Zölibat bei ihren männlichen Kollegen nicht Vorschrift ist. Was bleibt Elly Maldaque also, außer Beruf und Freunden, um ihr Leben auszufüllen, nachdem ihr ein erfülltes Privatleben eben gerade durch den Beruf verwehrt bleibt?

Eine Sinnsucherin ist sie, die Lehrerin von Regensburg, tiefreligiös, bis sie 1926 eine alte Studienfreundin, Irene Neubauer, wiedertrifft und durch diese mit den Lehren des Sozialismus und Kommunismus vertraut wird, die ihr mit einem Mal als ein wahreres, besseres Christentum erscheinen. In ihr Tagebuch schreibt sie am 13. September 1927:

»Das Leben scheint mir sinnlos, wenn kein Inhalt es füllt. Wo diesen suchen? Ich habe in den Sommermonaten eine vollständige innere Umstellung erfahren. (…) Meinen Glauben, meinen persönlichen Gott, den ich trotz meiner freien, außerkirchlichen Anschauungen doch immer zutiefst und heimlichst in mir getragen, habe ich von mir gegeben. Und ich habe es bewußt und mit aller Überlegung getan, weil ich alle Schäden gesehen und erkannt habe, die der (…) Glaube mir unwiederbringlich geschlagen hat.«

Ein liebevoller, selbstloser Mensch will sie werden, und der Kommunismus erscheint ihr als der »einzige Menschheitserlöser«, für den es sich lohnt zu leben, zu kämpfen, die »Notwendigkeit dieser Marterschule« durchzustehen, »denn noch immer brüstet sich der Moloch Ich in unverschämter Frechheit. Und es soll doch alles menschliche Streben zu Liebe für das andere werden.«

Im Endeffekt hat sie also den einen Gott für einen anderen eingetauscht, ist sie einer dieser nach Vollkommenheit strebenden Menschen, für die vielleicht gerade der unbedingte Glaube an etwas zum Verhängnis wird, da sie durch die eigenen und die menschlichen Schwächen anderer immer wieder in tiefste Krisen gestürzt werden, aus denen sie sich nur unter Aufbietung aller Kräfte dem schwärmerischen Ideal wieder annähern können. Elly Maldaques politische Tätigkeit könnte harmloser und idealistischer nicht sein. Sie besucht, ohne jemals Mitglied zu sein, Veranstaltungen der KPD, singt revolutionäre Lieder und begleitet am Klavier, geht in die Wohnungen der Armen und Arbeitslosen, denen sie mit eigenen Mitteln hilft, und veranstaltet Wochenendausflüge für ihre Schulkinder. Zudem ist sie dem Arbeiter-Abstinentenbund und den Arbeiterturnern beigetreten.

Elly Maldaques ehemaliges Wohnhaus in der Orleansstraße 4.

Seit dem Spätherbst 1929 wird sie jedoch politisch überwacht, da in einem Bericht der Polizeidirektion Regensburg über die »kommunistische Bewegung hier« ihr Name auftaucht. Ihr wird kommunistische Betätigung vorgeworfen; Beobachtungen, daß diese nach außen dringt, können jedoch nicht gemacht werden. »Sie ist offensichtlich äußerst vorsichtig.« Nach streng vertraulicher Mitteilung »ist sie Mitglied der KPD; sie ist aber ängstlich darauf bedacht, diese Tatsache vor der Öffentlichkeit geheimzuhalten«. Vom Oberstadtschulrat Dr. A. Freudenberger erhält sie eine freundschaftliche Mahnung, die einzige Warnung, die ihr zuteil wird, und schränkt daraufhin ihre Besuche bei Versammlungen und Veranstaltungen der KPD ein. Dennoch wird am 22. März 1930 eine Hausdurchsuchung bei ihr vorgenommen, die jedoch, wie offiziell eingestanden wird, »ergebnislos verlief«, und bei der »eine strafbare Handlung nicht nachgewiesen werden konnte«.

Elly Maldaque wird weiterhin bespitzelt, eine von vielen übrigens, wie uns die Bestände der politischen Polizei in den Staatsarchiven heute zeigen. Sie betätige sich »ebenso eifrig als Kommunistin wie als Freidenkerin«, heißt es. »Mit dem Führer der Regensburger Kommunisten, Konrad Fuß, steht sie offensichtlich in enger Fühlung. Als Intellektuelle spielt sie in den beiden oben genannten Bewegungen keineswegs eine untergeordnete Rolle. Es muß damit gerechnet werden, daß sie mit der Zeit hier eine Führerin wird.«

Am 28. Juni 1930, kurz bevor ihr Dienstverhältnis unwiderruflich wird, erhält Elly Maldaque ihr Entlassungsschreiben, durch das sie jedweden Anspruch auf das Diensteinkommen, die Standesbezeichnung Volksschullehrerin sowie auf eine Ruhestandsversorgung verliert. Es gibt »keine Einvernahme durch die Schulleitung, kein Anhören der Eltern, des Schulrats und der schulischen Behörden. Es gab überhaupt kein Verhör und keine Rücksichtnahme auf die anerkannt gute Benotung der Beamtin«, so der damalige sozialdemokratische Landtagsabgeordnete und Vater des späteren Oberbürgermeisters Rudolf Schlichtinger. Eine ehemalige Kollegin und spätere Rektorin der Von-der-Tann-Schule dazu:»Es war allgemein die Stimmung, daß man ihr Unrecht getan hat, und die Lehrerinnen haben vor allem gesagt, mit einem Mann hätten sie sich das nicht getraut, ihn so schnell rauszuwerfen.«

Elly Maldaque ist aber weder ein Mann, noch hat sie einen Partner, der ihr zur Seite stehen könnte. Sie wendet sich an die liberale Zeitung »Regensburger Echo«, die eine vollständige Erwiderung von ihr veröffentlicht, in der sie die gegen sie erhobenen Beschuldigungen zurückweist.

Die ganze Situation zehrt an ihren Nerven. Sie fühlt sich überall bespitzelt. Ihr Rechtsanwalt, den sie am 8. Juli besucht, läßt sie, da sie »vollständig von Sinnen war«, ins Krankenhaus einliefern, wo sie abends vom Vater wieder abgeholt wird. Der plant zusammen mit der Stiefmutter ihre Einlieferung in die Heilanstalt, angeblich um ihre Pension zu retten, auf die sie Anspruch hätte, wenn man sie für geistig unzurechnungsfähig erklärte. In Wahrheit muß der Zustand der Tochter den Eltern unheimlich geworden sein, und so völlig hilflos, erscheint ihnen die Einweisung in die Heil- und Pflegeanstalt wie eine Befreiung von einer unerträglichen Last. Elly Maldaque, in dieser Nacht in der väterlichen Wohnung, muß die Unterredung belauscht haben, denn als der Sanitätswagen vor der Tür hält, »schrie sie um Hilfe, biß auf die Zähne und verdrehte die Augen, wie eine Wahnsinnige«. Die Verbringung in das Nervenkrankenhaus kann nur »mit Gewalt betätigt werden«.

Im Gutachten des Bezirksarztes wird sie als »selbst- und gemeingefährlich geisteskrank« bezeichnet und ihre »zwangsweise Unterbringung in der Irrenanstalt« für »dringend notwendig« gehalten. Trotz des stellvertretenden Anstaltsleiters, der ihr bescheinigt, sie leide lediglich an einer »ungeheueren Übermüdung, einem Erschöpfungszustand, der aus ihren seelischen Qualen entspringt und sich in einigen Wochen wieder gelegt haben wird«, bringt man sie in die »Abteilung für schwerste Fälle«, verbietet den Besuch von Bekannten und Freunden und füttert sie, da sie aus Furcht vor Vergiftung die Nahrung verweigert, mit einer Schlundsonde. Am 20. Juli 1930 ist Elly Maldaque, Volksschullehrerin und Intellektuelle, die nichts weiter wollte, als »das Gute zur Erkenntnis bringen und tun«, tot, zu Tode gequält. Wie sich bei der Obduktion herausstellt, ist ihr großes Herz, das sie zur Quelle einer »milden und unversiegbaren Liebe« erziehen wollte, zu klein gewesen, um die Belastungen behördlicher Verfolgung zu überstehen. »Herzgewicht 180 Gramm«, heißt es. Todesursache: »Herzinsufficiens«.

Am 23. Juli 1930 wird sie auf dem Evangelischen Zentralfriedhof unter der Teilnahme mehrerer hundert Menschen begraben.

Oskar Schindler .

Standort: Watmarkt 5

1908 in Zwittau (heute Tschechische Republik) geboren, 1974 in Frankfurt verstorben. 1935 Verkaufsleiter einer Elektrofirma nach dem Bankrott seiner eigenen Maschinenfirma, ab 1938 NSDAP-Mitglied, Arbeit für den deutschen Abwehrdienst, 1939 Gründung der »Deutschen Emailwaren Fabrik« nahe Krakau, 1944 Gründung einer Munitionsfabrik in Brünnlitz, nach dem Krieg Aufenthalt in Regensburg, Südamerika und Frankfurt.

»Wer ein einziges Leben rettet, rettet die ganze Welt«

Im Frühjahr 1994 sind die Kinos voll. Steven Spielberg hat wieder einen Kassenknüller gelandet. Anders als bei »Jurassic Parc« oder »E. T.« geht es diesmal aber um eine wahre Begebenheit: Oskar Schindler und die von ihm bewiesene Zivilcourage.

Bis zu Spielbergs Film glaubte man die Menschen während der Nazizeit lediglich in zwei Gruppen unterteilen zu können: einmal die Mitläufer und Profiteure, und zum zweiten die Widerständler und Opfer. Das Beispiel Oskar Schindler brachte eine gänzlich neue Gruppe in die öffentliche Diskussion: Die Gruppe der Helfer, die mit großem Mut und persönlichem Einsatz bewiesen, daß Menschlichkeit auch während des Nationalsozialismus möglich war.

Obwohl Schindler von November 1945 bis Mai 1950 Einwohner von Regensburg war, kannte bis dahin niemand seinen Namen oder seine Verdienste. Erst ein Journalist einer Regensburger Lokalzeitung brachte einen Meldezettel aus den Archiven des Einwohnermeldeamtes ans Tageslicht, aus dem hervorging, daß Schindler zuerst am Watmarkt und später in der Alten Nürnberger Straße gewohnt hatte. Aus Mähren stammend, strandete Schindler, wie viele andere Sudetendeutsche, 1945 in Regensburg, das in der Nachkriegszeit so etwas wie eine Patenstadt der Sudetendeutschen wurde, denn viele kamen und blieben für immer. Die Sudetendeutsche Landsmannschaft, 1948 in Regensburg gegründet, galt als Zusammenschluß aller heimatlosen »Rucksackdeutschen«, wie die Sudetendeutschen oft genannt wurden, und war bemüht, den Neubürgern und Vertriebenen sowohl

Oskar Schindler, 1968.

den Neuanfang zu erleichtern, als auch durch Lichtbilderabende, eine Sängerriege und eine Singgemeinde heimatliches Kulturgut nicht in Vergessenheit geraten zu lassen.

Leider ist von Oskar Schindlers Regensburger Zeit nichts anderes als eben jener Meldezettel geblieben. Wenn wir also versuchen wollen, uns vorzustellen, wie er gelebt hat, kann das nur aufgrund von naheliegenden Vermutungen geschehen. Aber wir wollen den Versuch trotzdem wagen.

Im Oktober 1945, einen Monat bevor Schindler nach Regensburg kam, rief die örtliche US-Militärregierung eine Zuzugsbeschränkung aus, denn Regensburg hatte mit 150 000 Menschen um die Hälfte mehr Einwohner als wenige Jahre zuvor zu versorgen. Ein Einzelquartier erhielt man erst, wenn eine Zuzugsgenehmigung vom Bürgermeister vorlag.

In Mähren war Schindler Fabrikbesitzer gewesen, hatte über 1000 Menschen beschäftigt und 16 Millionen Reichsmark Jahresumsatz erwirtschaftet. Man kann also davon ausgehen, daß er es gewöhnt war, mit Ämtern und Autoritäten umzugehen, hatte er es doch durch sein Auftreten und durch Bestechung der richtigen Stellen sogar geschafft, 1200 Menschen aus der Gewalt der Nazis zu befreien.

Ob also durch Bestechung oder durch sein selbstbewußtes Benehmen, Schindler erhielt sowohl seine Zuzugsgenehmigung als auch ein Einzelquartier. Da er jedoch noch keine 40 Jahre alt war, konnte er nicht mit Wohlfahrtsunterstützung rechnen. Um seinen Lebensunterhalt zu bestreiten, mußte er sich also entweder Lebensmittelkarten besorgen oder Kontakte zum Schwarzmarkt herstellen. Der befand sich in der Ganghofersiedlung, die den überlebenden Ausländern der deutschen Arbeits- und Konzentrationslager zur Verfügung gestellt worden war; das bedeutete, verbotenes Gelände für die deutsche Polizei. Günstigere Schwarzmarktbedingungen kann man sich kaum vorstellen. Gut möglich, daß Schindler, früher zwangsläufig ein gerissener Tauschhändler, der Lebensmittel für sein fabrikeigenes Judenlager organisierte, dort des öfteren anzutreffen war.

Aber was konnte er tauschen? Vielleicht Brennmaterial? Die Dienststelle für Brennmaterialbeschaffung, Petroleum und Spiritus war nur hundert Meter von seiner Wohnung entfernt am Neupfarrplatz 7, im jetzigen Rothdauschergebäude, untergebracht. Ebenso gleich ums Eck, nämlich in der Residenzstraße 4, befand sich die zuständige Abteilung für Möbel, Öfen, Herde, Haushaltsgeräte, Porzellan und

Rundfunkgeräte. Wie wir wissen, kommt der, der es versteht, gute Geschichten zu erzählen, immer durch, und auch bei einem Ämterbesuch ist erstaunlich, wie durch ein wenig Schöngerede aus einem entschiedenen »Nein« ab und zu ein brummiges »Ausnahmsweise« werden kann.

Schindler muß ein Meister im Geschichtenerzählen gewesen sein. Wie hätte er es sonst je schaffen können, 300 Frauen aus Auschwitz zurückzuholen, einem Ort, der als sichere Endstation berüchtigt war? Wir können also davon ausgehen, daß er sich die Dinge, die er brauchte, schon besorgen konnte, vielleicht sogar noch andere unterstützte.

Organisierte er sich Sachen auf »Flüchtlingsbezugsscheine«, die bis zum Oktober 1946 ausgegeben wurden? Einkaufen konnte man damit speziellen Flüchtlingswarenbestand, den die Kaufhäuser, wie zum Beispiel das Kaufhaus Merkur, extra meldeten. Gut vorstellbar, daß man auf diesen Schein das eine oder andere erhielt, das für Nichtflüchtlinge schwierig zu beschaffen war, also wiederum eine gute Möglichkeit zu Tauschgeschäften bot. Soviel zu den Notwendigkeiten des täglichen Lebens.

Was aber trieb Oskar Schindler in der übrigen Zeit? In welchen Kreisen verkehrte er, und mit welchen Menschen hatte er näheren Kontakt?

Vielleicht war er ab und zu im Jesuiten-Bräu in der Obermünsterstraße anzutreffen, wo die Ackermanngemeinde in Lichtbildervorträgen die Erinnerung an die alte Heimat wach hielt.

Oder ging er lieber zu den Juden in die Pfauengasse, von den Regensburgern deshalb »Judengasse« genannt?

Schon als Kind hatte Oskar Schindler gute Freunde bei der jüdischen Bevölkerung. Neben seinem Elternhaus wohnte der Rabbiner mit seiner Frau, die den jungen Oskar ins Herz geschlossen hatte und ihn mit Kuchen und Plätzchen verwöhnte. Dort verbrachte er viel Zeit und wurde ein enger Freund des Hauses, das immer für ihn offen stand.

Nach Kriegsende wurden jüdische Bürger bevorzugt im Rationierungs- und Bewirtschaftungssystem Regensburgs. Die jüdische Gemeinde, mit Sitz im Café Central in der Pfauengasse 1, verfügte ab September 1945 über eigene Lebensmittelzuteilungen. Die Büros der »Internationalen Jüdischen Hilfsorganisation« lagen unweit von Schindlers Wohnung.

Wie dachte Schindler über den plötzlichen Gesinnungswandel, er, der

Schindlers Wohnhaus am
Watmarkt 5, an dem 1995 eine
Gedenktafel angebracht wurde.

1942 als »Judenfreund« verschrieen war? Der Mord an dem 16jährigen jüdischen Schüler und ehemaligen KZ-Häftling Benno Goldfeier, der am 20. Dezember 1945 erdrosselt am Regensburger Hauptbahnhof aufgefunden wurde, bewies doch, daß lediglich ein Wandel in der Gesetzgebung, nicht jedoch im Bewußtsein eingetreten war. Obwohl das Zentralkomitee der befreiten Juden eine Belohnung von 5000 Reichsmark aussetzte und diesen Aufruf in der ganzen Stadt plakatierte, wurde der Mord nie aufgeklärt.

Wir können davon ausgehen, daß Schindler höchstwahrscheinlich auf der Feier der jüdischen Gemeinde anläßlich der Proklamation des Staates Israel am 14. Mai 1948 in der Götz-Villa in der Gabelsbergerstraße 11 anwesend war. Später fuhr er oftmals auf Einladung von Freunden nach Israel, und sein Grab liegt heute auf dem Berg Sinai in Jerusalem.

Im Juli 1950 löste sich die im Herbst 1945 in Regensburg gegründete jüdische Gemeinde auf, und die Juden verließen die Stadt. Teils gingen sie nach Israel, teils in alle möglichen anderen Teile der Welt. Auch Schindler ging 1950 von Regensburg nach Argentinien; vielleicht auch deshalb, weil alle seine Freunde auswanderten. Es erscheint als ein zu sonderbarer Zufall, daß sich Schindlers Zeit in Regensburg so haargenau mit dem Bestehen der jüdischen Nachkriegsgemeinde deckt. Schindler fühlte sich als Vertriebener und wahrscheinlich ebenso als Opfer der deutschen Geschichte, gab er doch 1957, nach den Beweggründen seines Handelns befragt, folgende Antwort:

»Die treibenden Motive für mein Tun und die Gründe der inneren Wandlung waren das täglich vor Augen stehende unendliche Leid jüdischer Menschen und das brutale Verhalten der preußischen Übermenschen im besetzten Gebiet (...) eine Gruppe verlogener Heuchler, (...) die meine Heimat, das Sudetenland, zu befreien versprach und es in Wahrheit zu einer Kolonie degradierte und ausplünderte.«

Über 1200 Menschen hat er vor dem sicheren Tod bewahrt; zum Abschied, kurz vor ihrer Befreiung, schenkten ihm »seine Juden« einen aus ihrem Zahngold geschmiedeten Ring mit einer Inschrift aus dem Talmud: »Wer ein einziges Leben rettet, rettet die ganze Welt.«

Oskar Schindler hat die Welt gerettet. 1200mal.

In New York ist eine Straße nach ihm benannt, und die Universität in Jerusalem hat eine Oskar-Schindler-Stiftung ins Leben gerufen.

Hans Jakob

Standort: Jahnplatz an der Prüfeninger Straße

1908 in München geboren, 1994 in Regensburg verstorben. Ab 1926 Spieler des
SSV Jahn Regensburg, 1930–1939 38facher Nationaltorhüter der deutschen
Nationalmannschaft, 1942–1946 Torhüter des FC Bayern München. Auch Bayeri-
scher Meister im Hürdenlauf. Von Beruf Betriebselektriker.

Als der Jahnspieler das Tor der deutschen Elf hütete

Wembley am 3. Dezember 1935: eine Sternstunde des Fußballs,
zumindest insofern, als es nicht gerade häufig geschieht, daß der Tor-
wart der Gästemannschaft (und dazu auch noch der unterlegenen
Elf) vom Publikum überschwenglich gefeiert wird. England besiegte
Deutschland 3:0, aber Hans Jakob verhinderte mit seinen unglaub-
lichen Paraden ein höheres Ergebnis und hechtete sich direkt in die
Herzen der fußballverrückten Briten. In immerhin elf seiner acht-
unddreißig Länderspiele konnte er sein Tor sauberhalten, dennoch
gehörte die Niederlage in London wegen der Begeisterung der
Zuschauer ob der Kunstflüge des deutschen Keepers immer zu sei-
nen liebsten Erinnerungen. Noch Jahrzehnte nach dem Ende seiner
Karriere gedachten die Regensburger Spezln seines Erfolgsrezeptes:
»Hans, du hast den Strafraum beherrscht. Und heut' schauen's bloß
zua, die Torleut'.«
Nicht anders als die Torleute von heute begann auch der »Meister des
Strafraums« bereits in frühester Jugend, sich an seine Position als
Schlußmann zu gewöhnen. Einen kleinen Unterschied gab es da aber
doch: Als Jugendlicher stand Jakob nicht, sondern er schwamm im
Tor: Wasserball, seine große Liebe neben der Leichtathletik. Ob ihm
im Wasser ähnliche Paraden gelangen, ob er mit gleicher Eleganz hin-
ter dem Ball herflog, ist uns leider nicht überliefert. Sicher ist, daß die
Evolution auch vor Fußballern nicht Halt macht. Also stieg Hans
Jakob eines Tages aus dem Wasser und setzte seine Laufbahn zu
Lande fort. Als Achtzehnjähriger trat er dem SSV Jahn Regensburg
bei. Vier Jahre später war er bereits Nationaltorhüter. Seinen Einstand feierte er dort am 2. November 1930 mit dem 1:1 gegen Nor-
wegen.
Allein, seine Karriere schien bereits beendet, bevor sie eigentlich

Nationaltorhüter Hans Jakob.

begonnen hatte. Im Training für ein Länderspiel gegen Frankreich erlitt er bei einem bösen Sturz einen Schädelbruch. Im Radio wurde bereits gemeldet, Jakob sei seiner Verletzung erlegen. Der Mann mit der Kappe jedoch dementierte derartige Meldungen auf seine Art: indem er mit unverminderter Energie zurückkehrte. Zwanzig Jahre später (als er seine aktive Zeit eigentlich schon beendet hatte und nur noch gelegentlich als Stürmer »fremdging«) mußte er noch einmal beweisen, daß er einen dicken Schädel besaß. In einem Reservespiel des Jahn gegen Schweinfurt prallte er mit dem Kopf gegen den Pfosten. Abermals befürchtete man das Schlimmste, aber auch diesmal bewahrheitete sich jenes Sprichwort, demzufolge Totgesagte länger leben. Vielleicht hat er während seines Krankenhausaufenthalts aber doch ein wenig und ganz heimlich bereut, damals das bekanntlich balkenfreie Wasser mit dem grünen Rasen vertauscht zu haben.

Wer heute das Jahnstadion an der Prüfeninger Straße betritt, vermag sich wahrscheinlich nur schwer die überschäumende Stimmung vorzustellen, die zu jener Zeit bei den Spielen der Verbandsliga geherrscht hat. Der frische Fußballwind der beiden höchsten Spielklassen weht woanders, hier gibt es heute allenfalls die sanfte Brise der Bayernliga.

1935 stieg der Jahn aus der Verbandsliga ab. Für den Nationalspieler Jakob stand damit eine wichtige Entscheidung an. Er hatte gute Angebote von verschiedenen erstklassigen Clubs, unter anderem von seinem Lieblingsverein, dem FC Bayern. Aber von vielen seiner heutigen Kollegen, die wohl doch immer zuerst danach schauen müssen, daß die Kasse stimmt, unterscheidet ihn eben nicht nur die oben erwähnte Strafraumbeherrschung, sondern noch etwas anderes: seine Vereinstreue. Das von ihm gerühmte besondere Zusammengehörigkeitsgefühl der Regensburger Kicker gab letztlich den Ausschlag: Er blieb. Und sehr lange währte die Zweitklassigkeit ja auch nicht. 1937 stieg der Jahn schon wieder auf – dank des Mannschaftsgeistes und dank Hans Jakob.

Unterdessen feierte er weiterhin große Erfolge mit der Nationalmannschaft. Der dritte Platz bei der Weltmeisterschaft in Italien dürfte einer seiner größten Triumphe gewesen sein. Zwei Jahre nach der bitteren Erstrundenniederlage bei den Olympischen Spielen in Berlin erlebte Hans Jakob zweifellos den Höhepunkt seiner Karriere. Mit der sogenannten »Breslauer Elf« feierte er in elf Spielen zehn Siege, und das bei lediglich sechs Gegentoren. Das spektakulärste Ergebnis war dabei das 8:0 gegen Dänemark am 16. Mai 1938.

Jahnstadion 1940, in dem Jakob das Tor der Jahnelf hütete.

In seinem Regensburger Umfeld wurde ihm sein Erfolg, wie er rück-blickend selbst einschätzte, von vielen geneidet. Und er wollte nichts mehr wissen von »Schulterklopfern und Typen, die vom Fußball keine Ahnung haben«. Vielleicht war diese Mißgunst ein Grund dafür, daß er schließlich doch noch in der Mannschaft seines Lieb-lingsvereins landete. Von 1942 bis 1946 spielte er als »Kriegstorwart« beim FC Bayern. 1947 schließlich war sein letztes Jahr als Torhüter. Danach hängte er seine Torwarthandschuhe an den Nagel, verstaute seine Kappe, die ihn bei seinen Flügen durch ungezählte Strafräume begleitet hatte, im Schrank und gründete eine neue Existenz mit einem Reisebüro und einer Lottoannahmestelle – obwohl er selber ja nie Lotto spielen mußte, um sein Lebensglück zu finden. Er war in einem positiven Sinne eigensinnig, und seine Freunde bescheinigten ihm einen gesunden Humor: »Wir haben immer einen Spaß gehabt. Er war ein lustiger Kerl. Aber wenn er gewußt hat, was einen ärgert, da hat er nicht mehr locker gelassen.«

Sein beschauliches Lotto-Leben wurde eigentlich nur noch von gele-gentlichen Spielen in der Reservemannschaft des Jahn unterbrochen. Und wenn er sich in den folgenden Jahrzehnten bei den Heimspielen als Zuschauer zur Prüfeninger Straße begab, war es wohl oft keine besonders große Freude. Die Luft war halt doch raus. Statt Siegen gab es Querelen. Der einstige Bürgermeister Rudolf Schlichtinger indes stellte Hans Jakob neben den Dom und die Steinerne Brücke, indem er ihn zum »Regensburger Wahrzeichen« erklärte. Zu seinem 60. Geburtstag kam Herberger und schenkte ihm ein Foto, auf dem der Fußballphilosoph und der Torwarthüne gemeinsam zu sehen sind, mit der Dedikation: »Dem großen Meister und vorbildlichen Sportsmann in Freundschaft gewidmet«. Die runden Geburtstage waren auch immer ein guter Anlaß, um ehemalige National-mannschaftskameraden wiederzutreffen – gelegentlich auch nachfol-gende: zu seinen Gästen gehörte unter anderen Franz Beckenbauer. Seinen Stammtisch im Landshuter Hof besuchte Hans Jakob zum letzten Mal am 3. März 1994. Zwei Tage später erlitt er einen Schwächeanfall. Man untersuchte ihn in der Uni-Klinik und entdeck-te ein Loch in einer Schlagader. Später bekam er eine Lungenentzün-dung, von der er sich nicht mehr erholte. Er starb am 23. März. Daß er vollkommen für den Fußball gelebt hatte, zeigt sich auch in seinem »letzten Wunsch«. Anstelle eines teuren Begräbnisschmuckes regte er an, Geld für die Jugendabteilung des SSV Jahn zu spenden: »Von Kränzen hab i nix, gebt's es für die Jugend.«

Literaturhinweise

Die im laufenden Text verwendeten Zitate wurden – wenn nicht anders angegeben – aus den unten genannten autobiographischen oder biographischen Werken entnommen.

1. Allgemeine Werke

ALBRECHT, DIETER, Regensburg im Wandel. Studien zur Geschichte der Stadt im 19. und 20. Jahrhundert, Regensburg 1984.

ALLGEMEINE DEUTSCHE BIOGRAPHIE, hrsg. von der Historischen Kommission bei der Bayerischen Akademie der Wissenschaften, 55 Bde. u. 1 Registerband, München u. Leipzig 1875–1912.

ALLGEMEINES LEXIKON DER BILDENDEN KÜNSTLER VON DER ANTIKE BIS ZUR GEGENWART, begründet v. U. Thieme u. F. Becker, hrsg. v. H. Vollmer, 36 Bde., Leipzig 1907–1947.

BAUER, KARL, Regensburg, Regensburg 1988.

BENKER, GERTRUD, Essen und Trinken in der Oberpfalz, Regensburg 1990.

BLATTENBERGER, MARIA ALICIA, Die Schifferstochter von Regensburg, St. Ottilien 1985.

DALLMEIER, MARTIN/SCHAD, MARTHA, Das fürstliche Haus Thurn und Taxis, Regensburg 1996.

GEMEINER, CARL THEODOR, Regensburgische Chronik, Bd. 3, Regensburg 1821, Nachdruck 1987.

HAUSBERGER, KARL, Geschichte des Bistums Regensburg, 2. Bd., Regensburg 1989.

HUBEL, ACHIM, SCHULLER, MANFRED, Der Dom zu Regensburg, Regensburg 1995.

KÄTZEL, UTE, SCHROTT, KARIN (Hg.), Regensburger Frauenspuren, Regensburg 1995.

KLEINSTÄUBER, CHRISTIAN HEINRICH, Ausführliche Geschichte der Studien-Anstalten in Regensburg, in: VHVO 35 (1880), 36 (1882), 37 (1883).

NEUE DEUTSCHE BIOGRAPHIE, hrsg. von der Historischen Kommission bei der Bayerischen Akademie der Wissenschaften, Berlin 1953ff.

REISER, RUDOLF, Die schöne Regensburgerin, Regensburg 1995.

SCHENZ, WILHELM, Das erste Jahrhundert des Lyzeum Albertinum Regensburg als kgl. Bayer. Hochschule (1810–1910), Regensburg 1910.

SCHMITZ, WALTER, SCHNEIDLER, HERBERT (Hg.), Expressionismus in Regensburg, Regensburg 1991.

WALDERDORFF, HUGO VON, Regensburg in seiner Vergangenheit und Gegenwart, Regensburg 1896.

WEBER, ANTON, Die Albertus-Kapelle in Regensburg, Regensburg 1908.

2. Autobiographien und Biographien

ACKERMANN GEMEINDE HESSEN (Hg.), Zur Erinnerung an Oskar Schindler, Frankfurt 1984.

BANDI, H.-G., BELTRAM-MARTINEZ, Zur Erinnerung an Hugo Obermaier, in: Quartär 37/38 (1987). Jahrb. f. Erforschung des Eiszeitalters u. der Steinzeit, S. 7–13.

BEMELMANS, MADELEINE, Tell them it was wonderful, New York 1985.

BRÄMER, RAINER (Hg.), Naturwissenschaft im NS-Staat, Marburg 1983.

CZERNY, ALBIN, Der Humanist und Historiograph Kaiser Maximilians I. Joseph Grünpeck, in: Archiv für Österreichische Geschichte Bd. 73 (1888), S. 317–338.

DALLMEIER, MARTIN, Margit von Valsassina. Das künstlerische Werk der Fürstin Margarete von Thurn und Taxis, in: Regensburger Almanach 1993, S. 35–41.

DAXELMÜLLER, CHRISTOPH, Rabbi Jehuda und seine Welt, in: Gelehrtes Regensburg. Stadt der Wissenschaft, Regensburg 1995, S. 106–118.

DERTINGER, ANTJE, Dazwischen liegt nur der Tod. Leben und Sterben der Sozialistin Antonie Pfülf, Berlin, Bonn 1984.

DEUTSCHE KOLONIALGESELLSCHAFT ABTEILUNG REGENSBURG, Verzeichnis der kolonialen Sonder-Ausstellung auf der Oberpfälzischen Kreisausstellung zu Regensburg, Regensburg 1910.

DIRRIGL, MICHAEL, Albertus Magnus. Bischof von Regensburg, Theologe, Philosoph und Naturforscher, Regensburg 1980.

DIRRIGL, MICHAEL, Konrad von Megenberg, Domherr in Regensburg, Regensburg 1991.

DÖBLIN, ALFRED, Autobiographische Schriften und letzte Aufzeichnungen, Olten und Freiburg in Breisgau 1980.

DOLHOFER, JOSEF, Beichtvater des Kaisers. Josef Grünbeck, in: Regensburger Almanach 1972, S. 93–100.

DÜNNINGER, EBERHARD, Johannes Aventinus. Leben und Werk des bayerischen Geschichtsschreibers, Rosenheim 1977.

FÄRBER, KONRAD M. (Hg.), KLOSE, JOSEF, REIDEL, HERMANN, Carl von Dalberg, Regensburg 1994.

FELDMANN, CHRISTIAN, »Diese Frau weiß, was sie will.« Die selige Maria Theresia von Jesu Gerhardinger (1797–1879), St. Ottilien 1985.

FREYTAG, RUDOLF, Joseph Max Freiherr von Lütgendorf. Ein Beitrag zur Geschichte der Luftschiffahrt, in: Das Bayerland Nr. 27 (9. 10. 1915), S. 12–17.

FUCHS, ACHIM, Alfred Döblin in Regensburg, in: VHVO 118 (1978), S. 287–292.

FÜRNROHR, A. C. (Hg.), D. H. Hoppe's Selbstbiographie, Regensburg 1849.

GLEICHEN, CARL HEINRICH VON, Gedanken über verschiedene Gegenstände der Politik und freien Künste, o. O. 1797.

GLEICHEN, CARL HEINRICH VON, Metaphysische Kezereien oder Versuche über die verborgensten Gegenstände der Weltweisheit und ihre Grundursachen, o. O. 1791.

GÖTSCHMANN, DIRK, Die Kuchenreuther und ihre Zunftgenossen, Regensburg 1991.

GRIMM, MELCHIOR, Paris zündet die Lichter an, München 1977.

GRUBER, JOHANN, Georg Michael Wittmann. Wirken für Stadt und Bistum Regensburg, in: VHVO 123 (1983), S. 235–257.

GRUCHMANN, LOTHAR, Justiz im Dritten Reich 1933–1940. Anpassung und Unterwerfung in der Ära Gürtner, München 1988.

GRÜNPECK, JOSEPH, Ein hübscher Tractat von dem ursprung des Bösen Franzos, das man nennet die Wylden wärtzen, Augsburg 1496.

HENRICH, DIETER (Hg.), Albrecht Altdorfer und seine Zeit. Schriftenreihe der Universität Regensburg, Bd. 5, Regensburg 1992.

HIRSCH, HELMUT (Hg.), August Bebel. Sein Leben in Dokumenten, Reden und Schriften, Köln Berlin 1968.

HISTOR.-POLITISCHE BLÄTTER FÜR DAS KATH. DEUTSCHLAND, Bd. 1 (1919), München 1919, S. 449–538 (= Der Diplomat und Schriftsteller Karl Heinrich von Gleichen).

HOEGNER, WILHELM, Flucht vor Hitler, München 1982.

KANNE, JOHANN ARNOLD, Leben und aus dem Leben merkwürdiger und erweckter Christen aus der protestantischen Geschichte, 2. Teil, Bamberg, Leipzig 1817, S. 1–168.

LANG, HEINRICH, Erinnerungen eines Schlachtenbummlers, München 1887.

LEONHARD, HENRIKE, Der Taktmesser. Johann Nepomuk Mälzel – Ein lückenhafter Lebenslauf, Hamburg 1990.

NESTLER, HERMANN, Eduard Mörikes Regensburger Tage, Regensburg 1920 (= Sonderdruck aus dem »Erzähler« Nr. 21–26 der Unterhaltungsbeilage zum Regensburger Anzeiger).

NESTLER, HERMANN, Graf Kaspar von Sternberg, Regensburg 1921.

NESTLER, HERMANN, Klemens Brentanos Lebensabend. Seine Regensburger und Münchner Zeit (1832–1842), Regensburg 1922.

OSTERRIED, WALTER, Mathematische-Naturwissenschaftliche Betrachtungen, in: Albertus-Magnus-Gymnasium Regensburg, Regensburg 1988, S. 73–159.

PANZER, MARITA A., Barbara Blomberg. Bürgerstochter und Kaisergeliebte, Regensburg 1995.

PONGRATZ, LUDWIG, Naturforscher im Regensburger und ostbayerischen Raum, in: Acta Albertina Ratisbonensia, Bd. 25 (1963), S. 9–152.

PROBST, ERWIN, Pater Placidus Heinrich (1758–1825), in: Regensburger Almanach 1983, S. 23–31.

REGER, ANTON, Roritzer – ein Name mit Klang in Regensburg, in: Alt-Bayerische Heimat 6 (1976).

REITTER, EKKEHARD, Franz Gürtner. Politische Biographie eines deutschen Juristen 1881–1941, Berlin 1976.

RENNER, HERMANN, Georg Heim, der Bauerndoktor, München, Bonn, Wien 1960.

ROTHAMMER, WILHELM, Der hochfürstliche Thurn und Taxissche Spaziergang um die Freie Reichsstadt Regensburg, ein Denkmal der Freuden für Regensburg, Regensburg o. J.

SAND, CARL LUDWIG dargestellt durch seine Tagebücher und Briefe von einigen seiner Freunde, Altenburg 1821.

SCHANDRI, MARIE, Regensburger Kochbuch, Regensburg 1866, Nachdruck 1991.

SCHAUPPMEIER, KURT, Der »lange Hans« im Fußballtor. 38Mal in der deutschen Elf: Hans Jakob, in: Regensburger Almanach 1970, S. 119–127.

SCHINCKE, RUDOLF, Über das Kräuterbuch des Johann Wilhelm Weinmann, Erlangen 1962.

SCHMETZER, ADOLF V. A., Johann Keplers Beziehungen zu Regensburg, in: VHVO 1931, S. 3–32.

SCHMOLZE, GERHARD, Glück in der Wirtschaft, Pech in der Politik, in: Unser Bayern Jg. 37, Nr. 8 (August 1988), S. 61–63 (= Georg Heim).

SCHROTT, LUDWIG, Bayerische Weltfahrer, München 1964 (darin: Ulrich Schmidl S. 95–116).

SCHRÖDER, JÜRGEN, Horváths »Lehrerin von Regensburg«. Der Fall Elly Maldaque, Frankfurt 1982.

SCHWAIGER, GEORG (Hg.), Lebensbilder aus der Geschichte des Bistums Regensburg (= Beiträge zur Geschichte des Bistums Regensburg, Bd. 23/24, 1989/1990).

SCHWATZ, MICHAEL, Eugenische Sozialtechnologien in Debatten und Politik der deutschen Sozialdemokratie 1890–1933, Bonn 1995 (s. dort zu Antonie Pfülf).

SENDTNER, KURT (Hg.), Otto Gessler. Reichswehrpolitik in der Weimarer Zeit, Stuttgart 1958.

STARK, JOHANNES, Erinnerungen eines deutschen Naturforschers, Mannheim 1987.

SULZBACH, A., Die Ethik des Judentums. Auszüge aus dem »Buch der Frommen«, Frankfurt a. M. 1923.

WEINMANN, KARL, Karl Proske, der Restaurator der klassischen Kirchenmusik, Regensburg 1909.

ZÜCHNER, CHRISTIAN, Hugo Obermaier (1877–1946), in: Madrider Mitteilungen 36 (1995), S. 48–58.

Personenregister

Bildnachweis

S. 16, 19, 24, 33, 35, 45, 51, 56, 67, 71, 80, 87, 91, 102, 113, 117, 124, 129, 135, 139, 144, 151, 165, 169, 170, 175, 180, 191, 196, 200, 203, 206, 209, 215, 216, 219, 226: Peter Heigl, Nürnberg

S. 21 aus: Secreta mulierum ab Alberto Magno composita, Augsburg, Joh. Schönsperger, ca. 1494

S. 29, 160 unten, 188: Dieter Nübler, Regensburg

S. 39 aus: Christian Heinrich Kleinstäuber, Ausführliche Geschichte der Studien-Anstalten in Regensburg, in: VHVO 35 (1880), 36 (1882), 37 (1883)

S. 42 aus: Regensburg – Geschichte und Gestalten, Regensburg 1980 (Prospekt der Stadt Regensburg)

S. 50 aus: Matthias Roritzer, Büchlein von der fialen Gerechtigkeit, Regensburg 1923

S. 54 aus: Mittelbayerische Zeitung Regensburg vom 18./19. 11. 1989

S. 60, 97: Hanno Meier, Regensburg

S. 61: Karl Wittmann, Regensburg

S. 65 und 156 aus: Regensburg. Führer und Erinnerungsbuch, Regensburg 1887

S. 75 und 77: Leihgaben Bärbl Brunn, Mohrenapotheke, Regensburg

S. 82: Mit frdl. Genehmigung von Dr. Dirk Götschmann, Regensburg

S. 85 aus: Das Evangelische Regensburg, Regensburg 1958

S. 92 aus: Melchior Grimm, Paris zündet die Lichter an, München 1877

S. 99: Stadt- und Stiftsarchiv, Aschaffenburg

S. 107 aus: Das Bayerland Nr. 27 vom 9. 10. 1915

S. 111, 184 oben, 198 aus: Ludwig Pongratz, Naturforscher im Regensburger und ostbayerischen Raum, in: Acta Albertina Ratisbonensia, Bd. 25 (1963), S. 9–152

S. 115 aus: Rudolf Freytag, Verzeichnis der Regensburger Aerzte (bis 1850), Regensburg 1929

S. 121 aus: David Brewster, Briefe über die natürliche Magie, Berlin 1833

S. 127 aus: Peter Anton von Brentano, Schattenzug der Ahnen, Regensburg 1940

S. 133 aus: Karl Weinmann, Karl Proske, Regensburg 1909

S. 141 aus: Deutsche Kolonialgesellschaft Abteilung Regensburg, Regensburg 1910

S. 146 aus: Karl Ludwig Sand, Augsburg 1820

S. 149, 173: Verlagsarchiv Pustet, Regensburg

S. 156 aus: Regensburg in seiner Vergangenheit und Gegenwart, bearb. von Hugo Graf von Walderdorff, Regensburg 1896

S. 160 oben aus: Hermann Nestler, Eudard Mörikes Regensburger Tage, Regensburg 1920

S. 163 aus: Heinrich Lang, Erinnerungen eines Schlachtenbummlers, München 1887

S. 178: Fürstliche Thurn und Taxissche Hofbibliothek, Regensburg

S. 184 unten aus: Wilhelm Schenz, Das erste Jahrhundert des Lyzeums Albertinum Regensburg als kgl. Bayer. Hochschule (1810–1910), Regensburg 1910

S. 208 aus: Ekkehard Reitter, Franz Gürtner. Politische Biographie eines deutschen Juristen 1881–1941, Berlin 1976

S. 223: Fotoarchiv der Mittelbayerischen Zeitung, Regensburg

S. 229: Leihgabe Hans-Dieter Jakob, Regensburg

S. 231: Presse- und Informationsstelle der Stadt Regensburg

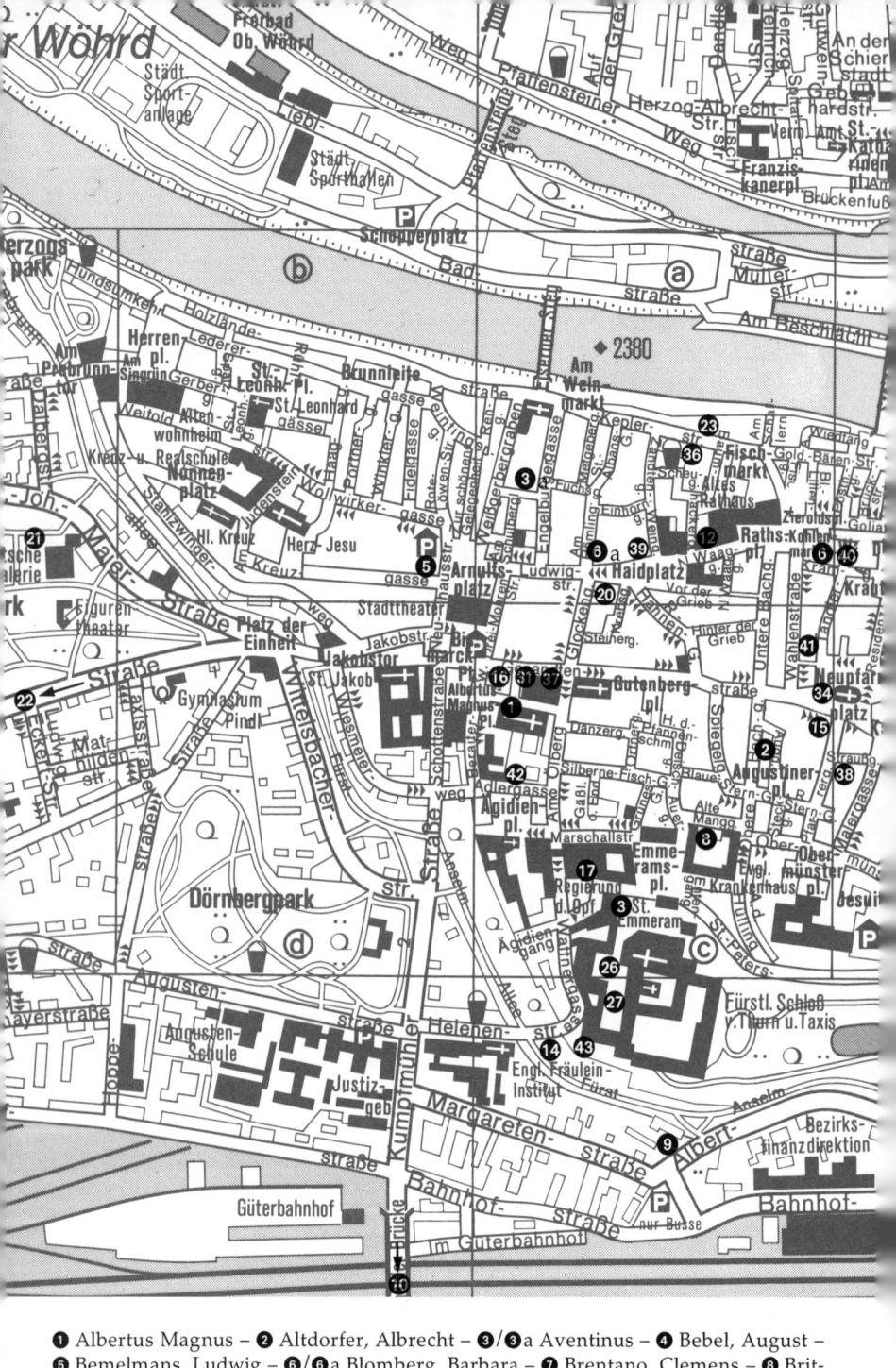